CATALOGUE

DES

LIVRES RARES

ET PRÉCIEUX

COMPOSANT LA

BIBLIOTHÈQUE DE M. GENARD

DE GRENOBLE

EXPOSITION PARTICULIÈRE A PARIS

Chez M. Damascène MORGAND, libraire,

55, PASSAGE DES PANORAMAS

Du 15 au 30 novembre 1882.

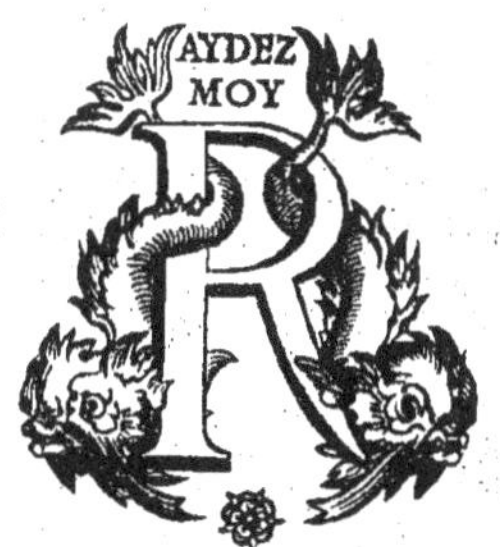

LE CATALOGUE SE TROUVE :

A GRENOBLE	A PARIS
Chez Albert. RAVANAT	Chez Damascène MORGAND
PLACE DE LA HALLE.	PASSAGE DES PANORAMAS. 55.

1882

CATALOGUE

DES

LIVRES RARES

ET PRÉCIEUX

COMPOSANT LA

BIBLIOTHÈQUE DE M. GENARD.

DE GRENOBLE.

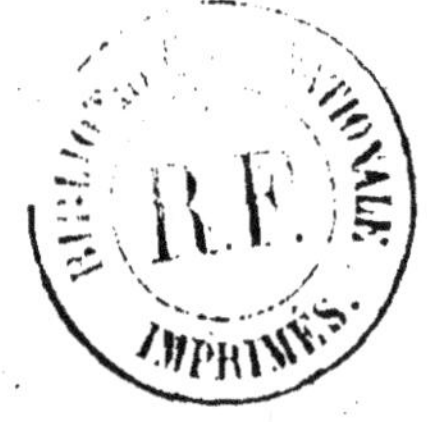

LA VENTE AURA LIEU

A PARIS

*Le Lundi 4 décembre 1882 et les cinq jours suivants,
à deux heures précises*

HOTEL DES COMMISSAIRES-PRISEURS, 9, RUE DROUOT

SALLE Nº 3, AU PREMIER

Par le ministère de Mᵉ MAURICE DELESTRE, commissaire-priseur,
rue Drouot, 27, à Paris.

Assisté de M. A. RAVANAT, libraire, place de la Halle,
à Grenoble.

------

*Les livres seront exposés, à Paris, chez M. Damascène
MORGAND, libraire, 55, passage des Panoramas, depuis
la publication du Catalogue jusqu'au 30 novembre 1882, et
à l'hôtel Drouot, salle nº 3, le dimanche le 3 décembre 1882,
de deux à quatre heures de l'après-midi.*

CONDITIONS DE LA VENTE.

La vente se fait au comptant. Les acquéreurs payeront
5 p. 100 en sus des enchères, applicables aux frais.

Les livres devront être collationnés sur place dans les
vingt-quatre heures de l'adjudication. Passé ce délai, ou une
fois sortis de la salle de vente, ils ne seront repris pour aucune
cause.

M. ALBERT RAVANAT, libraire, chargé de la vente,

ou

M. DAMASCÈNE MORGAND, dépositaire des livres, rempliront les commissions qui leur seront adressées.

Grenoble, F. ALLIER PÈRE ET FILS, imprimeurs, Grande-Rue, 8.

CATALOGUE

DES

LIVRES RARES

ET PRÉCIEUX

COMPOSANT LA

BIBLIOTHÈQUE DE M. GENARD

DE GRENOBLE

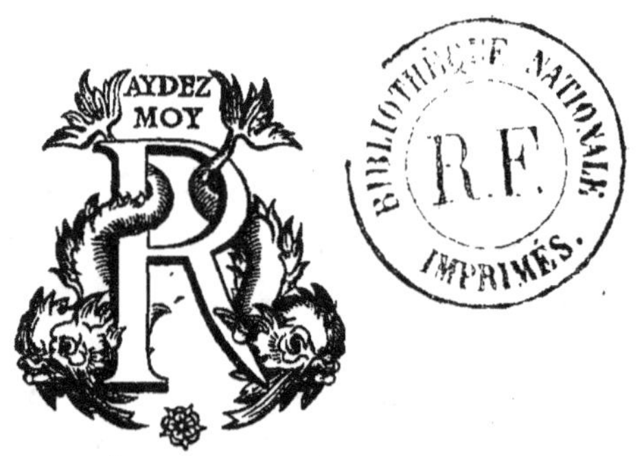

LE CATALOGUE SE TROUVE :

A GRENOBLE	A PARIS
Chez Albert RAVANAT	Chez Damascène MORGAND
PLACE DE LA HALLE.	PASSAGE DES PANORAMAS.

1882

PRÉFACE

*Bien que formée dans une ville de province et loin des ressources que seule la Capitale peut offrir aux bibliophiles, la collection dont nous venons de dresser (pour une partie du moins *) le Catalogue peut certainement entrer en comparaison avec nombre des plus belles bibliothèques particulières de Paris, tant au point de vue des livres précieux qu'elle renferme, que sous le rapport du choix heureux des ouvrages dont elle se compose.*

Le caractère de l'amateur se reflète en général tout entier dans sa bibliothèque, et c'est d'elle assurément mieux encore peut-être que du style qu'on aurait pu dire : « c'est l'homme. »

Dans celle de M. Genard, peu ou pas de curiosités, peu ou pas de livres spéciaux, rien que des classiques, rien que des auteurs dont la réputation a été consacrée par le temps et qui peuvent ou doivent entrer dans toute bibliothèque vraiment digne de ce nom.

---

* Le reste de la collection fera plus tard l'objet d'un autre catalogue, qui comprendra à la fois et en superbe condition, nos romantiques les plus rares, la majeure partie des ouvrages à figures du XIXᵉ siècle, ainsi que la plupart des éditions de grand luxe de notre époque.

Sur un point cependant, M. Genard (et il a été, nous le croyons, bien inspiré) a su se laisser entraîner par son amour pour tout ce qui est du domaine des arts. Des tableaux, qui avaient tout d'abord fixé ses préférences, aux livres illustrés, il n'y avait qu'un pas ; ce pas, il l'a franchi, et tout en cherchant à s'entourer à la fois des éditions originales et des plus belles réimpressions de nos grands classiques, il a poursuivi avec ardeur les livres à gravures, ces trésors si enviés des bibliophiles de notre époque.

Le XVIIIe siècle se retrouve ici à peu près en entier dans ses plus brillantes productions et il faudrait vraiment remonter bien loin déjà dans les annales des ventes pour rencontrer dans une même collection, une réunion aussi complète, ajoutons d'aussi beaux exemplaires, des œuvres les plus admirées des Moreau le Jeune, Eisen, Boucher, Gravelot, Cochin, Lebarbier, Lefèvre, Fragonard, Monnet, etc., etc.

Tous ces maîtres incontestés de la suprême élégance française et qui n'ont pu trouver de rivaux dans aucun pays, se sont comme donné rendez-vous dans leurs plus beaux états d'avant la lettre ou d'eaux-fortes, sur les mêmes tablettes que les éditions les plus précieuses et les plus rares de nos grands modèles dans l'art d'écrire ou de penser : Rabelais, Montaigne, Corneille, Molière, Racine, La Fontaine, Boileau, La Rochefoucault, Labruyère, Pascal, Bossuet, Regnard et tant d'autres aussi justement célèbres.

N'oublions ni nos meilleurs poètes, ni nos romanciers les plus connus ; mentionnons nos grands chroniqueurs ainsi que nos historiens les plus dignes de ce nom et nous aurons montré que M. Genard a su mettre à exécution ce qui a été la constante préoccupation de son existence de bibliophile :

Réunir sur ses rayons les spécimens les mieux choisis des livres les plus recherchés, dans tous les genres, par les amateurs de notre temps.

Nous ne pouvons en terminant, et sans en rien citer, que recommander aux bibliophiles la lecture attentive de ce catalogue, persuadés d'avance que, quel que soit leur genre préféré, ils sont sûrs d'y rencontrer l'objet d'une ample moisson, sans avoir à regretter le temps que leur en aura coûté la lecture.

Albert RAVANAT.

ORDRE DES VACATIONS

Première Vacation. — *Lundi 4 décembre 1882.*

<table>
<tr><td></td><td>Numéros.</td></tr>
<tr><td>Histoire</td><td>875 à 897</td></tr>
<tr><td>Sciences et Arts. Philosophie.</td><td>56 à 99</td></tr>
<tr><td>Belles-Lettres. Poètes étrangers</td><td>381 à 397</td></tr>
<tr><td>— Romans et Contes</td><td>654 à 683</td></tr>
<tr><td>Théologie</td><td>18 à 26</td></tr>
<tr><td>Belles-Lettres. Théâtre *(Racine)*</td><td>428 à 446</td></tr>
</table>

Deuxième Vacation. — *Mardi 5 décembre.*

<table>
<tr><td>Histoire</td><td>815 à 830</td></tr>
<tr><td>Voyages</td><td>786 à 814</td></tr>
<tr><td>Sciences et Arts</td><td>110 à 118</td></tr>
<tr><td>Belles-Lettres. Poètes grecs, etc.</td><td>119 à 137</td></tr>
<tr><td>— Poètes français</td><td>269 à 295</td></tr>
<tr><td>— Romans français</td><td>525 à 565</td></tr>
</table>

SIXIÈME VACATION. — *Samedi 9 décembre.*

CATALOGUE

DES

LIVRES ANCIENS

RARES ET PRÉCIEUX

DE LA BIBLIOTHÈQUE

DE M. GENARD, DE GRENOBLE.

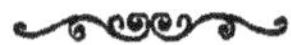

THÉOLOGIE

I. ECRITURE SAINTE.

1. TEXTES ET VERSIONS. — 2. HISTOIRES DE
LA BIBLE. — 3. FIGURES DE LA BIBLE.

1. BIBLIA SACRA. Quid in hâc editione a theologis Lova-
niensibus præstitum sit, paulò post indicatur. *Antverpiæ, ex officinâ Christophori Plantini,* 1587, titre
encadré, texte microscopique sur 2 colonnes, mar.
rouge, dos orné, large dentelle sur les plats, tr. dor.
(Reliure ancienne.)

Édition rare.

2. La Sainte Bible contenant l'Ancien et le Nouveau Testament, traduite en françois sur la vulgate par M. Le Maistre de Saci. Nouvelle édition ornée de 300 figures de M. Marillier. *A Paris, chez Defer de Maisonneuve, de l'imprimerie de Monsieur,* 1789-*an XII* (1804). 12 vol. gr. in-4, dem.-rel. veau fauve avec coins, dos orné, entièrement ébarb. *(Rel. par Messier.)*

Exemplaire SANS FIGURES.

3. La Sainte Bible en latin et en françois, suivie d'un dictionnaire étymologique, géographique et archéologique. (Trad. de Le Maître de Sacy). *A Paris, chez Lefèvre (de l'imprimerie de Jules Didot aîné),* 1828-34. 13 vol. gr. in-3, dem.-rel. cuir de Russie avec coins, tête dor., ébarb. *(Trautz-Bauzonnet.)*

Exemplaire sur TRÈS GRAND PAPIER VÉLIN avec la suite des belles figures de Devéria *sur Chine* AVANT LA LETTRE.
On y a joint :
1º La suite complète des 32 belles figures publiées par Furne, d'après les tableaux des maîtres. Épreuves *sur Chine* AVANT LA LETTRE. Rares;
2º 28 figures de Westall *sur Chine* AVANT LA LETTRE;
3º 12 figures de Johannot *sur Chine* AVANT LA LETTRE pour les Évangiles de Curmer. Très rares;
4º 104 figures anglaises de Finden. Superbes épreuves *sur papier de Chine;*
5º 11 gravures d'Overbeck *sur Chine* AVANT LA LETTRE, publiées par Curmer;
6º 5 gravures de la collection Curmer, pour le Discours sur l'Histoire Universelle. Rares et belles épreuves AVANT LES ENCADREMENTS;
7º Enfin quelques figures de Marillier et autres AVANT LA LETTRE.

4. Le Nouveau Testament de Nostre Seigneur Jésus-Christ, traduit en françois selon l'édition Vulgate, avec les différences du grec. Nouvelle édition, revuë et exactement corrigée. *A Mons , chez Gaspard Migeot (Bruxelles, Henry Fricx)*, 1697. 2 vol. in-12, nombr. fig., mar. viol., dos orné, fil., dent. à l'int., tr. dor. *(Reliure ancienne.)*

Édition recherchée parce qu'elle renferme quantité de jolies gravures sur cuivre en PREMIER TIRAGE et « *excellemment gravées* » dit le titre.

Très bel exemplaire de toute fraîcheur.

5. LE NOUVEAU TESTAMENT en latin et en français, traduit par Sacy. Edition ornée de figures gravées sur les dessins de Moreau le Jeune. *De l'imprimerie de Didot jeune, à Paris, chez Saugrain*, 1793-98. 5 vol. in-4, grand papier, avec 4 frontispices et 108 ravissantes figures de Moreau, gravées par Baquoy, Dambrun, Delignon, Delvaux, Dupréel, de Longueil, etc., cart. à la bradel, absolument non rogné. *(Cart. de l'éditeur.)*

Superbe exemplaire sur TRÈS GRAND PAPIER VÉLIN, *tiré de format in-4*, et non rogné, avec l'*Épître dédicatoire à l'Assemblée Nationale*, pièce fort rare, dit Brunet, et dont, à ce qu'on assure, il n'aurait été tiré que 18 exemplaires.

Il est curieux en effet de voir, en pleine période révolutionnaire, l'Assemblée Nationale accepter « *par acclamation* » la dédicace d'une édition de l'Évangile «*désirant* (dit-elle) *donner cette nouvelle preuve de son attachement et de son respect pour la Religion Chrétienne.* »

Figures AVANT LA LETTRE, très rares.

6. LE NOUVEAU TESTAMENT en latin et en français, traduit par Sacy. Edition ornée de figures gravées sur les dessins de Moreau le Jeune. *De l'imprimerie de Didot jeune, à Paris, chez Saugrain*, 1793-98. 5 vol. gr. in-8, avec 4 frontispices et 108 ravissantes figures de Moreau, dem.-mar. lav. avec coins, tête dor., ébarb. *(Lhuinte.)*

GRAND PAPIER VÉLIN. Très bel exemplaire qui contient aussi l'*Épître dédicatoire à l'Assemblée nationale.*

7. Nouveau Testament de Notre Seigneur Jésus-Christ, traduit en français par M. Le Maistre de Saci. Nouvelle édition ornée de 96 figures, gravées sous la direction de M. Ponce, d'après les dessins de MM. Marillier et Monsiau. *A Paris, chez Gay, Ponce et Belin, an XIII* (1805). 3 vol. in-4, papier vélin, fig., cart. à la bradel, absolument ébarbé. *(Reliure de l'époque.)*

C'est un tirage à part, *avec un titre spécial*, des trois derniers volumes de la Bible de Marillier.

Superbe exemplaire sur grand papier vélin, et non encore coupé, avec les belles figures de Marillier et Monsiau AVANT LA LETTRE.

8. LES ÉVANGILES des dimanches et fêtes de l'année (suivis de prières à la Sainte-Vierge et aux Saints). *Paris, L. Curmer*, 1864. 3 vol. in-4, dont 2 de planches et un d'appendice, mar. brun foncé, dos et plats complètement estampés à froid, mors en mar., doublé de tabis brun, large dent. dor., tr. dor. *(Aug. Petit.)*

Superbe exemplaire de premier tirage de cette belle édition qui ne renferme pas moins de 500 pages, toutes ornées de bordures et d'encadrements en or et en couleurs copiés sur les manuscrits les plus célèbres de toutes les époques. Quant aux miniatures, elles reproduisent avec la plus grande fidélité autant de chefs-d'œuvre de Memling, Albert Dürer, Jehan Foucquet, etc.

Le 3e volume, également orné d'une quantité considérable de figures et d'ornements variés, donne avec la liste des souscripteurs, l'explication des figures et l'indication des manuscrits d'où elles ont été tirées. Il est en dem.-rel. mar. brun, avec coins, tête dor., ébarbé.

Exemplaire irréprochable renfermé dans un étui.

9. Les CL. Pseaumes de David, mis en rime françoise par Clément Marot et Théodore de Bèze. *S. l. (Lyon), par Abel Clémence*, 1566, *avec privilège du Roy.*

Pet. in-16, musique imprim. et bordures sur bois, mar. brun, compartiments dorés, tr. dor. *(Reliure de l'époque.)*

Charmant petit volume, dont chaque page est entourée d'un fort joli encadrement sur bois, dans le genre du PETIT BERNARD, et tout à fait semblable à ceux dont Jean de Tourne a fait si souvent usage pour ses publications.

10. ESSAY DE PSEAUMES et cantiques mis en vers et enrichis de figures par Mlle *** (Le Hay). *A Paris, chez Michel Brunet,* 1694, *avec privilège du Roy.* Pet. in-8, titre gravé et 23 fig. dessinées et gravées par Louis Chéron, mar. vert jans., dent. à l'int., tr. dor. *(Allô.)*

Bel exemplaire.

11. PRÉCIS DE L'ECCLÉSIASTE, en vers, par M. de Voltaire, avec le texte en françois. Edition très correcte, avantage que les précédentes n'ont pas. *A Paris,* 1759. In-8, joli port. de Voltaire dans un médaillon sur le titre, mar. lav. clair, dos orné, fil., dent., tr. dor. *(Chambolle-Duru.)*

ÉDITION ORIGINALE. Très bel exemplaire *relié sur brochure.*

12. L'HISTOIRE DU VIEUX ET DU NOUVEAU TESTAMENT, représentée avec des figures et des explications édifiantes, tirées des SS. PP., pour régler les mœurs dans toute sorte de conditions. Dédiée à Monseigneur le Dauphin, par le Sieur de Royaumont, prieur de Sombreval. *A Paris, chez Pierre Le Petit,* 1670, *avec approbation et privilège de Sa Majesté.* Gr. in-4 de 6 ff. prélim., et 546 pp., y compris l'Abrégé de chronologie sainte qui commence à la page

531 , mar. rouge jans. , large dent. à l'int. , tr. dor.
(Duru et Chambolle, 1862.)

> Édition originale, rare et recherchée.
> Bel exemplaire de M. Desq, qui contient toutes les figures,
> remarques et feuillets supplémentaires indiqués par Brunet et
> qui servent à reconnaître le premier tirage.

13. Icones || historia || rum veteris || testamenti , || ad
vivum expressæ, extremaque diligentia emendatiores ||
factæ, Gallicis in expositione homœoteleutis || ac versuum
ordinibus (qui prius || turbati, ac impares) suo || numero
restitutis, (Avec les quatrains en français de Gilles
Corrozet). *Lugduni, apud Joannem Frellonium,* 1547.·
Pet. in-4, fig. sur bois d'Holbein, de 52 ff. signés A
à N par 4, réglé, mar. rouge , mosaïque de marocain
noir, fil. et compart. dorés, dent. à l'int., tr. dor. *(Capé.)*

> Ce tirage est augmenté de deux planches, ce qui en porte
> le nombre total à 94, non compris celle des quatre évangélistes
> qui est placée au verso de l'avant-dernier feuillet.
> Bel exemplaire *grand de marges* dans une charmante reliure
> de Capé. Les 3 derniers ff. ont été très habilement remargés.
> (Hr : 182mm.)

14. Humanæ salutis monumenta, B. Ariæ Montani studio
constructa et decantata. *Antverpiæ, ex prototypogra-*
phia regia (Christoph. Plantinus), 1571. In-8, fig.,
mar. vert, fil., dent., tr. dor. *(Reliure ancienne.)*

> *Volume rare et recherché,* inexactement décrit par Brunet et
> dont voici le collationnement exact : 1 f. pour le titre gravé
> qui porte la date de 1571 et qui est signé P. H. (Pierre Hus);
> 3 pp. pour l'avis au lecteur ; 71 belles gravures en taille douce,
> entourées de bordures renaissance, qui occupent le recto de
> chaque f., avec une ode latine en regard ; 4 pp. non chiffrées
> et 30 pp pour un avis au lecteur et les notes suivies d'un f.
> blanc.
> Les figures ont été gravées par Pierre Hus, Abraham de
> Bruyn, Pierre Breughel et Jérôme Wierix.

On a collé sur un des feuillets de garde un joli portrait de l'auteur *Arius Montanus, à l'âge de trente ans.*

Très bel exemplaire dont les figures sont en excellentes épreuves.

15. LES IMAGES DE TOUS LES SAINCTS et saintes de l'année, suivant le martyrologe romain, faictes par Iacques Calot, et mises en lumière par Israel Henriet. Dédiées à Monseigneur l'éminentissime cardinal duc de Richelieu. *A Paris, chez Israel Henriet, avec privilège du Roy,* 1636. Pet. in-fol., fig., mar. brun, dos orné, fil., dent. à l'int., tr. dor. *(Chambolle-Duru.)*

Charmante suite de 490 estampes sur 124 feuillets, une sur chacun des deux premiers (le titre et le frontispice) et quatre sur chacun des autres.

Notre exemplaire est de SECOND TIRAGE *quant au titre* c'est-à-dire avec la véritable orthographe du nom d'Henriet, qui avait été altérée dans le PREMIER et qu'on s'est hâté de rétablir sitôt qu'on s'en est aperçu, mais de PREMIER ÉTAT *quant aux figures.* M. Meaume (II, p. 170) constate en effet deux états des planches : le premier (comme le nôtre) est à l'eau-forte pure, les marges en sont blanches, et chaque sujet est accompagné des mots : *Israel,* ou *Israel ex.,* ou *Israel excud.*

Dans le second état, au contraire, un maladroit a teinté horizontalement les angles des figures des mois de Janvier et de Février après avoir enlevé le nom d'Israël.

SUPERBE EXEMPLAIRE d'une pureté parfaite et à toutes marges. Hʳ : 286ᵐᵐ.

16. HISTOIRE SACRÉE EN TABLEAUX, avec leur explication et quelques remarques chronologiques (par M. de Brianville). *A Paris, chez Charles de Sercy,* 1670-71-75. 3 vol. in-12, fig. de Sébastien Le Clerc, mar. bleu jans., dent. à l'int., tr. dor. *(Chambolle-Duru.)*

Très bel exemplaire de PREMIER TIRAGE. Les 3 vol. sont de bonne date, ce qui est fort rare, et la fig. du tome I, p. 43, représente bien *Loth marchant,* tandis qu'il est assis dans la réimpression.

17. BIBLE DE MARILLIER. Suite complète de 300 figures de Marillier et Monsiau (dont 204 pour l'Ancien Testament et 96 pour le Nouveau), gravées par Dambrun, Delignon, Delvaux, de Ghendt, Halbou, Trière, etc. En 1 vol. in-fol., dem.-rel. mar. vert avec coins, dos orné, tête dor. ébarb. *(Capé.)*

Superbes et rares épreuves, AVANT LA LETTRE et AVANT LES NUMÉROS, à toutes marges.

On y a joint quelques belles pièces, entre autres : *Joseph et Madame Putiphar*, d'après Monnet, grav. par Simonet AVANT LA LETTRE ; *Adam et Ève et le Paradis perdu*, par Lebarbier, grav. par Trière, AVANT LA LETTRE, etc. ; quelques figures *avec des différences* et plusieurs EAUX-FORTES de la suite de Marillier.

Il manque 5 figures pour que la collection soit absolument complète : 1º L'arc-en-ciel ; 2º Joseph reconnu par ses frères ; 3º Passage de la mer Rouge ; 4º Cantique des cantiques ; 5º Nicanor tué dans un combat.

De la vente EMMANUEL MARTIN, complété depuis lors de 5 figures AVANT LA LETTRE.

II. LITURGIE.

18. **Preces piæ.** Pet. in-8 gothique de 138 ff., mar. brun., compartiments à froid, dent. à l'int., tr. dor. *(Chambolle-Duru.)*

Charmant petit manuscrit du xvᵉ siècle sur PEAU DE VÉLIN d'une remarquable exécution. Il est orné de 5 grandes miniatures de la plus grande fraîcheur, de 11 encadrements de pages et de 107 colonnes, et se compose, ce qui est fort rare, presque exclusivement de plain-chant admirablement noté.

Les armes de la personne pour laquelle a été exécuté ce joli volume ont été peintes dans les ornements en arabesques de la première page.

19. **Iste libellus** pervalde devotas et pul || chras de Christi passione. Et de dei matris || parentibus, sponso, sororibus, ceterisque suis || amicis continet orationes et collectas. || *Impressum Augspurg per Christofferum* || *Schnapter. Anno domini* 1493. || Pet. in-4 gothique de 8 ff., à 27 lignes à la page, avec 8 curieuses figures sur bois, initiales coloriées, cart. à la bradel, non rogné.

Petit incunable DE TOUTE RARETÉ, absolument broché et d'une irréprochable conservation.

20. **Hore beate Marie Virginis** secundum usum ec || clesie romane totaliter ad longum cum mul || tis suffragiis et orationibus || . A la fin : *Ces présentes heures à l'usage de* || *Rome tout au long sans réquérir ont* || *esté imprimées à Paris par Gilles Har* || *douyn pour Germain Hardouyn, li* || *braire, demourant entre les deux por* || *tes du Palays, à lenseigne Saincte Mar* || *guerite.* || Calendrier de 1521 à 1540. In-8 de 206 pages, mar. rouge, large dentelle sur les plats, dent. à l'int., tr. dor. (*Reliure ancienne.*)

Magnifique exemplaire sur PEAU DE VÉLIN emboité dans une riche reliure ancienne aux armes accolées des deux familles *Dugast Bois Saint-Just* et de sa femme *Maindestre*, et qui plus tard a fait partie de la bibliothèque de *Mgr de Caulet*, évesque et prince de Grenoble.

Encadrements sur bois formant la bordure de toutes les pages, avec la grande marque d'Hardouin coloriée et 32 superbes miniatures grandes et petites d'une fort belle exécution et d'une très grande fraîcheur, signées G. H. (Germain Hardouyn), qui s'intitulait lui-même : *In arte picturæ doctor peritissimus.*

Étui en marocain imitant une reliure.

21. **Missale Carthusiense.** (Figure sur bois représentant saint Bruno). *Venundantur Parisiis, in vico divi Jacobi, apud Viduam Thielmanni Kerver : ubi et*

impressum. Cum privilegio (1539). Pet. in-8 gothique de 16 ff. prél. pour le titre, le calendrier, etc., et 167 ff. chiffrés, titre rouge et noir, rubriques et figures sur bois, mar. brun estampé dans le genre xvᵉ siècle, dent. à l'int., tr. dor. *(Gruel.)*

Le permis d'imprimer accordé à Thielman Kerver, à l'exclusion de tous autres, par frère Jean Guilhard, prieur de la Grande-Chartreuse, est daté du 22 octobre 1539. SUPERBE EXEMPLAIRE.

22. **Livre d'heures de la Reine Anne de Bretagne**, contenant l'office de la sainte Vierge, et les Psaumes, avec la traduction par l'abbé Delaunay, suivi d'un Appendice contenant 350 plantes représentées dans ce manuscrit. *Paris, Curmer,* 1859. Gr. in-4, marocain rouge janséniste, plats ornés dans les angles des chiffres et au milieu des armes en mosaïque de la Reine de Bretagne, doublé de tabis vert, mors en marocain, large dent. à l'int., tr. dor. *(Smeers.)*

SUPERBE EXEMPLAIRE *avec l'appendice dans la même reliure que l'ouvrage*, de ce magnifique volume, chef-d'œuvre de la chromolithographie moderne, et reproduction fidèle d'un manuscrit célèbre pour la beauté des miniatures dont il est orné. Planches montées sur onglets.

Ce beau livre n'a été tiré qu'à 850 exemplaires; celui-ci, qui est particulièrement beau d'épreuves, porte le nᵒ 288, sans nom de souscripteur : c'est un de ceux que l'éditeur, M. Curmer, avait choisis avec le plus grand soin et qu'il s'était réservés lui-même. On sait que les planches en ont été effacées après le tirage et qu'un certificat authentique en a été dressé par-devant notaire.

ÉPUISÉ et RARE.

23. ŒUVRE DE JEHAN FOUCQUET. Heures de Maistre Estienne Chevalier. Texte restitué par M. l'abbé Delaunay. *Paris, L. Curmer,* 1866. 2 vol. gr. in-4 (dont 1 de planches et l'autre d'appendice), mar. lav.

clair, dos et plats complètement estampés à froid, mors en marocain, doublé de tabis rouge, large dent. dorée, tr. dor. *(David.)*

SUPERBE EXEMPLAIRE, *en reliure uniforme*, de ces deux beaux volumes, dont le premier contient plus de 200 pages entourées de splendides encadrements chromolithographiés avec une quantité de miniatures hors ligne, reproduction fidèle de l'œuvre éparse de Jehan Foucquet, le peintre favori d'Étienne Chevalier, trésorier de France, et l'un des artistes les plus remarquables du moyen âge.

La seconde partie renferme avec un très grand nombre de miniatures et encadrements variés, tous les détails historiques, bibliographiques et littéraires relatifs à ce beau livre.

Ce bel ouvrage n'a été tiré qu'à 550 exemplaires numérotés. Celui-ci, qui attend encore le nom de son souscripteur, est le n° 201 ; c'est un de ceux qu'avait choisis et que s'était réservés M. Curmer.

Exemplaire irréprochable dont toutes les planches sont montées sur onglets ; il est renfermé dans un étui.

24. DÉVOT EXERCICE CHRESTIEN, contenant diverses prières pour le matin et la communion. *S. l.*, 1657. Pet. in-16, mar. vert, filets, dent à l'int., tr. dor. *(Reliure ancienne.)*

Joli petit manuscrit SUR PEAU DE VÉLIN, composé d'un titre entouré d'arabesques et de fleurs en couleurs, et de 76 ff. encadrés de filets dorés et ornés de quelques en-têtes miniaturés.

Exemplaire DE BURE avec sa signature.

25. EXPLICATION de quelques difficultez sur les prières de la Messe, à un nouveau catholique, par Messire Jacques Benigne Bossuet, évesque de Meaux. *A Paris, chez la veuve de Séb. Mabre-Cramoisy, 1689, avec privilège de Sa Majesté*, pet. in-12, mar. brun jans., dent. à l'int., tr. dor. *(Thibaron.)*

Édition originale.

26. L'OFFICE DE LA QUINZAINE DE PASQUES, selon l'usage

de Rome, en latin et en françois. Traduction nouvelle dédiée à la Reine. *A Paris, chez G. de Hansy*, 1764, *avec privilège du Roi*. In-8, port. de Marie-Antoinette et 4 figures, mar. rouge, dos orné, large dent. sur les plats et à l'int., tr. dor. *(Reliure ancienne.)*

III. THÉOLOGIENS.

1. THÉOLOGIE SCOLASTIQUE, MORALE ET PARÉNÉTIQUE.

27. LA THÉOLOGIE NATURELLE de Raymond Sebon, docteur excellent entre les modernes, en laquelle, par l'ordre de nature, est démontrée la vérité de la Foy chrestienne et catholique, traduicte nouvellement de latin en françois (par Michel de Montaigne). *A Paris, chez Gilles Gourbin*, 1569, *avec privilège du Roy*. Pet. in-8 de 2 ff. prélim., 496 ff. chiff. et 30 ff. pour la table, mar. rouge jans.. dent. à l'int., tr. dor. *(Chambolle-Duru.)*

ÉDITION ORIGINALE du premier ouvrage publié par Montaigne, onze ans avant ses immortels Essais qui ne virent le jour qu'en 1580.

Montaigne fit cette traduction d'après les conseils de son père, comme il nous l'apprend, dans la dédicace qu'il lui fait de son ouvrage, en date du 18 juin 1568 : « Suyvant la charge que vous me donnastes l'année passée, i'ay taillé & dressé de ma main à Raimond Sebon un accoustrement à la Françoise, & l'ay devestu, autant qu'il a esté en moy, de ce port farouche & maintien barbaresque, que vous luy vîtes premièrement... »

Superbe exemplaire de toute pureté. Hr : 164mm.

28. Traité de la Communion sous les deux espèces, par Messire Jacques-Benigne Bossuet, evesque de Meaux. *A Paris, chez Sébastien Mabre-Cramoisy, 1682, avec privilège du Roy.* In-12, mar. brun, dos orné, fil., dent., tr. dor. *(David.)*

Édition originale.

29. Les Imaginaires ou lettres sur l'hérésie imaginaire, par le Sr de Damvilliers (P. Nicole). *A Liège, chez Adolphe Beyers (Amsterdam, Daniel Elzevier), 1667.* 2 vol. pet. in-12, mar. rouge, dos orné, large dent. sur les plats et à l'int., tr. dor. *(Simier.)*

Exemplaire de toute fraîcheur aux armes de Lord Stuard de Rothesay. H^r : 134^{mm}.

30. De l'abus des nuditez de gorge (par Jacques Boileau). *A Bruxelles, chez François Foppens, 1675.* In-12, mar. rouge jans., dent. à l'int., tr. dor. *(Belz-Niédrée.)*

Édition originale de cet ouvrage singulier.

31. Timothée ou réponse à la question : si un riche peut être sauvé ? Ouvrage de Salvien, dans lequel ce saint... employe toute son éloquence pour porter..... à faire l'aumône. *Imprimé à Bourges et se vend à Paris, chez Louis Guérin, 1704.* In-12, mar. rouge, dos orné, compart. à la Dusseuil, dent. int., tr. dor. *(Reliure ancienne.)*

Très bel exemplaire.

32. Sermons de M. Massillon, évêque de Clermont. *A Paris, chez la veuve Estienne et Jean Herissant, 1745-49, avec privilège du Roi.* 15 vol. in-12, veau rac., dos orné, dent. à l'int., tr. jasp. *(Reliure ancienne.)*

La meilleure et la plus recherchée de toutes les éditions de cet auteur. On y trouve du reste la plupart de ses œuvres et les plus célèbres en ÉDITIONS ORIGINALES.

Voici l'ordre et la date des volumes : Avent, 1745. — Grand carême, 4 vol., 1745. — Petit carême, 1745. — Oraisons funèbres, 1745. — Mystères, 1745. — Panégyriques, 1745. — Conférences, 3 vol., 1746. — Pseaumes, 2 vol., 1747. — Pensées, 1747.

Très bel exemplaire, grand de marges. H^r : 166^mm.

33. PETIT CARÊME, de M. Massillon, évêque de Clermont. *Paris, veuve Estienne et fils,* 1745, *avec approbation et privilège du Roi.* In-12, mar. rouge, dos orné, fil., dent., tr. dor. *(Thibaron-Joly.)*

ÉDITION ORIGINALE.
Superbe exemplaire, très grand de marges. H^r : 165^mm.

34. PETIT CARÊME, de Massillon, suivi des sermons et de l'oraison funèbre de Louis XIV. *A Paris, chez Lefèvre (imprimerie de Jules Didot aîné),* 1824. Gr. in-8, papier jésus vélin., port., dem.-rel., mar. rouge avec coins, tête dor., ébarb. *(Capé.)*

Très bel exemplaire, *un des* 50 *tirés sur* GRAND JÉSUS VÉLIN avec le joli portrait gravé par Roger *sur Chine* AVANT LA LETTRE et 2 autres portraits ajoutés.

2. THÉOLOGIE MYSTIQUE.

35. 𝕿ractatus de ‖ ymitatione Cristi. ‖ Cum tractatulo ‖ de meditatione ‖ cordis. ‖ In fine : *Tractatus aureus et perutilis de perfecta ymitatione* XPI *et vero mundi contemptu. Cum tractatulo de meditatione cordis finiunt feliciter. Anno* M.CCCC.LXXXVII (1487). Format in-12 carré, gothique à longues lignes, de 8 ff. prélim. dont un f. blanc, et 182 ff. chiffrés de 22 lignes à la page,

grandes lettres initiales en rouge, marocain lav. jans.,
dent. à l'int., tr. dor. *(Chambolle-Duru.)*

SPLENDIDE EXEMPLAIRE à toutes marges et d'une pureté remarquable.

36. **Tractatus de imitatione Christi** cum tractatulo de meditatione cordis. *Tractatulus venerabilis magistri
Johannis Gerson de meditatione cordis, Lugduni im-
pressus per Johannem Trechsel, anno* MccccLxxxix
(1489), *die XI mensis octobris, finit feliciter.* Pet.
in-4 gothique de 4 ff. prélim. et 66 ff. chiffrés, mar.
brun jans., dent. à l'int., tr. dor. *(Chambolle-Duru.)*

Très bel exemplaire de ce PRÉCIEUX INCUNABLE. L'Imitation
porte au commencement et à la fin le nom de Thomas à
Kempis, tandis que le nom de Gerson ne se trouve qu'à la fin
du traité *de Meditatione cordis.*

37. L'IMITATION DE JÉSUS-CHRIST, traduite et
paraphrasée en vers françois par P. Corneille. *A Paris,
par Robert Ballard,* 1656, *avec approbation et privilège.* In-4, frontisp. gravé et figures de Chauveau,
mar. bleu janséniste, doublé de mar. rouge avec une
large dentelle, tr. dor. *(Cuzin, relieur ; Maillard,
doreur.)*

Achevé d'imprimer pour la première fois, ce dernier jour
de Mars mil six cens cinquante-six, à Rouen, par Laurens
Maurry.
Magnifique exemplaire de l'ÉDITION ORIGINALE des
quatre livres réunis. Hr : 238ᵐᵐ.

38. L'IMITATION DE IÉSUS-CHRIST, traduite en vers par
M. Desmarests. *A Paris, chez Iean Guignard,* 1662,
avec privilège du Roy. In-12, frontisp. gravé et fig.,
mar. bleu janséniste, dent. à l'int., tr. dor. *(Trautz-
Bauzonnet.)*

Charmant exemplaire d'une édition rare.

39. TRAITÉ DE L'AMOUR DE DIEU, par François de Sales, Evesque de Genève. *A Lyon, chez Pierre Rigaud, rue Mercière, 1616, avec approbation des Docteurs et privilège du Roy pour dix ans.* In-8 de 24 ff. prélim, 727 pp. avec cette mention au verso de la dernière : A Lyon, de l'imprimerie d'Amy de Pollier, 16:6, 9 ff. pour la table et 1 f. blanc, mar. brun, dos encadré de fil. et de dent., dentelle et compart. dorés sur les plats, tr. dor. *(Reliure ancienne.)*

> ÉDITION ORIGINALE du chef-d'œuvre de l'auteur.
> Bel exemplaire dans la reliure du temps, très bien conservée.

40. INTRODUCTION A LA VIE DÉVOTE du bienheureux François de Sales, evesque et prince de Genève, instituteur de l'ordre de la Visitation de saincte Marie, reveüe par l'autheur avant son deceds et augmentée de la manière de dire dévotement son chapelet et de bien servir la V. Marie. Dernière édition. *A Paris, chez Michel Blageart, 1648, avec approbation.* In-8, port., mar. brun jans., dent. à l'int., tr. dor. *(Chambolle-Duru.)*

> *Seule édition complète* de cet important ouvrage. C'est la plus précieuse et celle dont M. Silvestre de Sacy a suivi le texte pour sa charmante réimpression de la Bibliothèque spirituelle, publiée par Techener.
> Superbe exemplaire.

41. RÉVEILLE-MATIN A DOUBLE MONTRE, une qui guide au précipice et l'autre à la gloire, par le son duquel ceux qui font profession de la Religion prétenduë Réformée doivent s'éveiller du sommeil de la mort, auquel ils sont léthargiquement endormis, et charitablement conviez d'entrer au sein de l'Eglise Romaine, seule espouse de Iésus-Christ, pour y chanter d'un ton uniforme les loüanges de son Espoux, par Frère illuminé Faverot.

A Grenoble, chez André Galle, 1670. In-8, de 12 ff. prélim., 434 pp., 6 ff. pour la table et 1 f. d'errata, vélin blanc. *(Reliure ancienne.)*

Mystique d'une grande rareté. Très bel exemplaire.

42. Instruction du chrestien, par Monseigneur le Cardinal de Richelieu. Dernière édition. *A Paris, chez Iean Iost,* 1652. In-12, mar. rouge, dos orné, filets, dent. à l'int., tr. dor. *(Boyet.)*

Bel exemplaire dans une charmante reliure ancienne.
On y a joint : Traité de la perfection chrestienne, par Mgr le cardinal de Richelieu. *A Paris, chez Vitré, s. d.* In-12, mar. rouge, dos orné, fil., dent., tr. dor. *(Boyet.)*

43. Réflexions sur la miséricorde de Dieu, par une Dame Pénitente (par Madame de La Vallière). *A Paris, chez Antoine Dezallier,* 1680, *avec approbation et privilège.* Pet. in-12 de 8 ff. prélim., et 139 pages, mar. bleu, dos orné, fil., dent., tr. dor. *(Raparlier.)*

Édition originale. Très bel exemplaire.

44. Miroir de la bonne mort, tiré de la passion et de la mort de notre Sauveur, dans lequel le malade qui ne peut lire, verra représenter par images tout ce qu'il doit faire durant le cours de sa maladie, afin de bien mourir, par le P. David de La Vigne, recolet. *Amsterdam, par Jean Stichter,* 1694. In-4, de 1 f. pour le titre et 51 ff. dont 42 grandes planches de Romain de Hooge, mar. violet jans., dent. à l'int., tr. dor. *(Capé.)*

Magnifique exemplaire, *avec le texte hollandais,* dont les planches sont superbes et de beaucoup supérieures à celles qui se trouvent dans la nouvelle édition parue sous le titre de : *La Manière de se bien préparer à la mort... Anvers,* 1700.

45. Explication des maximes des saints sur la vie inté-

rieure, par Messire François de Salignac Fénelon. *A
Paris, chez Pierre Aubouin,* 1697. In-12, mar. vert
foncé, dos orné, fil., dent. à l'int., tr. dor. *(Thibaron-
Joly.)*

ÉDITION ORIGINALE rare et recherchée de cet ouvrage ascé-
tique qui donna lieu à une violente polémique entre Fénelon
et Bossuet, fut condamné et causa la disgrâce de son auteur

Superbe exemplaire *sur papier fort* avec l'errata qui manque
presque toujours. Hr : 157ᵐᵐ.

3. THÉOLOGIE POLÉMIQUE. — PROTESTANTS, ETC.

46. AD EPHESINUM CONCILIUM variorum patrum epistolæ...... tituli decretorum Hilarii papæ : epistolæ
Anacleti anti-papæ..... nunc primum in publicam
lucem data per F. Christianum Lupum, Iprensem, ord.
S. Augustini. *Lovanii, typis Hieron. Nempæi,* 1682.
2 vol. pet. in-4, mar. rouge, dos au chiffre et plats aux
armes, fil., tr. jasp. *(Reliure ancienne.)*

Superbe exemplaire au chiffre et aux armes de J.-B. COLBERT,
Marquis de Seignelay.

47. LETTRES ESCRITTES A UN PROVINCIAL
par un de ses amis, sur le sujet des disputes présentes
de la Sorbonne, du 23 janvier 1656 au 24 mars 1657
(par Blaise Pascal). *S. l. n. d.* In-4, mar. brun jans.,
dent. à l'int., tr. dor *(Chambolle-Duru.)*

VÉRITABLE ÉDITION ORIGINALE de ces 18 lettres, publiées
séparément, SANS TITRE et dont le lieu d'impression est encore
un secret.

Les exemplaires sous le titre de : *Cologne, Pierre de la
Vallée,* 1657, ne sont évidemment que des contrefaçons publiées
à l'étranger au moment même de leur apparition en France et
au fur et à mesure de la mise en vente.

PRÉCIEUX EXEMPLAIRE, qui, outre la *Lettre d'un avocat au*

Parlement à un de ses amis, en date du 1er *juin* 1657, qui est attribuée à Pascal et qu'on a souvent désignée sous le nom de 19e *Provinciale*, renferme encore une quantité considérable de pièces curieuses et rares, où l'on retrouve la polémique ardente soulevée à cette époque pour et contre les Jésuites par la publication de ces lettres.

48. LES PROVINCIALES ou les lettres escrites par Louis de Montalte à un provincial de ses amis et aux R.R. P.P. Jésuites, sur le sujet de la morale et de la politique de ces Pères. *A Cologne, chés Pierre de la Vallée,* 1657. Pet. in-12, mar. bleu, dos orné, dent. sur les plats et à l'int., tr. dor. *(Bozerian.)*

Superbe exemplaire de la PREMIÈRE ÉDITION ELZÉVIRIENNE qui se reconnaît aux mots de *Moines mendiants* au lieu de ceux de *Religieux mendiants* qui se lisent au haut de la 3e page, dans la réimpression. Hr : 127mm.

49. LETTRES ÉCRITES A UN PROVINCIAL par Blaise Pascal, précédées d'un essai sur les Provinciales et sur le style de Pascal. *A Paris, chez Lefèvre (imprim. de Jules Didot aîné),* 1826. Gr. in-8, papier jésus vélin, dem.-rel. mar. rouge, dos orné, tête dor., ébarb. *(Capé.)*

Bel exemplaire, *un des* 50 *tirés sur* GRAND JÉSUS VÉLIN, avec un portrait gravé par Saint-Aubin, ajouté.

50. PENSÉES DE M. PASCAL sur la religion et sur quelques autres sujets, qui ont esté trouvées après sa mort parmy ses papiers. *A Paris, chez Guillaume Desprez,* 1670, *avec privilège et approbation.* In-12 de 41 ff. prélim., 365 pp. et 10 ff. de table, mar. lav. jans., dent. à l'int., tr. dor. *(Trautz-Bauzonnet.)*

VÉRITABLE ÉDITION ORIGINALE. Superbe exemplaire de la plus irréprochable conservation et très grand de marges. Hr : 155mm.

51. LES PENSÉES DE BL. PASCAL, suivies d'une nouvelle

table analytique. *A Paris, chez Lefèvre (imprim. de
Jules Didot aîné)*, 1826. Gr. in-8, papier jésus vélin,
dem.-rel. mar. rouge avec coins, tête dor., ébarb.
(Capé.)

> Bel exemplaire, *un des 5o tirés sur* GRAND JÉSUS VÉLIN, avec
> le beau portrait gravé par Roger *sur Chine*, AVANT LA LETTRE

52. GÉNIE DU CHRISTIANISME ou beautés de la religion
chrétienne, par Fr. Aug. Chateaubriant. *Paris, Migneret*, 1803. 4 vol. in-8, mar. viol., dent. sur les
plats et à l'int., tr. dor. *(Bozerian.)*

> Bel exemplaire sur PAPIER VÉLIN, avec les figures de Boichot,
> Lebarbier, Chaudet et Delvaux, AVANT LA LETTRE.
>
> On y a joint : tome I, page 319, un charmant DESSIN
> ORIGINAL de Lebarbier, à la sépia et à la plume.

53. LE BUREAU DU CONCILE DE TRENTE : auquel est mons-
tré qu'en plusieurs poincts iceluy concile est contraire
aux anciens conciles et canons et à l'autorité du Roy,
par Innocent Gentillet, jurisconsulte Dauphinois. *S. l.
(Genève), par Denis Preud'homme*, 1586. In-8, mar.
brun, dos orné, compart. sur les plats, dent. à l'int., tr.
dor. *(Chambolle-Duru.)*

> Gentillet, savant jurisconsulte et théologien protestant, fut
> un des plus habiles défenseurs de la Réforme, en même temps
> qu'un des plus redoutables adversaires du Catholicisme.

54. RESPONSE AUX TROIS DISCOURS du Iesuite Lois Ri-
cheome, sur le sujet des Miracles, des Saincts et des
Images, par B. de Loque, dauphinois. *A La Rochelle,
par Hierosme Hautin*, 1600. In-8 de 772 pp., vélin
blanc. *(Reliure ancienne.)*

> Exemplaire irréprochable.

55. L'ALCORAN DE MAHOMET, translaté d'arabe en fran-

çois par le sieur Du Ryer. *Suivant la copie imprimée à Paris, chez Ant. de Sommaville, 1672, avec privilège du Roy*. Pet. in-12, mar. bleu, dos orné, fil., dent. à l'int., tr. dor. *(Duru, 1861.)*

Joli exemplaire. H^r : 130^{mm}.

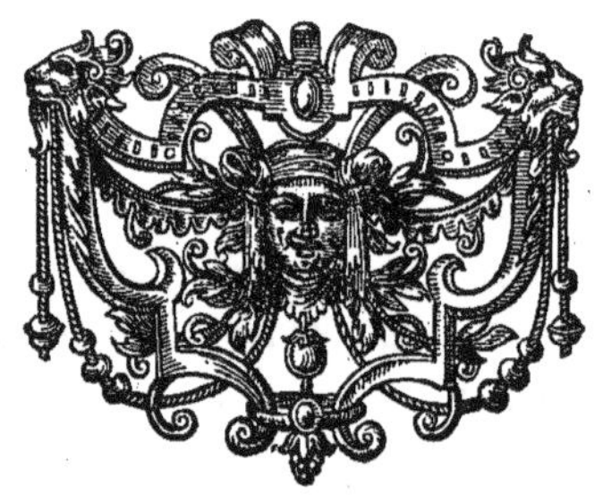

SCIENCES ET ARTS.

I. SCIENCES PHILOSOPHIQUES.

PHILOSOPHIE. — MORALE. — ÉCONOMIE. — POLITIQUE, ETC.

56. CONSOLATION AUX AFFLIGEZ par la malice des hommes,
tirée du Pseaume CXXIII, par Matthieu de Morgues. *A
Anvers, en l'imprimerie Plantinienne*, 1632, fig.,
mar. lav. clair, dos orné, fil. et compart. à la Dusseuil,
dent. à l'int., tr. dor. *(Chambolle-Duru.)*

57. DISCOURS DE LA MÉTHODE pour bien conduire sa raison et chercher la vérité dans les sciences, plus la
Dioptrique, les Météores et la Géométrie, qui sont des
essais de cette méthode (par René Descartes). *A Leyde,
de l'imprimerie de Ian Maire*, cIↄ Iↄ c xxxvii (1637),
avec privilège. In-4 de 413 pp. et 17 ff. pour la
table, les errata, et le privilège en deux langues, fig.,
mar. rouge, dos orné, fil., dent., tr. dor. *(Hardy-
Mennil.)*

> ÉDITION ORIGINALE de l'ouvrage qui a le plus contribué à
> établir la réputation de Descartes. Elle est rare et fort re-
> cherchée.
>
> Très bel exemplaire.

58. LES PASSIONS DE L'AME, par Réné Des Cartes. *Sur la
copie imprimée à Amsterdam, à Paris, chez Antoine
de Sommaville*, 1650. In-12, mar. brun jans., dent. à
l'int., tr. dor. *(R. Petit.)*

> *Édition originale* publiée en France.

59. La Logique ou l'art de penser : contenant, outre les règles communes, plusieurs observations nouvelles propres à former le jugement (par Ant. Arnauld et Nicole). *A Paris, chez Charles Savreux*, 1662. In-12 de 473 pp. et 3 ff. pour la table, l'errata et le privilège, mar. brun jans., dent. à l'int., tr. dor. *(Chambolle-Duru.)*

Édition originale de cet ouvrage célèbre.
Superbe exemplaire.

60. La Logique ou l'art de penser, contenant, outre les règles communes, plusieurs observations nouvelles, propres à former le jugement (par Ant. Arnauld et Nicole). Cinquième édition, revue et augmentée. *A Paris, chez Guillaume Desprez*, 1663, *avec privilège du Roi*. In-12, mar. rouge, dos orné, fil., dent. int., tr. dor. *(Chambolle-Duru.)*

Dernière édition originale et la plus complète. Bel exemplaire, grand de marges. H^r : 157^{mm}.

61. Œuvres philosophiques de M. de la Mettrie. *A Amsterdam*, 1753. 2 tomes en 1 vol. in-12, renfermant 9 parties paginées à part, mar. rouge, dos orné, filets, coins ornés, dent. à l'int., tr. dor. *(Reliure ancienne.)*

Joli volume, bien conservé, qui renferme : Discours préliminaire, 78 pp. — L'Homme machine, 109 pp. — Traité de l'âme, 198 pp. — Abrégé des Systèmes, 58 pp. — Les Animaux plus que machines, 77 pp. — L'Homme plante, 34 pp. — Système d'Épicure, 56 pp. — L'Anti-Senèque, 114 pp. — L'Art de jouir, 70 pp.

62. Élémens de la philosophie de Newton, mis à la portée de tout le monde, par M. de Voltaire. *A Amsterdam, chez Etienne Ledet*, 1738. In-8, port., fleuron,

vignettes, culs de lampe et fig. géom., mar. rouge, dos
orné, fil., dent. à l'int., tr. dor. *(Chambolle-Duru.)*

Édition originale.

63. DICTIONNAIRE PHILOSOPHIQUE PORTATIF (par **Voltaire**).
Londres (Nancy , J.-B. Hyacinthe Leclerc), 1764.
In-8, mar. vert, dos orné, fil., dent., tr. dor. *(Reliure
ancienne.)*

Édition originale de cet ouvrage célèbre. Très rare en
pareille condition.

64. LES MORALES D'EPICTÈTE, de Socrate, de Plutarque
et de Senèque (extraites et traduites en français par
Desmarets de Saint-Sorlin). *Au château de Richelieu,
de l'imprimerie d'Estienne Migon, 1653. Pet. in-8,*
mar. rouge, dos orné, fil., dent. à l'int., tr. dor.
(Reliure ancienne.)

« Cette jolie édition est très recherchée des curieux et les
beaux exemplaires en sont rares. » *Brunet, II,* 1016.
Exemplaire de toute fraîcheur.

65. RÉFLEXIONS MORALES DE L'EMPEREUR MARC-ANTONIN,
traduites par Dacier ; édition ornée de figures dessinées
par Moreau le Jeune. *A Paris, chez Saugrain (de
l'imprimerie de Didot Jeune), an IX (1800). Gr. in-4,*
papier vélin, fig., veau racine, dos orné, dent. sur les
plats, tr. dor. *(Reliure ancienne.)*

Superbe exemplaire en GRAND PAPIER VÉLIN, avec les belles
figures de Moreau en triple état : *avec la lettre,* AVANT LA
LETTRE et EAUX-FORTES.

66. LES MORALES DE TORQUATO TASSO, où il est traitté de
la Cour, de l'Oisiveté, de la Vertu des Dames illustres,
du Mariage, de la Ialousie, de l'Amour, etc. (traduit de
l'italien par I. Baudoin). *A Paris, chez Toussaint du*

Bray, 1632, *avec privilège du Roy*. Pet. in-8, frontispice gravé et port. du Tasse, réglé, vélin blanc, tr. blanches. *(Reliure ancienne.)*

Très joli exemplaire.

67. Mil quatre vingtz et quatre demandes avec les Solutions et Responses à tous propoz, œuure curieux et moult recreatif, selon le saige Sidrach. *On les vend à Paris, en la grand salle du Palays, au premier pilier en la boutique de Galliot du pré,* M.D.XXXI (1531). Pet. in-8, lettres rondes, avec fig. sur bois, de 32 ff. prélim. et 271 ff. chiffrés, mar. rouge, dos orné, riches dentelles et compart. dorés sur les plats, dent. à l'int., tr. dor. *(Derome.)*

Charmant exemplaire de l'édition la plus jolie et la plus recherchée de ce curieux ouvrage où, dit Brunet, à des demandes fort singulières sont faites des réponses plus singulières encore.

68. ESSAIS DE MICHEL, SEIGNEUR DE MONTAIGNE. Cinquiesme édition!, augmentée d'un troisiesme liure et de six cens additions aux deux premiers. *A Paris, chez Abel l'Angelier, au premier pillier de la grand salle du Palais, avec privilège du Roy,* 1588. In-4, frontispice gravé, mar. lavallière jans., large dent. int., tr. dor. *(Trautz-Bauzonnet.)*

ÉDITION PRÉCIEUSE, la plus recherchée des bibliophiles comme étant *la dernière publiée du vivant de l'auteur* et la première où se trouve le troisième livre. Bien que portant sur le titre la mention de cinquième édition, on n'en connaît encore que deux qui l'aient précédée.

Magnifique exemplaire de la vente L. de M. — H^r: 247^{mm}.

69. LES ESSAIS DE MICHEL, SEIGNEUR DE MONTAIGNE. Édition nouvelle, trouvée après le

déceds de l'autheur, revuë et augmentée par luy d'un tiers plus qu'aux précédentes Impressions. *A Paris, chez Abel l'Angelier,* cɪɔ.ɪɔ.xcv (1595), *avec privilège.* In-fol., mar. rouge jans., doublé de mar. bleu, large dent. à l'int., tr. dor. *(Thibaron-Joly.)*

> Superbe exemplaire de cette édition rare, publiée après la mort de Montaigne, par Mademoiselle de Gournay, sa fille adoptive, sur un exemplaire précieux de l'édition de 1588, que l'auteur laissa en mourant, couvert de notes manuscrites et de corrections de sa main.
>
> Celui-ci est un des rares exemplaires avec le célèbre avis au lecteur commençant par ces mots : *C'est icy un Livre de bonne foy*, qui manque presque toujours, et qui se trouve ici au verso du dernier f. de la table qui précède le texte

70. Les Essais de Michel, seigneur de Montaigne ; nouvelle édition exactement purgée des défauts des précédentes, selon le vray original. *A Bruxelles, chez François Foppens,* 1659. 3 vol. in-12, frontisp. gravé, mar. rouge jans., dent. int., tr. dor. *(Hardy.)*

> Charmante édition qu'on rattache à la collection des Elzévirs
>
> Bel exemplaire grand de marges. H^r : 149^{mm}.

71. Essais de Michel de Montaigne, avec les notes de tous les commentateurs, édition publiée par V. Le Clerc. *A Paris, chez Lefèvre (imprim. de Jules Didot aîné),* 1826. 5 vol. gr. in-8, papier jésus vélin, port., dem.-rel. mar. rouge, avec coins, dos orné, tête dor. ébarb. *(Capé.)*

> Très bel exemplaire, *un des 50 tirés sur* grand jésus vélin, avec le beau portrait gravé par H. Dupont, *sur Chine* avant la lettre.
>
> On y a joint 5 autres portraits de Montaigne dont un du xvɪ^e siècle, gravé par Ioan Meysens, avant la lettre, et celui de Ficquet avant toute espèce d'inscription. Ce dernier est remargé.

72. De la Sagesse, trois livres par Pierre Charron. *A Leide, chez Iean Elsevier, sans date.* Pet. in-12, titre gravé, mar. rouge, dos orné, large dent. sur les plats et à l'int., tr. dor. *(Reliure ancienne.)*

Superbe exemplaire de l'édition la moins commune des quatre données par les Elzéviers et, comme telle, la plus recherchée des amateurs.

73. RÉFLEXIONS OU SENTENCES ET MAXIMES MORALES (par M. le duc de La Rochefoucauld). *A Paris, chez Claude Barbin, vis à vis le portail de la sainte Chapelle, au signe de la croix,* 1665, *avec privilège du Roy.* Pet. in-12, frontisp. gravé, mar. brun jans., dent. à l'int., tr. dor. *(Trautz-Bauzonnet.)*

VÉRITABLE ÉDITION ORIGINALE de toute rareté. Elle se compose de 24 ff. prél. non chiffrés pour le frontisp. gravé, le titre, l'Avis au lecteur et le Discours sur les Réflexions, 150 pp., de 23 lignes à la page, avec 316 maximes et un morceau de 7 pp., 5 ff. non chiffrés pour la table et le privilège, et 1 f. blanc.

Superbe et RARISSIME exemplaire auquel on a conservé les cartons des pages 141, 142, 143 et 144. Ces pages, qui ne contenaient que 312 maximes, ont été supprimées avec le plus grand soin ; ici elles sont en double, c'est-à-dire avant et après les changements. Hr : 144mm.

74. Réflexions ou sentences et maximes morales (par le duc de La Rochefoucault). *A Paris, chez Claude Barbin, vis à vis le portail de la sainte Chapelle, au signe de la croix,* 1665, *avec privilège du Roy.* Pet. in-12 de 24 ff. prélim. dont le premier est blanc, 135 pages avec 316 maximes, 6 pp. de table et 2 pp. pour l'extrait du privilège avec l'achevé d'imprimer le 27 octobre 1664, sign. A à F par 12 ff. à 22 lignes par page, mar. viol. jans., dent. à l'int., tr. dor. *(Trautz-Bauzonnet.)*

Édition originale et, d'après Brunet, la première des nom -

breuses éditions parues cette même année des Maximes de La Rochefoucault. H^r. 134^mm.

75. RÉFLEXIONS OU SENTENCES ET MAXIMES MORALES, (par le duc de La Rochefoucault.) Cinquième édition augmentée de plus de cent nouvelles maximes (par le duc de Larochefoucauld). *A Paris, chez Claude Barbin,* 1678, *avec privilège du Roy.* In-12 de 3 ff. prélim., 195 pp. avec 504 maximes et 13 pp. de table, mar. rouge jans., dent. à l'int., tr. dor. *(Thibaron.)*

> *Dernière édition publiée du vivant de l'auteur,* la seule complète et la plus recherchée des amateurs.
> Très bel exemplaire grand de marges. H^r 155^mm.

76. MAXIMES ET ŒUVRES COMPLÈTES de François, duc de La Rochefoucault. *A Paris, chez Desenne [de l'impr. de Delance], an IV* (1796). 2 vol. in-8, mar. vert, dos orné, dent. sur les plats et à l'int., tr. dor. *(Bradel le Jeune.)*

> Magnifique exemplaire sur *papier vélin,* avec un superbe portrait de l'auteur peint en émail par Petitot, et gravé en 1779 par Choffard.

77. RÉFLEXIONS OU SENTENCES et maximes morales de La Rochefoucauld. *A Paris, chez Lefèvre (imprim. de Jules Didot aîné),* 1827. Gr. in-8, papier jésus vélin, dem.-rel. mar. rouge, dos orné, tête dor. ébarb. *(Capé.)*

> Bel exemplaire, un des 50 tirés sur *grand jésus vélin,* avec le beau portrait gravé par Roger *sur Chine,* AVANT LA LETTRE, et celui gravé par Bertonnier, d'après l'émail de Petitot, aussi *sur Chine, avant la lettre.*

78. LES CARACTÈRES DE THÉOPHRASTE, traduits du grec, avec les caractères ou les mœurs de ce siècle (par La Bruyère). *A Paris, chez Estienne Mi-*

challet, 1688. In-12 de 3o ff. prélim. non chiffrés,
texte p. 53 (*sic*) à 36o, et 2 ff. dont 1 pour le privilège
en date du 8 octobre 1687, et 1 pour l'errata, mar.
bleu jans., dent. int., tr. dor. *(Trautz-Bauzonnet.)*

Superbe et précieux exemplaire, réglé du temps, de
l'ÉDITION ORIGINALE. De la bibliothèque et avec l'ex-
libris du baron *James de Rothschild*. Hᵣ : 157ᵐᵐ.

79. Les Caractères de Théophraste, traduits du grec,
avec les caractères ou les mœurs de ce siècle (par La
Bruyère). *A Paris, chez Estienne Michallet*, 1688,
avec privilège de Sa Majesté. In-12 de 3o ff. prél. non
chiffrés, texte de la page 53 à 36o, plus 1 f. pour le
privilège en date du 8 octobre 1687, et 1 autre pour
l'errata, mar. brun jans., dent. à l'int., tr. dor. *(Chambolle-Duru.)*

Édition originale devenue fort rare. Autre bel exemplaire
grand de marges. Hᵣ : 159ᵐᵐ.

80. Les Caractères de Théophraste, traduits du grec,
avec les caractères ou les mœurs de ce siècle (par La
Bruyère). Neuvième édition, revuë et corrigée. *A Paris,
chez Estienne Michallet*, 1696, *avec privilège de Sa
Majesté*. In-12, port., mar. rouge jans., dent. à l'int.,
tr. dor. *(David.)*

Dernière édition publiée du vivant de l'auteur et la plus re-
cherchée, parce qu'elle renferme ses dernières augmentations.
Bel exemplaire auquel on a ajouté un joli port. gravé par
Savart en 1768. Hᵣ: 160ᵐᵐ.

81. Les Caractères de Théophraste, avec les Carac-
tères ou les mœurs de ce siècle, par M. de La Bruyère.
Nouvelle édition augmentée des notes de M. Coste. *A
Paris, chez Michel-Estienne David*, 1740, *avec pri-*

vilège du Roi. 2 vol. in-12, fig., mar. bleu, dos orné, fil., dent. à l'int., tr. dor. *(Chambolle-Duru.)*

Très bel exemplaire d'une des meilleures éditions de La Bruyère.

82. LES CARACTÈRES DE LA BRUYÈRE, suivis des caractères de Théophraste, traduits du grec par le même. *A Paris, chez Lefèvre (de l'imprim. de Jules Didot aîné),* 1824. 2 vol. gr. in-8, papier jésus vélin, port. et fig., dem.-rel. mar. rouge avec coins, dos orné, tête dor., ébarb. *(Capé.)*

Très bel exemplaire, un des 50 tirés sur *grand jésus vélin*, avec le joli portrait de Taurel, sur *Chine*, AVANT LA LETTRE.

On y a joint le beau portrait de La Bruyère gravé par Leroux, en double état : AVANT LA LETTRE et EAU-FORTE, ainsi qu'une curieuse suite de 30 portraits allégorico-satiriques représentant les différents caractères (l'Avare, l'Orgueilleux, l'Impudent, etc.). Cette collection est AVANT LA LETTRE avec légende en anglais, tirée sur Chine, et collée au-dessous de chaque figure.

83. DIALOGUES POSTHUMES du sieur de La Bruyère, sur le quiétisme. *A Paris, chez Charles Osmont,* 1699, *avec privilège du Roi.* In-12, mar. rouge, dos orné, fil., dent. à l'int., tr. dor. *(Chambolle-Duru.)*

Ouvrage laissé inachevé par son auteur et qui a été terminé et publié par Louis Ellis Du Pin, son admirateur et son ami. Il est rare et mérite d'être conservé.

Très bel exemplaire.

84. MAXIMES ET PENSÉES DIVERSES (de Magdeleine de Souvré, marquise de Sablé), suivies des Pensées diverses (de l'abbé D'Ailly, chanoine de Lisieux). *A Paris, chez la veuve de Pépingué,* 1691, *avec privilège du Roy.* In-12, mar. vert olive, dos orné, fil., dent. à l'int., tr. dor. *(Masson-Debonnelle.)*

Très bel exemplaire.

85. Nouvelles œuvres meslées de Monsieur de Saint-Evremont. *A Paris, chez la veuve de Claude Barbin, 1700, avec privilège du Roi.* In-12 de 7 ff. prélim. et 367 pp. suivies de l'extrait du privilège, mar. vert clair, dos orné, fil., dent. à l'int., tr. dor. *(Chambolle-Duru.)*

Dernière édition publiée du vivant de l'auteur et la seule qui renferme le texte authentique de ses maximes, son principal titre de gloire et qui l'ont placé au premier rang des moralistes. Elle est rare et fort recherchée.

Très bel exemplaire. H^r : 162^{mm}.

86. Nouvelles Maximes, sentences et réflexions morales et politiques (par l'abbé de Vernage). *A Paris, chez J.-B. Delespine, 1702, avec permission.* In-12 de 78 pp. avec 259 maximes, veau fauve, dos orné, tr. rouges. *(Reliure ancienne.)*

Aux armes du *Comte d'Hoym.*

87. INTRODUCTION A LA CONNOISSANCE DE L'ESPRIT HUMAIN, suivie de réflexions et de maximes (par Vauvenargues). *A Paris, chez Ant.-Cl. Briasson, 1746, avec approbation et privilège du Roi.* In-12 de 10 ff. prélim., 384 pp. et 1 f. d'errata, mar., vert olive, milieu doré à petits fers, doublé de mar. rouge avec une large dent., tr. dor. *(Chambolle-Duru.)*

PRÉCIEUSE ÉDITION ORIGINALE demeurée fort longtemps inconnue aux bibliographes et la dernière revue par l'auteur, qui mourut cette même année.

On y trouve la fameuse *Invocation à l'Etre suprême* que Voltaire et Condorcet (qui n'avaient pas connu l'édition de 1746) affirmaient ne pas être de Vauvenargues et avoir été introduite dans ses œuvres, pour sauver sa mémoire, par les éditeurs de l'édition posthume de 1747.

Superbe exemplaire *avec l'errata* qui manque presque toujours, et qui ne se trouve même pas dans celui de la Bibliothèque d'Aix avec les corrections autographes de Vauvenargues.

88. Les Devoirs des Grands, par Monseigneur le Prince de Conty, avec son Testament. *A Paris, chez Denys Thierry*, 1666, *avec privilège du Roy*. Pet. in-8 réglé, mar. bleu, fleur de lys dans le dos et aux angles, dent. à l'int., tr. dor. (*Capé.*)

Édition originale, fort jolie et très recherchée.

89. Éducation des filles, par Monsieur l'abbé de Fénelon. *A Paris, chez Pierre Aubouin*, 1687, *avec privilège du Roy*. In-12, mar. brun jans., dent. à l'int., tr. dor. (*Raparlier.*)

Édition originale.

90. Émile ou de l'éducation, par J.-J. Rousseau, citoyen de Genève. *A La Haye, chez Jean Néaulme*, 1762. 4 vol. in-8, 5 fig. par Eisen, gravées par Le Grand, de Longueil et Pasquier, veau écaille, dos orné, fil., tranches marbr. (*Reliure ancienne.*)

Édition originale.
Bel exemplaire en *grand papier* de format in-8.

91. ENTRETIENS DE PHOCION, sur le rapport de la morale avec la politique; traduits du grec de Nicoclès par Mably. Édition à laquelle on a joint la Vie de Phocion, par Plutarque, traduction d'Amyot. *A Paris, de l'imprim. de Didot le Jeune, an III* (1795). Gr. in-4, papier vélin, fig., mar. rouge, dos orné, large dentelle sur les plats, doublé de tabis bleu avec dentelle dorée, tr. dor. (*Bozerian.*)

GRAND PAPIER VÉLIN. Exemplaire dans une belle reliure ancienne, de toute fraîcheur, avec les grandes figures de Moreau, gravées à l'eau-forte par Giraud et terminées par

Dambrun et Dupréel, en trois états : *avec la lettre*, AVANT LA LETTRE et EAUX-FORTES. Très rare en pareille condition.

92. Du CONTRACT SOCIAL ou Principes de Droit politique, par J.-J. Rousseau, citoyen de Genève. *A Amsterdam, chez Marc-Michel Rey*, 1762. In-12, port. ajouté, mar. rouge, dos orné, fil., dent , gardes en papier doré, tr. dor. (*Reliure ancienne.*)

> *Édition originale* de ce fameux ouvrage. Superbe exemplaire dans une reliure ancienne de toute fraîcheur, auquel on a ajouté un beau port. de Rousseau, d'après De La Tour, gravé par Cathelin.
>
> On a relié à la fin du volume : Jean-Jacques Rousseau, citoyen de Genève, à Christophe de Beaumont, archevêque de Paris.... Amsterdam, Marc-Michel Rey, 1763, de 134 pp., sans les ff. prélim. et 1 f. pour l'avis de l'imprimeur.

93. DU CONTRAT SOCIAL ou principes de droit politique, par J.-J. Rousseau. *A Paris, de l'imprimerie de Didot Jeune, an IV* (1796). Gr. in-4, port. et figure, mar. rouge, dos orné, large dentelle sur les plats, doublé de tabis bleu avec une dentelle dorée, tr. dor. (*Bozerian.*)

> EXEMPLAIRE UNIQUE SUR PEAU DE VÉLIN auquel on a joint une superbe épreuve *avant la lettre* du port. de Rousseau de Gault, gravé par Langlois, et un magnifique DESSIN ORIGINAL *à la sépia*, également sur peau de vélin, et de la plus parfaite exécution, avec la signature : *A. Devisge, inv. del.* 1796.
>
> De toute fraîcheur.

94. DISCOURS SUR L'ORIGINE et les fondemens de l'inégalité parmi les hommes, par Jean-Jacques Rousseau, citoyen de Genève. *A Amsterdam, chez Marc-Michel Rey*, 1755. In-8, vignette de Fokke et fig. d'Eisen, mar. rouge, dos orné, fil., dent., gardes de papier doré, tr. dor. (*Reliure ancienne.*)

> *Édition originale.* Superbe exemplaire.

95. LETTRES ÉCRITES DE LA MONTAGNE, par J.-J. Rousseau. *Vitam impendere vero. A. Amsterdam, chez Marc-Michel Rey,* 1764. 2 vol. in-8, mar. rouge, dos orné, fil. et coins dorés, dent. à l'int., gardes de papier doré, tr. dor. (*Reliure ancienne.*)

> *Édition originale.* Superbe exemplaire dont les titres portent ces mots : « Mde de La Tour » qui paraissent écrits de la main même de J -J. Rousseau.

96. LE BON-SENS ou idées naturelles opposées aux idées surnaturelles (par le curé Meslier). *A Londres,* 1772. In-12, mar. rouge, dos orné, fil., dent. à l'int., tr. dor. (*Reliure ancienne.*)

> Rare en aussi belle condition.

97. **La Pragmati ‖ que sanction en françoys ‖** avec Guillerme Paraldi de ‖ la pluralité des bénéfices. In fine : *Imprimé ‖ à Paris par Gaspard Philippe. Le XII. iour ‖ davril mil cinq cens et huit. Pour Martin ⊦ Alixandre et ses consors...* Pet. in-4 gothique de 88 et 46 ff., suivis de 2 ff. pour la table et la marque de Martin Alexandre, mar. rouge, dos orné, fil., dent. à l'int., tr. dor. (*Pasdeloup.*)

> Superbe exemplaire de la PREMIÈRE ÉDITION FRAN-ÇAISE de ces célèbres ordonnances dans une reliure ancienne de toute fraîcheur.
> Très rare en pareille condition.

98. RECUEIL D'ÉDITS, ORDONNANCES, et déclarations concernant l'épargne, le trésor royal et les parties casuelles. *S. l.,* 1732. 2 in-4, mar. rouge, dos orné, large dentelle à petits fers sur les plats, dent. à l'int., tr. dor. (*Reliure ancienne.*)

> Superbe exemplaire aux armes des *frères Pâris*, les célèbres

financiers du 18ᵉ siècle : *D'or, à la face d'azur, chargée d'une pomme d'or.*

La pomme, qui figure dans les armes, se retrouve entre les nerfs de chaque volume, dans les angles de la reliure, et (de moindre grandeur) dans les ornements des plats.

99. DE L'ESPRIT DES LOIX ou du rapport que les loix doivent avoir avec la constitution de chaque gouvernement, les mœurs, le climat, la religion, le commerce, etc. (par de Montesquieu). *A Genève, chez Barillot et fils, s. d.* (1748). 2 vol. in-4, mar. rouge, filets à froid., dent. à l'int., tr. dor. *(Ottmann-Duplanil.)*

Édition originale, avec l'erreur de pagination dans la préface et l'errata, de cet ouvrage capital; elle a été publiée par J.-J. Vernet et méritera toujours d'être recherchée, dit Brunet, par les éditeurs de Montesquieu.

II. SCIENCES NATURELLES. — MATHÉMATIQUES. — ARTS DIVERS.

100. ÉTUDES DE LA NATURE, par Jacques-Henri-Bernardin de Saint-Pierre. *A Paris, de l'imprimerie de Monsieur, chez Pierre-François Didot,* 1784-1792. 5 vol. in-12, fig., mar. vert, dos orné, fil., dent. à l'int., tr. dor. *(Chambolle-Duru.)*

On sait que c'est là qu'il faut chercher l'ÉDITION ORIGINALE de *Paul et Virginie.* Ce délicieux petit roman, un des chefs-d'œuvre de notre littérature, occupe les ff. lxxxiij à lxxxviij, et les pages 1 à 227 du Tome IV.

Très bel exemplaire de cette excellente édition que l'auteur (dans sa préface et après s'être amèrement plaint des contrefaçons qui lui font un tort considérable) déclare « bien aisée à distinguer par la beauté de ses caractères et corrigée par lui-même avec toute l'attention dont il est capable. »

101. L'Histoire des éléphants par Salomon de Priezac, sieur de Sauguës. *A Paris, chez Charles Sercy*, 1650, *avec privilège du Roy*. Pet. in-12 de 8 ff. prélim. y compris le frontispice gravé, 198 pp. et 9 ff. pour la table, etc., veau fauve, dos orné, fil., dent. à l'int., tr. dor. (*Koelher.*)

Volume recherché et peu commun, dit Brunet. Très bel exemplaire grand de marges. H^r : 127^mm.

102. Histoire naturelle éclaircie dans une de ses parties principales, l'ornithologie, qui traite des oiseaux de terre, de mer et de rivière, tant de nos climats que des pays étrangers. Ouvrage traduit du latin de Ray, augmenté par M. Salerne, et enrichi de 31 figures dessinées d'après nature. *A Paris, chez De Bure,*1767. In-4, frontisp. et fig., mar. vert, dos orné, fil., dent., tr. dor. (*Pasdeloup.*)

Superbe exemplaire avec un beau frontispice de Martinet, gravé par de Longueil et 30 figures dessinées et gravées par Martinet, soigneusement *coloriées au pinceau.*

103. Les Roses peintes par J. Redouté, dessinateur de l'Institut et du Muséum d'histoire naturelle, et dé crites par Thorry. *Paris, Panckoucke,* 1824. 2 vol. gr. in-8, papier vélin, fig. col., cart. à la bradel, non rogné. (*Reliure de l'époque.*)

Exemplaire *parfaitement complet* de cet excellent ouvrage qui se compose de 40 livraisons de texte et de 160 figures coloriées.

104. Des Pierres précieuses et des pierres fines, avec les moyens de les connaître et de les évaluer, par M. Dutens. *A Paris, chez Didot et de Bure,* 1776. In-18, mar. vert, dos orné, fil., dent., tr. dor. (*Derome.*)

Exemplaire irréprochable de ce petit chef-d'œuvre de typographie.

105. DEUX TRAITEZ, l'un de la Guerre, l'autre du Duel.
Au Roy de Navarre. Par B. de Loque, Dauphinois. *A
Lyon, par Iacob Ratoyre*, 1589. Pet. in-8 de 104 pp.,
veau fauve, fil., dent., tr. dor. (*Koelher.*)

> Protestant dauphinois, fort rare.
>
> Le Traité de la Guerre se termine à la page 62 et doit être
> suivi d'un f. blanc. — La deuxième partie, de la page 65 à la
> fin, a pour titre : *Traité du duel, auquel est vuidée la question
> asçavoir s'il est loisible aux Chrestiens de desméler un différent
> par le combat singulier, ou aussi est desmélée la dispute du
> poinct d'honneur.*
>
> Bel exemplaire YÉMENIZ.

106. LE SOLDAT FRANÇOIS (par Pierre L'Hostal). *S. l.*,
1604. In-12 de 190 et 66 pp. pour l'Apologie Royale,
par M.I.L.D, mar. rouge, dos orné, fil. et compart. à
la Dusseuil, dent. à l'int., tr. dor. (*Chambolle-Duru.*)

> Charmant exemplaire de l'*édition originale* avec un beau
> titre qui paraît avoir été gravé par Léonard Gaultier et cette
> devise ·
>
> > *La Guerre est ma patrie,*
> > *Mon harnois ma maison,*
> > *Et en toute saison*
> > *Combattre c'est ma vie.*

107. L'INSTRUCTION DU ROY EN L'EXERCICE
DE MONTER A CHEVAL par Messire Antoine de
Pluvinel, son soubs-gouverneur..... Lequel respondant
à Sa Maiesté luy faict remarquer l'excellence de sa méthode pour réduire les chevaux en peu de temps à
l'obeyssance des iustes proportions de tous les plus
beaux airs et maneiges. Le tout enrichy de grandes
figures en taille-douce..... desseignées et gravées par
Crispian de Pas le Jeune. (Ouvrage posthume publié
par René de Menou). *A Paris, chez Michel Nivelle,*
1625, *avec privilège du Roy, pour six ans.* In-fol.,

frontisp. gravé, portraits et figures, mar. rouge, dos orné, fil., dent. à l'int., tr. dor. (*Chambolle-Duru.*)

Superbe et précieux exemplaire de cette édition, qui, dit Brunet, est bien LA PREMIÈRE de cet important ouvrage puisqu'elle est la première qui ait été faite conformément au manuscrit de l'auteur. Celle qui a paru en 1623, sous le titre : le MANEIGE ROYAL, n'étant autre chose, nous dit R. de Menou, que « des fragments ou des mémoires sur lesquels Pluvinel espéroit s'estendre davantage. »

Ce volume, le plus beau livre illustré du XVIIe siècle, contient 1 frontispice, daté de 1625, 4 portraits (Louis XIII, le Duc de Bellegarde, Pluvinel et René de Menou), et 57 grandes planches, *en superbes épreuves.*

On a ajouté à cet exemplaire la *rarissime planche originale* de Crispin de Pas, représentant Louis XIII, absolument nu et à cheval.

108. LES RUSES, FINESSES ET IMPOSTURES DES ESPRITZ MALINS, œuvre fort utile et délectable pour un chacun à cause de la variété des choses estranges contenues en iceluy : mis en lumière par Robert du Triez, de Lille en Flandres. *A Cambray, par Nicolas Lombart, imprimeur, an. M.D.LXIII* (1563), *avec grace et privilège.* Pet. in-4 de 92 ff. chiff., et 8 ff. non chiffrés, mar. rouge, dos orné, fil., dent. à l'int., tr. dor. (*Chambolle-Duru.*)

Superbe exemplaire d'un *ouvrage fort rare.*

109. DE LA DÉMONOMANIE DES SORCIERS, à Monseigneur M. Chrestofle de Thou, [par I. Bodin, Angevin. *A Paris, chez Iacques du Puys,* 1582, *avec privilège du Roy.* In-4, mar. rouge, dos orné, fil. et compart. à la Dusseuil, dent. à l'int., tr. dor. (*Chambolle-Duru.*)

Un des ouvrages les plus recherchés sur la matière.
Très bel exemplaire.

III. BEAUX-ARTS.

110. DICTIONNAIRE DES GRAVEURS anciens et modernes depuis l'origine de la gravure, par Basan. Seconde édition considérablement augmentée et ornée de cinquante estampes. *Paris, chez l'auteur,* 1789. 2 in-8, mar. vert, dos orné, fil., dent., tr. dor., fig. (*Chambolle-Duru.*)

> Superbe exemplaire bien complet de figures de cet ouvrage très utile et extrêmement intéressant, dit Cohen.
>
> *Le Rossignol* de Picart (Tome II, p. 89), qui manque presque toujours, se trouve dans notre exemplaire.

111. GAZETTE DES BEAUX-ARTS, courrier européen de l'art et de la curiosité. Première période. *Paris,* 1859-1868. 25 vol. — Deuxième période. *Paris,* 1869-1881 incl., 24 vol. Ensemble 49 vol. gr. in-8, fig., dem.-rel. mar. rouge avec coins, tête dor., ébarb. (*R. Petit.*)

> Très bel exemplaire de cette intéressante et rare collection. Les années 1879, 1880 et 1881 sont encore en livraisons.

112. LE TRIOMPHE DE LA MORT, gravé d'après les dessins originaux de Holbein, par Chrétien de Méchel, graveur à Bâle. *Paris, imprim. de Simon Raçon,* 1780. In-8, mar. brun, milieu doré, dent., tr. dor. (*Capé.*)

> Charmant recueil parfaitement exécuté renfermant 1 frontispice et 47 figures avec leur explication.
> Exemplaire en *grand papier de Hollande.*

113. CAPRICHOS INVENTADOS y grabados al algua forte, por Francesco Goya. *S. l. n. d. (Madrid, vers*

1799). Gr. in-4, port. et fig., mar. rouge, dos orné,
filets sur les plats, dent. à l'int., tr. dor. (*Marius
Michel.*)

Recueil de 80 planches satiriques composées avec une verve
incroyable et qui amenèrent leur auteur devant le tribunal de
la Sainte Inquisition. « Goya, dit M. Portalis, ne dût son
salut qu'à la protection du roi Charles IV, qui en fit une
affaire personnelle, et lui ordonna de lui remettre, avec les
planches, tout ce qui pouvait lui rester de cet ouvrage. » De là
sa rareté.

Superbe exemplaire du TIRAGE ORIGINAL.

114. CABINET DES FÉES. Suite complète de 120 figures de
Marillier, gravées par Choffard, Dambrun, Delignon,
Gaucher, de Ghendt, Halbou, de Longueil, etc. En
1 vol. in-8, dem.-rel. mar. bleu, tête dor., ébarbée.

Belles épreuves, à toutes marges, de cette charmante collection, avec la figure si rare pour le PETIT POUCET : « *Le Petit
Poucet s'étant approché de l'Ogre.* » Les planches qui portent
les nᵒˢ 58, 59, 60 et 163 sont remontées.

De la vente de M. EM MARTIN.

115. TABLEAUX DE LA BONNE COMPAGNIE, ou traits carac-
téristiques, anecdotes secrètes, politiques, morales et
littéraires, recueillies dans les sociétés du bon ton, pendant les années 1786 et 1787, accompagnés de planches
en taille-douce, dessinées et gravées par M. Moreau le
jeune, graveur du cabinet du Roi. *Paris (Neuwied)*,
1787. 2 vol. in-18, avec 16 jolies figures, veau écaille,
dos orné, fil., dent., tr. dor. (*Reliure ancienne.*).

Charmante réduction, très finement gravée, des grandes
estampes du *Monument du Costume.* On sait que les petits
contes qui accompagnent chaque figure sont l'œuvre de
Restif de La Bretonne. Très bel exemplaire.

116. RECUEIL DE CENT SUJETS de divers genres, dessinés
et gravés à l'eau-forte, par Duplessi-Bertaux ; représen-

tant toutes sortes d'ouvriers occupés de leurs travaux, scènes de comédies, scènes populaires, mendians, militaires, cavaliers, chevaux à l'abreuvoir, foires, danses de village, etc., etc. Ouvrage dédié aux amateurs des beaux-arts et aux artistes de toutes les nations. *A Paris, chez les éditeurs,* 1814. Pet. in-4 oblong, dem.-rel. mar. viol., coins, tête dor., ébarb. (*Fig.*)

Superbe exemplaire de *premier tirage* de ce charmant recueil, où Duplessis-Bertaux s'est toujours montré le rival, sinon l'égal de Callot.

117. WALTER SCOTT. Suite complète de 33 vignettes in-8 d'après Alfred et Tony Johannot, gravées par Blanchard, Cousin, Lecomte, Mauduit, Pourvoyeur, etc., pour les *Œuvres complètes, Paris, Furne,* 1830.

Superbes épreuves, tirées de format in-folio, en double état : AVANT LA LETTRE SUR CHINE et EAUX-FORTES, de format gr. in-4. Ces dernières sont fort rares.

118. MUSIQUE. Recueil de papier de musique à 6 portées, avec la marque de Robert Ballard. Gr. in-8 oblong., mar. rouge, dos orné, plats à compartiments dorés, initiales dans les coins, milieu aux armes, tr. dor. (*Reliure ancienne.*)

Curieux cahier de musique dans une belle reliure ancienne aux armes de MARIE DU PORT DE LA BALME, en Dauphiné, avec cette inscription tout autour des bords du volume : « *Je suis a Mademoiselle Marie Du Port de la Balme.* »

BELLES-LETTRES.

I. LINGUISTIQUE ET RHÉTORIQUE.

119. TRAICTÉ DE LA CONFORMITÉ DU LANGAGE FRANÇOIS avec le grec, divisé en trois livres, ... avec une préface remonstrant quelque partie du désordre et abus qui se commet auiourdhuy en l'usage de la langue françoise... Duquel l'auteur est Henri Estienne. *A Paris, par Robert Estienne,* 1569. Pet. in-8 de 18 ff. prél. et 171 pp., mar. bleu, fil. à froid, dent. à l'int., tr. dor. (*Duru.*)

Rare. Très bel exemplaire.

120. PROIECT DU LIVRE INTITULÉ DE LA PRÉCELLENCE du langage françois, par Henri Estienne. *A Paris, par Mamert Patisson,* 1579, *avec privilège du Roy.* Pet. in-8 de 16 ff. et 295 pp., mar. rouge, dos orné, filets à compart. et milieu doré sur les plats, large dent. à l'int., tr. dor. (*Lortic.*)

Superbe exemplaire de l'*édition originale.*

121. PHILIPPIQUES DE DÉMOSTHÈNE avec des remarques (traduites du grec par Tourreil). *A Paris, chez la veuve de Claude Barbin,* 1701, *avec privilège du Roy.* In-4, v. brun, dos orné, fil., tr. r. (*Reliure ancienne.*)

Aux armes de *Madame la Marquise de* POMPADOUR.

122. DIALOGUES SUR L'ÉLOQUENCE en général et sur celle

de la chaire en particulier, avec une lettre écrite à l'Académie françoise, par feu Messire François de Salignac de la Motte Fénelon. *A Paris, chez Jacques Estienne,* 1718, *avec privilège du Roy.* In-12, mar. rouge jans., dent. à l'int., tr. dor. (*Brany.*)

> *Édition originale.*
> Bel exemplaire grand de marges. Hr : 163mm.

123. M. Tullii Ciceronis orationum volumen primum [et secundum] a Ioan-Michaele Bruto emendatum; accesserunt breves animadversiones, etc. *Lugduni, apud Antonium Gryphium,* 1570. 2 vol. pet. in-16 réglés, veau fauve, dos et plats couverts de riches compartiments dorés et en couleurs, tr. dor. (*Reliure ancienne.*)

> Charmant exemplaire dans une RICHE RELIURE LYONNAISE d'une très grande fraîcheur.
> A la fin du Tome II : *De officiis M. T. Ciceronis libri tres ; ejusdem Dialogi duo, unus de Amicitià, alter de Senectute. Lugduni, apud Gryphium,* 1571, *pet. in-16 de 262 pp.*

124. RECUEIL D'ORAISONS FUNÈBRES, composées par Messire Jacques Benigne Bossuet, Evesque de Meaux. *A Paris, chez la veuve de Sébastien Mabre-Cramoisy,* 1689, *avec privilège de Sa Majesté.* In-12, mar. brun, dos orné, fil. et compart. à la Dusseuil, large dent. à l'int., tr. dor. (*Lortic.*)

> *Édition originale collective* de toute rareté.
> Superbe exemplaire, très grand de marges. Hr · 161mm.

125. Oraisons funèbres de Bossuet, avec des notes de tous les commentateurs, suivies du Sermon sur l'Unité de l'Église. *A Paris, chez Lefèvre (imprim. de Jules Didot aîné).* 1825. Gr. in-8, papier jésus vélin, port.,

dem.-rel. mar. rouge avec coins, dos orné, tête dor.,
ébarb. (*Capé.*)

Très bel exemplaire, *un des* 5o *tirés sur grand jésus vélin,*
avec le beau portrait gravé par Roger *sur Chine,* avant la
lettre, et un portrait du Grand Condé de Saint-Aubin
ajouté

126 Oraisons funèbres composées par Messire Esprit
Fléchier, évêque de Nismes. *A Paris, chez Dezallier,*
1691. 2 vol. in-12, mar. brun jans., large dent., tr.
dor. (*Chambolle-Duru.*)

Édition originale collective devenue fort rare.
Superbe exemplaire. Hᵣ : 162ᵐᵐ.

127. Oraisons funèbres de Fléchier, suivies des oraisons funèbres de Turenne, par Mascaron, et de celle
du Prince de Condé, par Bourdaloue. *A Paris, chez*
Lefèvre (imprim. de Jules Didot aîné), 1826. Gr.
in-8, papier jésus vélin, port., dem.-rel. mar. rouge
avec coins, dos orné, tête dor., ébarb. (*Capé.*)

Très bel exemplaire, *un des* 5o *tirés sur grand jésus vélin*
avec le joli portrait gravé par Roger *sur Chine,* avant la
lettre, et 3 autres portraits ajoutés.

128. Recueil des oraisons funèbres prononcées par
Messire Jules Mascaron, évêque et comte d'Agen. *A*
Paris, chez Grégoire Dupuis, 1704, *avec approbation*
et privilège du Roy. In-12, port., mar. brun jans.,
dent. à l'int , tr. dor. (*Capé.)*

Édition originale. Bel exemplaire grand de marge auquel
on a ajouté un superbe portrait de Mascaron, d'après Van
Shuppen, gravé par Edelinck.

129. ORAISONS FUNÈBRES DE BOSSUET, FLÉ-
CHIER, et autres orateurs, avec un discours prélimi-

naire et des notices par M. Dussault. *A Paris, chez
Louis Janet*, 1820-26. 4 vol. in-8, port. et fig., dem.-
rel. mar. viol., avec coins, tête dor., tranches ébarbées.
(*Capé.*)

Superbe exemplaire en *grand papier vélin* avec les 25 portraits et les 12 belles vignettes de Desenne, AVANT LA LETTRE,
et EAUX-FORTES.

Parmi ces pièces plusieurs sont en triple ou en quadruple
état avec des différences. En tout 106 pièces.

De toute rareté en pareille condition.

II. POESIE.

1. POÈTES GRECS.

130. HISTORIÆ POETARUM TAM GRÆCORUM QUAM LATINORUM
dialogi decem, quibus scripta et vitæ eorum sic expri-
muntur, ut ea perdiscere cupientibus, minimum jam
laboris esse queat, L. Greg. Gyraldo Ferrariensi au-
tore. *Basileæ*, 1545. Pet. in-8 réglé, veau fauve, dos et
plats couverts de riches compartiments dorés avec mosaïque de couleur noire et blanche, tranches dorées.
(*Reliure ancienne.*)

Riche reliure *lyonnaise* de la plus grande fraîcheur.
Bel exemplaire avec la signature de Ballesdens sur le titre.

131. ANACRÉON, SAPHO, BION ET MOSCHUS, traduction
nouvelle en prose, suivie de la Veillée des fêtes de Vénus
et d'un choix de pièces de différens auteurs, par
M. M*** C*** (Moutonnet-Clairfond). *A Paphos, et se*

trouve à Paris, chez Le Boucher, 1773. Gr. in-8, frontisp., vignettes et culs de lampe d'Eisen, gravés par Massard, mar. bleu, dos orné, fil., dent., tr. dor. (*Chambolle-Duru.*)

> Charmant volume, un des plus jolis du xviii⁰ siècle. Ravissantes illustrations d'Eisen qui peuvent rivaliser de grâce et de perfection avec celles des Baisers.
>
> Superbe exemplaire de *premier tirage* sans le poème d'*Héro et Léandre,* qui est daté de 1774 et qui ne fut ajouté que plus tard aux exemplaires.

132. Anacréon, recueil de compositions dessinées par Girodet et gravées par M. Chatillon, son élève, avec la traduction en prose des œuvres de ce poëte, faite également par Girodet. *A Paris, chez Chaillou (de l'imprim. de Firmin Didot),* 1825. Gr. in-4, avec 54 planches, dem.-mar. vert avec coins, tête dor., ébarb. (*Fig.*)

> Très bel exemplaire.

133. Odes d'Anacréon, texte grec, avec LIV compositions photographiées d'après les dessins de Girodet, traduction d'Ambroise Firmin Didot. *Paris, typogr. de Firmin Didot frères,* 1864. Pet. in-16, papier vélin, texte encadré de filets rouges, mar. rouge jans., dent. int., tr. dor. (*Smeers.*)

> Charmant petit volume parfaitement exécuté.

134. Idylles de Théocrite, traduites par J.-B. Gail, professeur de littérature grecque au collège de France. Édition ornée de figures dessinées par Barbier (*sic*), Moreau et Chaudet. *A Paris, de l'imprimerie de Didot jeune, an IV.* 2 vol. in-18, papier vélin, portraits de Gail, d'Aratus et d'Alexandre, et 15 figures gravées par Dambrun, Delignon, Dupréel, Halbou, etc., mar.

vert, dos orné, fil., dent. à l'int., tr. dor. (*Chambolle-Duru.*)

Très bel exemplaire sur PAPIER VÉLIN, *relié sur brochure* avec les figures *avant la lettre* moins une de Moreau (*Hercule*) et une de Le Barbier (*les Syracusaines*).

135. IDYLLES DE BION ET DE MOSCHUS, traduites en français par J.-B. Gail ; ouvrage orné de figures dessinées par Le Barbier. *De l'imprim. de Didot jeune, à Paris, chez Gail, l'an troisième* (1795). In-12, papier vélin, port. et 4 fig. de Le Barbier, mar. bleu, dos orné, fil., dent. à l'int., tr. dor. (*Chambolle-Duru.*)

GRAND PAPIER VÉLIN relié sur brochure, avec les 4 jolies figures de Le Barbier, AVANT LA LETTRE. La première, le Tombeau d'Adonis, est à l'EAU-FORTE.
Très bel exemplaire.

136. LES GRACES, ode de Pindare, etc. Recueil de différents ouvrages en prose et en vers, par Meunier de Querlon. *A Paris, chez Laurent Prault,* 1769. Gr. in-8, titre gravé par Moreau, frontispice de Boucher gravé par Simonet, et 5 fig. de Moreau, gravées par de Launay, de Longueil, Massard, etc., mar. bleu, dos orné, fil., dent., tr. dor. (*Chambolle-Duru.*)

Très bel exemplaire.

137. HÉRO ET LÉANDRE, poëme nouveau en trois chants, traduit du grec (de Musée, par le chevalier de Querelles). Édition ornée d'un frontispice et de 8 estampes en couleur dessinées et gravées par Debucourt. *A Paris, de l'imprimerie de Pierre Didot l'aîné, an IX,* 1801. In-4, fig., cart. à la bradel, entièrement ébarbé.

C'est l'œuvre en couleur de Debucourt, que M. Portalis a pu appeler « la perfection et le dernier mot du genre. »

2. POÈTES LATINS.

138. LUCRÈCE, de la nature des choses, traduction nouvelle (et texte en regard), avec des notes, par L*** G***
(Lagrange). *A Paris, chez Bleuet*, 1768. 2 vol. gr.
in-8, frontisp. et 6 fig. de Gravelot, gravées par Binet,
veau écaille, dos orné, fil., dent., tr. dor. (*Reliure
ancienne.*)

 Bel exemplaire en *grand papier*.

139. LUCRÈCE, de la nature des choses, traduit par La
Grange. *A Paris, chez Bleuet père (de l'imprimerie
de Didot le Jeune), l'an deuxième de la République*
(1794). 2 vol. in-4, papier vélin, frontisp. et 6 figures
de Monnet, gravées par Choffard, Dambrun, Delignon,
de Ghendt et Lingée, veau fauve, dos orné, dent. dor.
et compart. avec milieu à froid, dent. à l'int., tr. dor.
(*Doll.*)

 Très bel exemplaire.

140. DI TITO LUCREZIO CARO DELLA NATURA DELLE COSE
libri sei, tradotti dal latino in italiano, da Alessandro
Marchetti. *In Amsterdamo, a Spese dell' Editore
(Paris)*, 1754. 2 vol. gr. in-8, papier de Hollande,
frontisp., titres gravés et fig. d'Eisen, Cochin et le Lorain, gravés par Alliamet, Bacquoy, Lemire, etc., mar.
vert, dos orné, filets, dent. à l'int., tr. dor. (*Reliure
ancienne.*)

 « Les illustrations de cet ouvrage, dit Cohen, sont de la plus
grande beauté, surtout la fig. du 3ᵉ livre par Cochin et le grand
cul. de lampe qui se trouve à la fin du même livre, par Eisen. »
 Exemplaire de la plus complète fraîcheur, en *grand papier*

de Hollande et dans une belle reliure ancienne aux armes de
SAVALETTE DE BUCHELAY, l'un des Fermiers Généraux.

141. DI TITO LUCREZIO CARO DELLA NATURA DELLE COSE
libri sei, tradotti dal latino in italiano da Alessandro
Marchetti. *In Amsterdamo, a Spese dell' Editore*
(*Paris*), 1754. 2 vol. gr. in-8, papier de Hollande,
frontisp., titres gravés, et fig. d'Eisen, Cochin et Le
Lorain, veau écaille, dos orné, filets, tr. marbr. (*Reliure ancienne.*)

142. ÉLÉGIES DE TIBULLE, avec des notes et re-
cherches de mythologie, d'histoire et de philosophie ;
suivies des Baisers de Jean Second, traduction nouvelle, adressée du Donjon de Vincennes, par Mirabeau
l'aîné, à Sophie Ruffey, avec 14 figures. *A Tours,
chez Letourmy, et à Paris, chez Berry, l'an 3 de
l'Ère Républicaine* (1795). 3 vol. gr. in-8, avec le
portrait de Mirabeau, celui de Sophie, et 12 figures,
dont 11 de Borel et 1 de Marillier, gravées par Dupréel,
mar. rouge, dos orné, fil. et compart. dorés sur les
plats, mors en mar., doublé de tabis bleu, tr. dor.
(*Rel. de Lefebvre.*)

 « Il a été tiré quelques exemplaires de cet ouvrage en papier
vélin, et un très petit nombre *en grand papier vélin superfin.* »
Le nôtre est un de ces derniers.

 Bel exemplaire relié sur brochure dans une charmante
reliure ancienne, de toute fraîcheur, avec les figures de Borel
et Marillier AVANT LA LETTRE.

143. ÉLÉGIES DE PROPERCE, traduites dans toute leur in-
tégrité, avec des notes interprétatives, et des figures
gravées sous la direction de Ponce, d'après les dessins
de Marillier. Nouvelle édition revue et considérablement
augmentée par M. Delongchamps. *De l'imprim. de*

Egron, à Paris, chez Duprat, 1802. 2 vol. in-8, veau écaille, dos orné, dentelle sur les plats et à l'int., tr. dor. (*Genre Bozérian.*)

Exemplaire sur *papier vélin* avec les figures de Marillier gravées par Delvaux, Dupréel, Dambrun et Ponce, AVANT LA LETTRE.

144. PUBLII VIRGILII MARONIS OPERA. Curis et studio Steph. Andr. Philippe. *Lutetiæ Parisiorum, sumptibus Coustelier,* 1745. 3 vol. in-12, fig. de Cochin, grav. par Duflos, mar. rouge, dos orné, fil., dent., tr. dor. (*Reliure ancienne.*)

145. ŒUVRES DE VIRGILE, traduites en français, le texte vis-à-vis la traduction, avec des remarques par M. l'abbé Des Fontaines. Nouvelle édition. *A Paris, de l'imprimerie de Plassan, an IV* (1796), 4 vol. gr. in-4, port. et fig., cartonnés, non rognés (*Cart. de l'éditeur*).

Superbe exemplaire en GRAND PAPIER VÉLIN avec les 17 belles figures de Moreau et Zocchi, gravées par Baquoy, Dambrun, Delignon, Delvaux, Dupréel, Ponce, Simonet, etc., en triple état : 1º *avant la lettre sur blanc*; 2º AVANT TOUTE LETTRE SUR CHINE; 3º EAUX-FORTES. Ces dernières qui sont complètes ne paraissent pas avoir été signalées jusqu'à ce jour.
Le portrait de Virgile, gravé par Dupréel, est en double état : *avant la lettre sur blanc* et AVANT TOUTE LETTRE SUR CHINE.

146. LES GÉORGIQUES DE VIRGILE ; traduction nouvelle en vers françois, enrichie de notes et de figures ; par M. Delille. *A Paris, chez Bleuet,* 1770. Gr. in-8, mar. vert, dos orné, fil. et dent à froid sur les plats, dent. à l'int., tr. dor. (*Reliure ancienne.*)

Bel exemplaire sur *papier de Hollande,* avec 1 frontisp. par Casanova et 4 superbes figures d'Eisen gravées par de Longueil.
On y a joint la suite complète des 5 belles figures de Moreau

le jeune pour les Géorgiques, gravées par Dambrun, Delvaux, Dupréel, Ponce et Simonet, AVANT LA LETTRE.

147. QUINTI HORATII FLACCI POEMATA, scholiis sive anno-
tationibus instar commentarii illustrata, a Joanne
Bond. *Amstelodami, apud Danielem Elzevirium,*
1676. Pet. in-12, mar. vert, dos et coins ornés, milieu
mosaïque à la rose, dent. à l'int., tr. dor. (*Duru,*
1850.)

> Bel exemplaire d'une des plus rares et des plus charmantes productions elzéviriennes. H^r : 135^{mm}.

148. QUINTI HORATII FLACCI opera. *Londini æneis ta-*
bulis incidit Joannes Pine, 1733-1737. 2 vol. in-8,
texte gravé, 2 fleurons, 2 frontisp. et 225 illustrations,
mar. rouge, dos orné et aux armes, large dentelle sur
les plats, dent. à l'int., tr. dor. (*Reliure ancienne*).

> Exemplaire de la plus grande fraîcheur et *sans la faute* de ce superbe ouvrage, que recommande une quantité considérable de charmantes illustrations.
> Riche reliure aux armes (dans le dos) de RAFFIN DE PÉRICARD.

149. LES MÉTAMORPHOSES D'OVIDE, en latin et en françois,
de la traduction de M. l'abbé Banier, avec des explications historiques. *A Paris, chez Delormel,* 1767-71.
4 vol. in-4, fig., mar. rouge, dos orné, fil., dent., tr.
dor. (*Chambolle-Duru.*)

> Exemplaire de *premier tirage.*
> Cet ouvrage, très recherché pour ses illustrations de Boucher, Eisen, Gravelot, Leprince, Monnet et Moreau, toutes gravées par des maîtres, est, dit Cohen, un des plus beaux livres du XVIIIe siècle.

150. LES METAMORPHOSES D'OVIDE, traduction
nouvelle avec le texte latin, suivie d'une analyse, de l'explication des fables, de notes historiques et critiques par

M. Villenave ; ornée de gravures d'après les dessins de MM. Lebarbier, Monsiau et Moreau. *A Paris, chez Gay et Guestard (de l'imprimerie de P. Didot l'aîné)*, 1806. 4 vol. gr. in-4, avec 144 figures gravées par Bacquoy, Courbe, Dambrun, Delvaux, de Ghendt, Trière, etc., dem.-rel. veau viol., dos orné, tête dor., ébarb. (*Reliure de l'époque.*)

Superbe exemplaire sur *grand papier vélin de format in-folio*, avec les figures en double état : AVANT LA LETTRE et EAUX-FORTES.

L'eau-forte de Lebarbier (Tome IV, p. 8) et celle de Monsiau (Tome IV, p. 46) ne s'y trouvent pas, et ne doivent pas exister, car elles paraissent manquer à tous les exemplaires connus jusqu'à ce jour.

Très rare en pareille condition.

151. **LA MÉTAMORPHOSE D'OVIDE FIGURÉE** (en vers français). *A Lyon, par Ian de Tournes,* 1557. Pet. in-8, sign. a-m 3, plus 1 f. blanc, de 90 ff., y compris le titre et la dédicace, et 178 figures en bois, avec encadrements, mar. orange, dos orné, milieu doré à petits fers, dent. à l'int., tr. dor. (*Trautz-Bauzonnet.*)

ÉDITION ORIGINALE de ce chef-d'œuvre de *Bernard Salomon,* dit le *Petit Bernard,* que décorent 178 (et non 176 comme dit Brunet) délicieuses gravures sur bois avec entourages du meilleur goût, dont quelques-unes rappellent les Songes drolatiques de Pantagruel. Cette édition est du reste bien supérieure aux suivantes pour la beauté et la netteté des épreuves.

Exemplaire de Pixérecourt, acquis à la vente Yémeniz et recouvert depuis d'une charmante reliure de Trautz-Bauzonnet.

De la vente Lebeuf de Montgermont.

152. MÉTAMORPHOSES D'OVIDE en rondeaux (par Benserade), imprimez et enrichis de figures par ordre de Sa Majesté et dédiez à Monseigneur le Dauphin. *A Paris, de l'imprim. Royale,* 1676. Gr. in-4, fig., mar. rouge,

dos orné, riches compartiments dorés à filets droits et à feuillages sur les plats, large dent. à l'int., tr. dor. (*Smeers.)*

Jolies figures deLe Clerc, Chauveau et Le Pautre.

153. SATIRES DE JUVÉNAL, traduites par Dusaulx (avec e texte latin en regard); troisième édition ornée de figures dessinées par Moreau le Jeune. *A Paris, de l'imprimerie de Didot jeune,* 1796. 2 vol. gr. in-4, papier vélin, fig., mar. brun, dos orné, compart. à froid, tr. dor. (*Reliure ancienne.*)

Exemplaire sur *papier vélin*, avec les figures de Moreau, gravées par Dambrun et Dupréel, en triple état : *avec la lettre*, AVANT LA LETTRE et EAUX-FORTES.

54. LA PHARSALE DE LUCAIN ou les guerres civiles de César et de Pompée, en vers françois, par Mr de Brebeuf. *Imprimé à Rouen et se vend à Paris, chez Ant. de Sommaville,* 1657, *avec privilège du Roy.* In-12, frontisp. grav., titre et fig. de Chauveau, mar. rouge, dos orné, compart. de fil. sur les plats, dent. à l'int., tr. dor. (*Dusseuil.*)

155. LA PHARSALE DE LUCAIN, ou les guerres civiles de César et de Pompée, en vers françois, par Mr de Brebœuf. *A Leide, chez Jean Elsevier,* 1658. Pet. in-12, frontisp. gravé, mar. rouge, dos orné, filets et compart. dorés sur les plats, dent. à l'int., tr. dor. (*Petit, succ. de Simier.*)

Bon exemplaire de cette jolie édition. H^r : 128^{mm}.

156. Le Régime très utile et très proufitable pour conserver et garder la santé du corps humain. *Cy fine le régime de santé..... pour conserver et garder le corp*

humain. S. l. n. d. Pet. in-4 gothique, mar. rouge jans., dent. à l'int., tr. dor. (*Chambolle-Duru.*)

PREMIÈRE TRADUCTION FRANÇAISE.
Édition rare et peu connue qui peut bien avoir paru à la fin du XV⁰ siècle, dit Brunet. Elle a des signatures de *a* à *riiij*, et chaque page entière porte 30 lignes.

157. PICTA POESIS, ab authore denuò recognita (par Barth. Aneau). *Lugduni, apud Ludovicum et Carolum Pesnot,* 1564. In-16 de 126 ff. chiff., plus 1 f. pour la marque de l'imprimeur Mathias Bonhome, mar. brun, dos orné, fil. dorés et compart. à froid, dent. à l'int., tr. dor. (*Chambolle-Duru.*)

Joli petit volume très recherché des amateurs pour les figures dont il est orné et qui peuvent être attribuées au *Petit Bernard.*

3. POÈTES FRANÇAIS.

A. DE L'ORIGINE A RONSARD.

158. FABLIAUX ET CONTES DES POÈTES FRANÇOIS des XI, XII, XIII, XIV et XV⁰ siècles, tirés des meilleurs auteurs, publiés par Barbazan. Nouvelle édition augmentée et revue par Méon. *A Paris, chez Warée, de l'imprim. de Crapelet,* 1808. 4 in-8, figures, veau racine, dos orné, dent. sur les plats et à l'int., tr. dor. (*Rel. par Lefebvre.*)

159. FABLIAUX OU CONTES, fables et romans du XII⁰ et du XIII⁰ siècle, traduits ou extraits par Legrand

d'Aussy; troisième édition considérablement augmentée.
Paris, Jules Renouard, 1829. 5 vol. gr. in-8, fig., mar.
rouge, dos orné, fil., dent., tr. dor. (*Reliure anglaise.*)

Bel exemplaire sur GRAND PAPIER VÉLIN, avec la suite
complète des 18 figures (dont 15 de Moreau et 3 de Desenne)
gravées par Bosq, Croutelle, De Villiers, Ribault et Roger, en
triple état : *avec la lettre,* AVANT LA LETTRE SUR CHINE, et
EAUX-FORTES.

Ces dernières sont *de toute rareté* complètes.

160. LA DANCE AUX AVEUGLES et autres poësies du XVe
siècle, extraites de la bibliothèque des ducs de Bourgogne (et publiées par Lambert Doux fils). *Se vend à
Lille chez André-Joseph Panckoucke,* 1748. Pet. in-8,
mar. vert, dos orné, fil., entièrement ébarbé. (*Koelher.*)

Recueil curieux et rare dans lequel on trouve entre autres
pièces : *Le Testament de Pierre de Nesson, la Confession de la
belle fille, le Débat de l'homme mondain et du religieux, etc.*

Exemplaire RELIÉ SUR BROCHURE aux armes du *Baron
Pichon.*

161. LE ROMMANT DE LA ROSE nou || vellement Reveu et
corrigé || oultre les précédentes || Impressions. (par Guill.
de Lorris et Jehan de Meung). || *On le vend à Paris par
Galliot du pré Li* || *braire iuré, ayant sa bouticque* || *au
premier pillier de la* || *grant salle du* || *Pallays* || .
1529. Pet. in-8, lettres rondes, titre rouge et noir, fig.,
mar. rouge, dos orné, tr. jasp. (*Reliure ancienne.*)

Jolie édition, imprimée en lettres rondes et ornée de petites
vignettes sur bois. « Les exemplaires bien conservés, dit
Brunet, sont rares et fort recherchés. »

On lit sur le feuillet de garde cette mention manuscrite :
« *Exemplaire Maccarthy. Collationné bien complet. Il vient
d'être rapporté de Londres. Je l'ai eu chez Crozet à la fin de
Janvier 1831. M. J.* » H^r : 130^{mm}.

162. **Le Rommant** || **de la Rose,** nouvellement reveu || et

corrigé oultre les pré ‖ cédentes Im ‖ pressions. ‖ On les
vend a Paris en la Rue sainct Jasques ‖ à lenseigne de la
fleur de lys. In fine : *Imprimé nouvellement a ‖ Paris,
Lan mil cinq cens* .xxxviii. (1538). Pet. in-8 gothique,
fig. sur bois, mar. brun, compart. à froid, fer aldin
dans les angles, tr. dorées et ciselées. (*Reliure du
temps.*)

Exemplaire presque *non rogné* AUX ARMES DE FRANÇOIS II
(1544-1560), fils aîné de Henri II et de Catherine de
Médicis, qui épousa Marie Stuart, reine d'Ecosse.

« Ce monarque, né malingre et mort à la fleur de l'âge, n'eut
guère le temps de se former une bibliothèque. Il réunit pourtant
quelques livres dont la plupart portent sur les plats un simple
dauphin ou un dauphin couronné. » *Guigard, Armorial du
Bibliophile, p.* 12.

163. **Le Rommant ‖ de la Rose**, nouvellement reveu ‖ et
corrigé oultre les pré ‖ cédentes Im ‖ pressions. ‖ (‖ On
les vend à Paris par Arnoul et Char ‖ les les Angeliers
frères... In fine : *Fin du Rommant de la Rose veu et
corrigé oultre les précédentes impressions, et imprimé nouvellement à Paris, l'an mil cinq cens*
XXXVIII (1538). Pet. in-8 gothique, fig. sur bois,
mar. grenat, dos, milieu et coins en mosaïque de marocain vert, couvert de riches compart. au pointillé et
à petits fers, tr. dor. *(Capé.)*

Édition rare et recherchée, dont le dernier f. contient la
curieuse marque des Angeliers (deux anges agenouillés de
chaque côté d'un piédestal, sur lequel un amour debout tient
un lien qui les attache, avec cette devise : *Pax vobis.* Tout
autour : *Dung amour vertueux l'alliance immortelle*, et dans le
bas : *Les Anges liés.*) Cette marque est fort rare.

Riche mosaïque de Capé, très délicatement dorée à petits
fers au pointillé, dans le genre des plus belles reliures de Le
Gascon.

Le bas du titre a été remargé.

164. LE ROMAN DE LA ROSE, par Guillaume de Lorris

et Jean de Meung, dit Clopinel. Édition faite sur celle
de Lenglet Dufresnoy, corrigée avec soin et enrichie de
variantes et du glossaire de Lantin de Damerey. *A
Paris, chez Fournier (de l'imprimerie de Didot
jeune), an VII* (1799). 5 vol. gr. in-8, port. et fig.,
dem.-veau rose, avec coins, tête dor., ébarb. *(Thouvenin.)*

> *Grand papier vélin* tiré à 90 exemplaires. Portrait et figures
> AVANT LA LETTRE.

165. ŒUVRES DE FRANÇOIS VILLON, avec les remarques
de diverses personnes. *A La Haie, chés Adrien Moetjens,* 1742. Pet. in-8, mar. rouge jans., dent. à l'int.,
tr. dor. *(Chambolle-Duru.)*

> Cette édition, dit Brunet, est préférable à celle de Coustelier,
> parce que l'éditeur y a joint de nouvelles notes, quelques frag-
> ments inédits, des mémoires touchant Villon, par Prosper
> Marchand, et une lettre critique extraite du Mercure de février
> 1724.

166. LES ŒUVRES DE CLÉMENT MAROT, de
Cahors, valet de chambre du Roy. Augmentées d'ung
grand nombre de ses compositions nouvelles, par cy
devant non imprimées. Le tout songneusement par luy
mesmes reveu, et mieulx ordonné, comme l'on uoyrra
cy après. *A Lyon, chés Estienne Dolet,* 1542, *avec
privileige du Roy pour dix ans.* Pet. in-8 de 324 ff.,
mar. brun, filets à froid, milieu à feuillages et coins
dorés, dent. à l'int., tr. dor. *(Capé-Masson-Debonnelle.)*

> Édition en lettres rondes, bien imprimée, plus complète que
> les précédentes et, dit Brunet, une des plus rares et des plus
> recherchées de ce poète.

167. LES ŒUVRES DE CLÉMENT MAROT, de Cahors,
valet de chambre du Roy, reveuës et augmentées de
nouveau. *A la Haye, chez Adrian Moetjens,* 1700. 2

vol. pet. in-12, mar. rouge, dos orné, fil., dent., tr. dor. *(Derome.)*

Joli exemplaire de la meilleure édition elzévirienne dans une reliure ancienne de toute fraîcheur. H^r : 131^{mm}.

168. **MARGUERITES DE LA MARGUERITE** des Princesses, très illustre Royne de Navarre. *A Lyon, par Iean de Tournes, 1547, avec privilège pour six ans.* In-8, de 541 pp. et 1 f. — Suyte des Marguerites de la Marguerite des Princesses, très illustre Royne de Navarre. *A Lyon, par Iean de Tournes, 1547, avec privilège pour six ans.* In-8, de 342 pp. et 1 f. Ensemble 2 parties en 1 vol. in-8, figures sur bois, mar. bleu, dos orné, filets dorés et milieu à feuillages, doublé de marocain rouge avec de riches compart. et dorures à petits fers, tr. dor. *(Chambolle-Duru.)*

Rare et précieuse édition, imprimée en caractères italiques. Elle a été publiée par Symon Sylvius dit Jean de la Haye, valet de chambre de Marguerite de Navarre, qui a fait précéder les œuvres de la Reine d'une longue épître en vers à sa gloire et qu'il lui a dédiée.

169. **OPUSCULES D'AMOUR**, par Heroet, La Borderie et autres divins poëtes. *A Lyon, par Iean de Tournes, 1547.* In-8, de 346 pp., caract. ital. mar. bleu, dos orné, filets, riches dorures à feuillages dans les coins et au milieu des plats, dent. à l'int., tr. dor. *(Thibaron-Joly.)*

Magnifique exemplaire, certainement le plus beau connu, de ce VOLUME RARISSIME, dans une superbe reliure de Thibaron et à toutes marges. H^r : 163^{mm}.

170. **ŒUVRES POETIQUES DE MELLIN DE S. GELAIS.** *A Lyon, par Antoine de Harsy, 1574, avec privilège du Roy.* Pet. in-8 de 16 ff. prélim., 253 pp. et 1 f.

blanc, caract. ital., mar. rouge, dos orné, fil., dent., tr. dor. *(Thompson.)*

Bel exemplaire de la *bonne édition sous cette date*, aux armes d'AUDENET. Hʳ : 162ᵐᵐ.

B. DE RONSARD A MALHERBE.

171. LES ŒUVRES DE PIERRE DE RONSARD, gentilhomme Vendosmois, prince des poëtes françois, reveues et augmentées. *A Paris, chez Nicolas Buon, 1617, avec privilège du Roy.* 11 parties en 5 vol. pet. in-12, frontisp. gravé de L. Gaultier et port., mar. vert, filets à froid, dent. à l'int., tr. dor. *(Petit, successeur de Simier.)*

Jolie petite édition, une des plus recherchées de ce poète comme étant LA DERNIÈRE DONNÉE DU VIVANT DE L'AUTEUR. Elle contient le *Recueil des pièces retranchées* (avec des augmentations notables) qui forme la xiᵉ partie et se compose de 425 pp. de texte et 7 de table ; ainsi que l'*Abrégé de l'art poétique* en 12 ff.

172. LES ŒUVRES DE PIERRE RONSARD, gentilhomme Vendosmois, Prince des Poëtes François. Reveues et augmentées et illustrées de commentaires et remarques. *A Paris, chez Nicolas Buon, rue St-Iacques, à l'enseigne St-Claude et de l'Homme Sauuage, 1623, avec privilège du Roy.* 1 tome en 2 vol. in-fol., frontispice gravé par L. Gaultier, et port., mar. rouge, dos orné, plats à la Dusseuil, dent. à l'int., tr. dor. *(Hardy-Mennil.)*

La meilleure et la plus belle de toutes les éditions de Ronsard. Exemplaire bien conservé avec les dix beaux portraits gravés par Thomas de Leu. (Voir Brunet, IV, 1376.)

173. ÉLÉGIE DE P. DE RONSARD, vandosmois, sur les troubles d'Amboise, mil cinq cens soixante. *A Lyon*, 1563. In-8 de 8 ff. — Discours des misères de ce temps. *Lyon,* 1563. In-8 de 8 ff.— Continuation du discours des misères de ce temps. *S. l.,* 1564. 8 ff. — Institution pour l'adolescence du Roy Charles neufviesme. *A Lyon*, 1563. 8 ff.— Remontrance au peuple de France. Imprimé nouvellement. *S. l.* 1563. 16 ff.— Responce aux injures et calomnies de ie ne sais quels Prédicans... *A Lyon*, 1563. 28 ff.— Remontrance sur la diversité des poëtes de nostre temps... *Nouvellement imprimée*, 1563. 12 ff. — La Défence aux iniures et calomnies contenues en la responce contre les ministres de l'Église de Genève. *Imprimé nouvellement*, 1564. 16 ff. — Seconde responce de F. de La Baronie... plus le Temple de Ronsard. *Imprimé nouvellement*, 1564. 28 ff. — Le Temple de Ronsard où la légende de sa vie est briefvement descrite. *Imprimé nouvellement*, 1564. 8 ff. — Sonnetz excellens dédiez au Roy, à la Royne, etc., de l'invention de Messire Pierre de Ronsard. *Imprimé nouvellement*, 1563. 4 ff. Ensemble 1 vol. in-8, mar. bleu, dos orné, milieu à petits fers, doublé de marocain rouge, avec une riche guirlande de fleurs dorée à petits fers, tr. dor. *(Thibaron-Joly.)*

Précieux recueil de *pièces originales* dans une riche reliure et dans le plus bel état de conservation.

174. LES ŒUVRES FRANÇOISES DE IOACHIM DU-BELLAY, gentil-homme angevin et Poëte excellent de ce temps. Reveuës et de nouveau augmentées de plusieurs Poësies non encore auparavant imprimées. Au Roy très chrestien Charles IX. *A Paris, de l'imprim. de Fédéric Morel*, 1569, *avec privilège du Roy*. 2 vol. in-8,

mar. rouge jans. doublé de marocain vert olive, riches
compartiments à la Grolier, tr. dor. *(Chambolle-
Duru.)*

Édition originale collective formée de parties déjà imprimées
séparément chez Morel et qui toutes ont un titre spécial et
une pagination particulière.

175. LES ŒUVRES FRANÇOISES DE IOACHIM DU-BELLAY,
gentil-homme angevin et poëte excellent de ce temps.
Reveuës et de nouveau augmentées de plusieurs poésies
non encores auparavant imprimées. Au Roy tres chrestien Charles IX. *A Paris, de l'impr. de Fédéric
Morel,* 1573, *avec privilège du dict Seigneur.* In-8,
mar. lavallière, filets en mosaïque de marocain noir
dans le dos et sur les plats, riche milieu en mosaïque
de marocain noir et blanc, genre XVIᵉ siècle, large
dent., tr. dor. *(Capé.)*

Bel exemplaire de cette édition rare dans une magnifique
reliure de Capé.

176. LES ŒUVRES FRANÇOISES DE IOACHIM DU-BELLAY,
gentil-homme angevin et Poëte excellent de ce temps,
reveuës et de nouveau augmentées de plusieurs Poësies
non encores auparavant imprimées. *A Paris, chez
Abel L'Angelier,* 1584. 1 tome en 2 vol. pet. in-12
de 583 ff., sans les prélim., mar. orange, dos orné,
fil., dent. à l'int., tr. dor. *(Thibaron.)*

Exemplaire *grand de marges* de cette excellente édition.

177. LES ŒUVRES POÉTIQUES DE PONTUS DE TYARD,
seigneur de Bissy : asçavoir, trois livres des Erreurs
amoureuses. Un livre de vers Liriques. Plus un recueil
de nouvelles œuvres Poëtiques. *A Paris, par Galiot
du Pré, ruë S. Iaques,* 1573. In-4 de 5 ff. prélim.,

164 pp. et 24 ff. non chiffrés, mar. rouge, dos orné, plats à la Dusseuil, tr. dor. *(Thibaron-Joly.)*

ÉDITION ORIGINALE.

On trouve à la fin (feuillets non chiffrés), un opuscule de 8 pp. ayant pour titre : *Ponti Thyardei Bissiani ad Petrum Ronsardum de cœlestibus asterismis Poëmatium. Parisiis,* 1573, et le *Recueil des nouvell'œuvres (sic) poetiques de Pontus de Tyard, par cy devant non encor imprimées,* 40 *pages sign. a-e par 4 ff.*

178. EUVRES EN RIME DE IAN ANTOINE DE BAIF, secretaire de la chambre du Roy. *A Paris, pour Lucas Breyer,* 1573. In-8 de 10 ff. prélim. et 272 ff. chiffrés. — LES AMOURS de Ian Antoine de Baif. A Monseigneur le Duc d'Aniou. *A Paris, pour Lucas Breyer,* 1572. In-8 de 8 et 232 ff. — LES IEUX de Ian Antoine de Baif. A Monseigneur le duc d'Alençon. *A Paris, pour Lucas Breyer,* 1572. In-8 de 232 ff. et le titre. — LES PASSETEMPS de Ian Antoine de Baif. A Monseigneur le grand Prieur. *A Paris, pour Lucas Breyer,* 1573. In-8 de 4 ff. et 126 ff. Ensemble 4 vol. in-8, mar. bleu, dos orné, milieu à feuillages, doublé de marocain rouge, large dentelle XVIᵉ siècle à petits fers, tr. dor. *(Chambolle-Duru.)*

Poésies fort recherchées, dit Brunet, et dont il n'est pas facile de réunir les quatre volumes.

Très bel exemplaire.

179. LES ŒUVRES ET MESLANGES POETIQUES D'ESTIENNE IODELLE, sieur du Lymodin. Premier volume. *A Paris, chez Nicolas Chesneau, rue Sainct Iacques, à l'enseigne du Chesne verd; et Mamert Patisson, rue Sainct Iean de Beauvais,* 1574, *avec privilège du Roy.* In-4 de 8 ff. prélim., 308 ff., et 2 ff. pour l'errata et la table, mar.

rouge jans., doublé de mar. vert olive et couvert de riches dorures à compart. de fil. mêlés de feuillages, dites à la fanfare, tr. dor. *(Chambolle-Duru, relieur; Marius Michel, doreur.)*

SUPERBE EXEMPLAIRE de cette rare et belle édition, donnée après la mort de l'auteur par ses amis Ch. de La Mothe, Philippe de Boulainvilliers et Henry Simon. (H^r : 230^{mm}).

Estienne Jodelle, un des membres de la Pléïade, eut l'honneur d'être un des premiers poètes dramatiques et ce volume (le seul donné de ses œuvres) contient déjà : l'Eugène, comédie ; Cléopâtre, tragédie, et Didon, tragédie.

180. **LES ŒUVRES POETIQUES D'AMADIS IAMYN.** Au Roy de France et de Pologne. *A Paris, pour Robert le Mangnier, libraire juré, rue neufve de nostre Dame, à l'enseigne de S. Iean Baptiste,* 1575, *avec privilège du Roy.* In-4 de 4 ff. prélim., 307 ff. chiff., et 5 ff. pour l'errata, la table et l'extraict du privilège, mar. vert olive, dos et plats couverts de riches compartiments de filets et de feuillages entrelacés, dits à la fanfare, large dent. à l'int., tr. dor. *(Capé.)*

PREMIÈRE ET RARE ÉDITION des œuvres d'Amadis Jamyn.

Amadis Jamyn, élève et ami de Ronsard, né à Chaource, près de Troyes en Champagne, cultiva la poésie avec le plus grand succès, et s'assimila si bien les leçons de son maître que, dit Du Verdier : « *en la plupart de ses poésies, on jugerait presque Ronsard en estre l'autheur.* »

Exemplaire, grand de marges, recouvert d'une riche reliure et de la plus parfaite conservation (H^r : 232^{mm}.)

181. **L'ART POETIQUE DE IAQUES PELETIER du Mans,** départi en deus livres (avec les opuscules de l'auteur). *A Lyon, par Ian de Tournes et Guil. Gazeau,* 1555, *avec privilège du Roy.* Pet. in-8, titre encadré, de 118 pp. et 1 f. pour la marque de l'impr., mar. rouge, dos orné, fil., dent., tr. dor. *(Koelher.)*

Exemplaire YEMENIZ.

182. LES POESIES DE IACQUES TAHUREAU, du Mans, mises toutes ensemble et dédiées au Réverendissime Cardinal de Guyse. *A Paris, pour Nicolas Chesneau,* 1574. Pet. in-8 de 3 et 136 ff., mar. bleu jans., dent. à l'int., tr. dor. *(Chambolle-Duru.)*

Édition originale complète de ce charmant poète, l'un des meilleurs et des plus gracieux de l'école de Ronsard.

183. LES ŒUVRES POETIQUES DE REMY BELLEAU, rédigées en deux tomes, reveuës et corrigées en ceste dernière impression. *A Paris, par Mamert Patisson,* 1585, *avec privilège du Roy.* 2 vol. pet. in-12, de 304 ff. de texte et 5 pp. de table pour le 1er vol., et de 154 ff. de texte, 5 {pp. de table, suivis de 6 ff. non chiffrés pour le *Tumulus,* mar. bleu, dos orné, filets et milieu doré, dent. à l'int., tr. dor. *(Thibaron.)*

La meilleure édition de cet excellent poète.

184. LES ŒUVRES POETIQUES DE REMY BELLEAU, rédigées en deux tomes, reveuës et corrigées en cette dernière impression. *A Rouen, chez Iean Berthelin,* 1604. 2 tomes en 1 vol. in-12, caract. italiques, veau fauve, tr. jasp. *(Reliure ancienne.)*

185. JOANNIS EDOARDI DU MONIN, Burgundionis Gyani Beresithias, sive mundi creatio ex gallico Salustii Du Bartas heptamero expressa. Ejusdem Edoardi Manipulus poëticus non insulsus. *Parisiis, apud Hylarium le Boue,* 1579, *cum privilegio Regis.* In-8 de 8 ff. prél., 131 et 104 ff. chiffrés, plus 1 f. pour le privilège, mar. lav. clair, dos orné, filets à la Dusseuil, dent. à l'int., tr. dor. *(Chambolle-Duru.)*

La deuxième partie contient les *Poésies françaises* de l'auteur.

186. Les Souspirs amoureux de F. B. de Verville, avec
un discours satyrique de ceux qui escrivent d'Amour,
par N. le Digne. *A Paris, pour Timothée Iouan,*
1583, *avec privilège du Roy.* In-12 de 60 ff. chiffrés
et 1 f. non chiffré, mar. bleu jans., dent. à l'int., tr.
dor. *(Hardy.)*

> *Édition originale* rare et recherchée.
> Parmi les poésies de Béroalde de Verville il se trouve des
> morceaux extrêmement libres, et Niceron a remarqué que ce
> bon chanoine a fait entrer dans ses ouvrages les plus sérieux
> des obscénités dignes de figurer dans le *Moyen de Parvenir.*

187. Les Hieropoëmes, ou sacrez sonetz, odes, huic-
tains et quatrains de M. Loys Saunier, docteur es
droicts : extraicts des livres de son Ecclésiade. *A
Lyon, par Benoist Rigaud,* 1584, *avec permission.*
In-8 de 91 ff. chiff., y compris le titre, l'avis au lecteur et quelques pièces de vers, 4 ff. pour la table et
1 f. blanc, caract. italiques, mar. rouge, dos orné, fil.,
dent. à l'int., tr. dor. *(Chambolle-Duru.)*

> Un des poètes les plus rares et un des moins connus de
> l'école de Ronsard.
> Bel exemplaire, grand de marges. Hr : 167mm.

188. Le Ligvevr repenty du sievr de Trellon. *A Paris,
pour Anthoine du Brveil,* 1595. Pet. in-12 de 52 pp.,
mar. vert, fil., dent., tr. dor. *(Koelher.)*

> Exemplaire non rogné au chiffre d'*Audenet.*

189. LES ‖ POËMES ‖ DU SIEUR D'EXPILLY ‖ A
Madame ‖ la Marquise de Monceaux ‖ . *A Paris* ‖ *chez
Abel Langellier* ‖ *au premier pillier* ‖ *de la grande
salle du* ‖ *Palais.* M.D.XCVI (1596) ‖ *Avec privilège
du Roy.* ‖ 2 parties en 1 vol. in-4, de 1 port. de l'au-

teur gravé par Thomas de Leu, 1 f. pour le titre ci-
dessus également gravé par Th. de Leu, 1 f. de dédicace à Madame la marquise de Monceaux, 106 pp.
et 1 f. blanc, pour la première partie ; titre gravé pour
le second livre, page 111 à 207, table de 208 à 214,
errata à la page 215, et l'extraict du privilège à la
page 216 qui est la dernière, mar. bleu, dos orné,
coins et milieu couverts de riches compartiments à
feuillages et à petits fers, large dent. int., tr. dor.
(*Thibaron-Joly.*)

ÉDITION ORIGINALE.

Très bel exemplaire, grand de marges (H^r : 232^{mm}) et
de la plus irréprochable conservation *avec la fameuse dédicace
à la Marquise de* MONCEAUX qui manque à la presque totalité
des exemplaires connus de ce LIVRE RARE.

Le second livre, avec un nouveau titre gravé, est dédié :
« *à Messire Françoys de Bone, seigneur de Lesdiguières* » et
commence par une Hymne sur la bataille de Pontcharra, à
laquelle Expilly combattit en personne aux côtés du conné-
table.

190. LES ‖ POËMES ‖ DE ‖ MESSIRE ‖ CLAUDE EXPILLY, ‖
conseiller du Roy an (*sic*) son Conseil ‖ d'Etat et Prezi-
dant au Par ‖ lemant de Grenoble. *A Grenoble , de
l'imprimerie de Pierre Verdier,* 1624. Gr. in-4 de
4 ff. prélim., 461 pp., 4 pp. de table et un errata,
mar. bleu, dos orné, fil., dent. int., tr. dor. *(Chambolle-Duru.)*

On retrouve dans cette édition, qui est la meilleure et la
seule complète de ces poésies, la fameuse dédicace « *à très
haute et très illustre dame Madame la Duchesse de Beaufort,
Gabrielle d'Estrée* » que l'auteur avait fait si soigneusement
supprimer de la première édition.

La seconde partie est dédiée à « *François de Bone, duc
D'Esdiguières* », et la troisième (qui paraît ici presque en entier,
pour la première fois) à « *Armand Ian Du Plessis, cardinal de
Richelieu.* »

191. LES PREMIÈRES ŒUVRES DE PHILIPPES DESPORTES.
Dernière édition reveüe et augmentée. *A Paris, par
Mamert Patisson,* 1600, *avec privilège.* Pet. in-8 de
8 et 338 ff., plus 6 ff. pour la table, etc., caract. ital.,
mar. bleu, dos orné, fil,, dent. à l'int., tr. dor. *(Thibaron.)*

> La meilleure et la plus jolie de toutes les éditions de Des-
> portes.
> Exemplaire grand de marges. H^r : 160^{mm}.

192. LES TRAVAUX SANS TRAVAIL de Pierre Davity de
Tournon en Viveroys, avec le Tumbeau de madame
la Duchesse de Beaufort. Reveu et corrigé de nouveau.
A Lyon, par Thibaud Ancelin, 1601. In-12 de 12 ff.
prélim. et 192 ff. dont le dernier est blanc, vélin blanc,
filets et milieu dorés, tr. dor. *(Reliure ancienne.)*

> *Édition originale* inconnue à Brunet, qui ne cite que l'édi-
> tion de Paris, 1602.

193. RECUEIL DES ŒUVRES POÉTIQUES DE
IAN PASSERAT, lecteur et interprète du Roy. Augmenté de plus de la moitié, outre les précédentes impressions. Dédié à monsieur de Rosny. *A Paris, chez
Claude Morel,* 1606. In-8 de 4 ff. prélim. y compris
le port., et 472 pp. — IOANNIS PASSERATII eloquentiæ
professoris et interpretis Regii kalendæ Ianuariæ et
varia quædam Poëmatia. *Parisiis, apud Claudium
Morellum,* 1606. In-8 de 8 ff. avec le port. de Passerat, gravé par Th. de Leu, 248 pp., 3 ff. pour la table
et le privilège et 1 f. blanc. En un vol. in-8, mar.
bleu, dos orné, fil., doublé de marocain citron avec
une large dentelle à petits fers, tr. dor. *(Trautz-
Bauzonnet.)*

> SUPERBE EXEMPLAIRE, très grand de marges, et dans une

magnifique reliure, avec le beau portrait de Passerat, gravé
par Thomas de Leu, en tête de chaque partie, ce qui est fort
rare. H^r : 173^{mm}.

194. Les Opuscules d'Homère, qui sont : la Batracho-
myomachie, les Hymnes, les Epigrammes, de la version
de Salomon Certon. *A Paris, chez Nicolas Hameau,*
1615, *avec privilège du Roy.* In-8 de 112 pp., mar.
rouge, dos orné, fil., dent. à l'int., tr. dor. *(Chambolle-Duru.)*

195. Les Œuvres poétiques de M. Bertaut, évesque
de Sées, abbé d'Aunay, premier aumosnier de la
Royne. Dernière édition, augmentée de plus de moitié
outre les précédentes impressions. *A Paris, chez Toussainct du Bray,* 1620. In-8 de 8 ff., 672 pp., et 4 ff.
de table, mar. vert, dos orné, fil., dent., tr. dor.
(Hardy.)

C. De Malherbe a la fin du XVIIIe siècle.

a. Poésies de divers genres.

196. LES ŒUVRES ‖ DE Mre FRANÇOIS ‖ DE
MALHERBE, ‖ gentil-homme ordinaire de la ‖ chambre du Roy. ‖ *A Paris,* ‖ *chez Charles Chappellain,*
ruë de la Bucherie, ‖ *à l'image Saincte Barbe.* ‖
M.DC.XXX (1630), ‖ *avec privilège du Roy.* ‖ In-4,
port., mar. bleu, dos orné, fil., dent. à l'int., tr. dor.
(Thibaron-Joly.)

Édition originale collective, publiée par le cousin de
Malherbe, Fr. Arbaud de Porchères, qui a placé en tête du
volume un discours apologétique très curieux d'Ant. Godeau

qu'on a eu tort de ne pas reproduire dans les éditions postérieures.

Il existe deux éditions sous la même date avec le même privilège et le même achevé d'imprimer du 22 décembre 1629;
elles sortent de la même boutique et ont le même nombre de
pages (24 ff. prélim. y compris le port., 2 ff. pour le privilège,
820 pp. d'Œuvres diverses, et 228 pp. pour les Poésies).

La deuxième, comme l'a établi le savant libraire, M. Potier,
a subi un remaniement dans la préface.

La notre est de la PREMIÈRE ÉDITION, ce qui est fort rare.

Superbe exemplaire avec le beau portrait de Malherbe, gravé
par Vorsterman d'après Dumonstier. Hr : 213ᵐᵐ.

197. LES POÉSIES DE MALHERBE avec les observations de
Monsieur Ménage. *A Paris, chez Louis Billaine,*
1666. In-8, mar. rouge, dos orné, fil., dent., tr. dor.
(Chambolle-Duru.)

> Excellente édition dans laquelle se retrouve le Discours
> d'Ant. Godeau sur les œuvres de Malherbe.

198. ŒUVRES CHOISIES DE MALHERBE, avec des notes de
tous les commentateurs ; édition publiée par L. Parrelle. *A Paris, chez Lefèvre (imprim. de Jules Didot
aîné),* 1825. 2 vol. gr. in-8, papier jésus vélin, port.,
dem.-rel. mar rouge, avec coins, dos orné, tête dor.,
ébarb. *(Capé.)*

> *Un des 50 exemplaires tirés sur* GRAND JÉSUS VÉLIN, avec
> le portrait gravé par Roger, *sur Chine* AVANT LA LETTRE.
> On y a joint 4 autres jolis portraits de Malherbe, Henri IV,
> Richelieu et Jeanne d'Arc.

199. LES AMOURS DE THALIE par le sieur Du Maine. **A**
la Royne Marguerite. *A Paris, chez Thomas de la
Ruelle,* 1606. Pet. in-12 de 1 f. pour le titre et 100
pp., mar. rouge, dos orné, fil., dent. à l'int., tr. dor.
(Chambolle-Duru.)

> Poète rare.

200. Nouveau Recueil des plus beaux vers de ce temps. *A Paris, chez Toussaint du Bray*, 1609, *avec privilège du Roy*. Pet. in-8 de 16 et 536 pp., mar. bleu, dos orné, fil., dent. à l'int., tr. dor. *(Masson-Debonnelle.)*

> Excellent recueil devenu rare et qui contient les meilleures pièces de MM. Du Perron, Bertaut, Malherbe, Motin, d'Avity, etc., etc.

201. Les Chevilles de Mᵉ Adam, menuisier de Nevers. *A Paris, chez Toussainct Quinet*, 1644, *avec privilège du Roy*. In-4 de 28 pp. chiffrées y compris le portrait de l'auteur, 4 ff. non chiffrés, 100 pp. et 4 ff. d'approbations du Parnasse, et 315 pp. pour les Chevilles, mar. rouge, dos orné, fil,, dent. à l'int., tr. dor. *(Chambolle-Duru.)*

> Édition originale.

202. Les Œuvres du Sieur de Saint-Amant. *A Paris, chez Toussainct Quinet*, 1642, *avec privilège du Roy*. 3 parties en 1 vol. in-4, de 12 ff. prélim. et 255 pp.; 75 pp.; 7 ff. prélim. et 140 pp., mar. bleu, dos orné, fil., dent. à l'int., tr. dor. *(David.)*

> Excellente édition, où l'on trouve le fameux *Passage de Gibraltar*, caprice héroï-comique, réuni pour la première fois aux œuvres de l'auteur.

203. Les Œuvres de Maynard (avec une préface par Monsieur de Gomberville). *A Paris, chez Augustin Courbé*, 1646, *avec privilège du Roy*. In-4, port. gravé par Pierre Daret, mar. bleu, dos orné, fil., dent. à l'int., tr. dor. *(David.)*

> Édition originale.
> Maynard a été un des meilleurs disciples de Malherbe, aussi ses poésies méritent-elles d'être conservées. (Brunet: III, 1559.)

204. LES SENTIMENS UNIVERSELS de Messire Pierre For-
get, sieur de Beauvais et de la Picardière ; reveus et
augmentés par l'autheur. Quatriesme édition. *A Paris,
chez Anthoine de Sommaville, 1646, avec privilège du
Roy.* Pet. in-12, dos orné, filets, dent. à l'int., tr. dor.
(Chambolle-Duru.)

> Poète rare.

205. LES ŒUVRES POÉTIQUES ET SAINCTES du R. P.
Martial de Brive, capucin, augmentées de nouveau et
recüeillies par le sieur Dupuis. *A Lyon, chez Alexandre
Fumeux, rüe Mercière, 1655, avec approbation et
permission.* In-4 de 7 ff. prélim. y compris le titre
imprimé, 152 pp., et 1 f. de table, mar. rouge, dos
orné, fil., dent., tr. dor. *(Chambolle-Duru.)*

> *Édition originale collective* de cet excellent poète, un des
> meilleurs de son temps. Elle est rare et fort recherchée.

206. LA LYRE DU IEUNE APOLLON, ou la muse naissante
du Petit de Beauchasteau (Franç.-Math. Chastelet),
dédiée au Roy. *A Paris, chez Charles de Sercy et
Guillaume de Luynes, 1657, avec privilège du Roy.*
In-4, frontisp. et portraits, mar. rouge, dos orné, fil.,
dent. à l'int., tr. dor. *(Chambolle-Duru.)*

> *Édition originale* d'un excellent recueil de vers dus à un
> jeune poète de 12 ans.
>
> Il est orné du portrait de l'auteur à l'âge de XI ans peint
> par Hans et gravé par Frosne et de 26 beaux portraits des
> personnages auxquels les pièces sont dédiées.
>
> Brunet n'en annonce que 22.

207. POESIES DIVERSES de M. de Brébeuf. *A Paris, chez
Antoine de Sommaville, 1658, avec privilège du Roy.*
In-4, mar. rouge ancien, dos orné, fil., dent. à l'int.,
tr. dor. *(R. Petit.)*

> Édition originale.

208. Dernières œuvres et poésies chrestiennes de
Messire Honorat de Bueil, chevalier seigneur de Racan,
tirées des pseaumes et de quelques cantiques du vieux
et nouveau Testament. *A Paris, chez Pierre Lamy,*
1660, *avec privilège du Roy.* In-8, mar. rouge, dos
ornés, plats entièrement couverts de riches dentelles,
filets, compart. et ornements dorés, dent. à l'int., tr.
dor. *(Reliure ancienne.)*

> Bel exemplaire recouvert d'une riche reliure à la Dusseuil.
> De la Bibliothèque Firmin Didot.

209. Recueil de poesies de divers autheurs, contenant
la Métamorphose des yeux de Philis changez en
astres..., la Belle gueuse..., la Vieille amoureuse... et
autres pièces nouvelles. *A Paris, chez Estienne Loy-*
son, 1661, *avec privilège du Roy.* 2 tomes en 1 vol.
in-12, mar. bleu, dos orné, fil., dent. à l'int., tr. dor.
(Closs.)

> Le privilège en date du 6 mars 1651 est concédé au Sr Iean
> *Conart, l'un des maistres d'hôtel ordinaire du Roy*, auteur de
> ce recueil.

210. Les Œuvres de Théophile, divisées en trois. parties, avec les pièces qu'il a faites pendant sa prison ;
reveuës et corrigées en cette dernière édition. *A Paris,*
chez Nicolas Pépingué, 1662. Pet. in-12, mar. rouge,
dos orné, large dentelle à petits fers xviiie siècle sur les
plats, dent. à l'int., tr. dor. *(Capé.)*

> Joli exemplaire.

211. Les Œuvres de Théophile divisées en trois parties, dont la troisième contient les pièces qu'il a faites
pendant sa prison. *A Paris, chez Nicolas Pépingué,*
1662. In-12, mar. rouge, dos orné, filets, ornem. et

compart. dorés sur les plats, dent. à l'int., tr. dor.
(Belz.-Niédrée.)

212. DIVERSES PETITES POÉSIES du Chevalier d'Aceilly
(Jacques de Cailly). Premier volume. *A Paris, impri-*
mées chez André Cramoisy, ruë Saint-Jacques, au
sacrifice d'Abraham, proche la Poste, M DC LXVII
(1667), *avec privilège du Roy.* ET SE DONNENT AU
PALAIS. In-12 de 6 ff. prélim. et 228 pp., mar. vert
jans., dent. à l'int., tr. dor. *(Cuzin.)*

> ÉDITION ORIGINALE très rare avec le titre ci-dessus, qui
> donna lieu à de nombreux mécomptes comme on en
> peut juger par une épigramme placée en tête du recueil,
> où il est dit : qu' « *abandonner pareil ouvrage pour trente*
> *sols, ce n'est pas vendre c'est donner,* » et qu'on fut obligé
> de remplacer par le suivant : *Nouveau recueil de diverse (sic)*
> *poésies du Chevalier d'Aceilly. A Paris, chez Michel Brunet,*
> 1671, *avec privilège du Roi.*
>
> Ce nouveau titre se trouve aussi dans notre exemplaire.

213. ÉPISTRES NOUVELLES DU SIEUR D*** (Despréaux). *A*
Paris, chez Denys Thierry, 1698, *avec privilège du*
Roy. Pet. in-12 de 6 ff. prélim. et 34 pp., mar. rouge,
dos orné, fil., dent., tr. dor. *(Chambolle-Duru.)*

> ÉDITION ORIGINALE des Épistres X (*à mes vers*), XI (*à mon*
> *jardinier*) et XII (*sur l'amour de Dieu*).
> Exemplaire à toutes marges.

214. ŒUVRES DIVERSES DU Sr BOILEAU DESPRÉAUX : avec
le traité du sublime ou du merveilleux dans le discours,
traduit du grec de Longin. Nouvelle édition reveuë et
augmentée. *A Paris, chez Denys Thierry,* 1701,
avec privilège du Roi. 2 vol. in-12, frontisp. gravé et
fig., mar. rouge, dos orné, fil. et compart. à la Dusseuil,
dent. à l'int., tr. dor. *(Cuzin.)*

> DERNIÈRE ÉDITION PUBLIÉE DU VIVANT DE L'AUTEUR, et celle
> que Boileau appelait son *Édition favorite.*
> Elle est rare et mérite d'être recherchée parce qu'elle

contient la liste détaillée et exacte de tous ses écrits, c'est du
reste la première qui porte son nom : « J'ai été bien aise,
dit-il, en le mettant à la tête de mon livre, de faire voir par
là quels sont précisément les ouvrages que j'avouë et d'ar-
rester, s'il est possible, le cours d'un nombre infini de mé-
chantes pièces qu'on répand partout sous mon nom. »

Bel exemplaire, très grand de marges. Hr : 165ᵐᵐ.

215. Les Œuvres de Monsieur Boileau Despréaux,
avec des éclaircissements historiques. *A Paris, chez la
veuve Alix, 1740, avec privilège du Roy*. 2 vol. gr.
in-4, beau port. de Rigaud, gravé par Ravenet, fleuron, vignettes de Trémolières, culs-de-lampe, lettres
ornées, et 6 belles figures encadrées, dessinées et gravées par Cochin pour le Lutrin, veau fauve, dos orné,
dent. sur les plats, tr. dor. *(Reliure ancienne.)*

Cohen ne mentionne pas les figures de Cochin qui ornent
cette édition.

216. ŒUVRES DE BOILEAU avec un nouveau commentaire par M. Amar. *Paris, Lefèvre,* 1821. 4 vol.
in-8, dem.-rel. mar. vert avec coins, dos orné, entièrement ébarb. *[Simier.]*

Exemplaire sur *grand papier vélin* avec la suite complète
de 1 port. d'après Rigaud et 6 fig. d'après Desenne, gravées
par Adam, Chollet, Burdet, Larcher, etc., en 2 états : avant
la lettre et EAUX-FORTES.

On a joint à cet exemplaire la collection complète de 1 port.
de Boileau (lettre grise) d'après Saint-Aubin et 6 jolies figures
de Moreau le Jeune, gravées par Delvaux, Simonet et de
Ghendt avant la lettre.

217. Œuvres de Boileau avec un nouveau commentaire
par M. Amar. *Paris, Lefèvre,* 1821. 4 vol. in-8 dem.-
mar. gris, dos orné, entièrement ébarb. *(Thouvenin.)*

Autre exemplaire sur *grand papier vélin* avec la suite
complète des 7 figures de Desenne, gravées par Adam, Chollet,

Burdet, Larcher et Lorichon en 3 états : *avant la lettre sur blanc*, AVANT LA LETTRE SUR CHINE et EAUX-FORTES.

218. ŒUVRES DE BOILEAU DESPRÉAUX, avec un commentaire par M. de Saint-Surin, ornées de douze figures d'après des dessins nouveaux. *A Paris, Blaise (de l'imprimerie de Didot aîné)*, 1821. 4 vol. in-8, papier de Hollande, fig., cart. à la bradel, entièrement ébarbés et non coupés.

Rarissime exemplaire sur PAPIER DE HOLLANDE, un des douze tirés sur ce papier, numérotés et signés par l'éditeur : « *N° 6 sur douze*. J.-J. BLAISE, » avec la suite complète des 13 belles figures d'après Carle et Horace Vernet, Hersent, Bergeret, Roehn et Garnier, en double état : AVANT LA LETTRE et EAUX-FORTES, avec les papiers de soie.

L'eau-forte du portrait de Racine n'existe pas comme le constate l'avis au relieur pour le placement des gravures qui se rencontre dans quelques exemplaires. (Voir *Gaucher* par MM. Portalis et Beraldi, p. 104.)

219. ŒUVRES DE BOILEAU avec un nouveau commentaire par M. Amar. *A Paris, chez Lefèvre [imprimerie de Jules Didot aîné]*, 1824. 4 vol. gr. in-8, papier jésus vélin, dem.-rel. mar. rouge avec coins, dos orné, tête dor., ébarb. (*Capé.*)

Très bel exemplaire, *un des 50 tirés sur* GRAND JÉSUS VÉLIN, avec le joli portrait de Boileau gravé par Sisco *sur Chine* AVANT LA LETTRE.

On y a joint :

1° La suite complète des 7 jolies figures de Moreau (dont 1 portrait par Saint-Aubin) gravées par Delvaux, Simonet et de Ghendt, en triple état : *avant la lettre sur blanc*, AVANT LA LETTRE SUR CHINE et EAUX-FORTES. De toute rareté.

Le portrait de Boileau qui a été gravé deux fois par Saint-Aubin (de face et de profil) s'y trouve : *avec la lettre grise dans la* TABLETTE BLANCHE et EAU-FORTE (rare) pour celui de face ; et *avec la lettre grise*, TABLETTE BLANCHE, SUR CHINE, pour celui de profil ;

2° La suite complète des 6 belles figures in-4, avec encadrements, dessinées et gravées par Cochin. Superbes et rares épreuves AVANT L'INDICATION DES CHANTS;

3° La suite des 6 jolies figures de Bernard Picart gravées par R. de Launay, *sur papier de Chine;*

4° La suite complète des 9 gravures in-8, en travers, de Fortin, gravées par Girardet, *sur Chine* AVANT LA LETTRE. Rares;

5° La suite des 13 figures (dont 3 portraits) d'après Carle et Horace Vernet, Bergeret et Garnier, publiées pour l'édition de Blaise, 1821. Belles épreuves *avec les lettres capitales* AU TRAIT, et une EAU-FORTE pour le chant I du Lutrin;

6° La suite complète de 1 port. d'après Rigaud, gravé par Lignon, et de 6 belles figures de Desenne *sur Chine,* AVANT LA LETTRE;

7° Enfin, une vingtaine de portraits des auteurs les plus célèbres, la plupart en épreuves de choix, *sur Chine* AVANT LA LETTRE, provenant de diverses collections et comprenant : Homère, Horace, Virgile, Montaigne, Corneille, Molière Lafontaine, Bossuet, etc., etc.

220. ŒUVRES DE BOILEAU, avec un nouveau commentaire par **M. Amar.** *A Paris, chez Lefèvre,* 1824. 4 vol. gr. in-8, papier jésus vélin, port. et fig., dem.-mar. bleu foncé, avec coins, ébarbé partout. *(Pagnant.)*

Grand papier jésus vélin, tiré à 50 exemplaires, avec le portrait gravé par Sisco *sur Chine* AVANT LA LETTRE.

On a ajouté à ce beau livre :

1° la suite complète de 1 port. de Boileau gravé par G. de Saint-Aubin (de face légèrement tourné à droite), superbe épreuve *avec la lettre grise sur la* TABLETTE BLANCHE (très rare) et de 6 figures d'après Moreau le jeune, gravées par Delvaux, Simonet et de Ghendt, en triple état : *avec la lettre,* AVANT LA LETTRE et EAUX-FORTES. Ces dernières sont rarissimes;

2° la suite complète de 1 port. dessiné et gravé à l'eau-forte par Saint-Aubin et de 6 fig. du même, à toutes marges et encore *à l'état d'*EAUX-FORTES.

221. POÉSIES DE MADAME DESHOULIÈRES. *A Paris, chez*

*la veuve de Sébastien Mabre-Cramoisy, 1688, avec
privilège de Sa Majesté.* Pet. in-8, de 1 f. pour le
titre, 220 pp. et 6 ff. pour la table et l'extrait du privilège, mar. rouge jans., dent. à l'int., tr. dor. (*Hardy-
Mennil.*)

Exemplaire grand de marges de la *véritable édition originale*,
avec la marque de Cramoisy sur le titre et la vignette aux armes
de France dans le haut de la préface.

222. ŒUVRES CHOISIES DE MADAME DESHOU-
LIÈRES. *A Paris, de l'imprim. de P. Didot l'aîné,
an IIIe de la République,* 1795. Gr. in-18, papier
vélin, port. et fig. de Marillier, mar. rouge, dos orné,
plats couverts d'une large dent. xviiie siècle à petits
fers, dent. à l'int., tr. dor. *(Duru, 1855.)*

Grand papier vélin tiré à 100 exemplaires et relié sur brochure. Figures avant la lettre.

Charmant exemplaire dans une riche reliure auquel on a
joint les jolies figures de Catel, gravées par Bouquet, *avant la
lettre.*

223. Madrigaux de M. D. L. S. (Antoine de Ram-
bouillet, sieur de La Sablière). *A Paris, chez Claude
Barbin,* 1680, *avec privilège du Roy.* In-12, mar.
orange, dos orné, fil., dent., tr. dor. *(David.)*

Édition originale avec le fameux madrigal de la page 8,
supprimé comme trop leste dans la presque totalité des
exemplaires.

224. Les Œuvres de Monsieur de Bensserade. *A Paris,
chez Charles de Sercy,* 1697. 2 vol. in-12, frontispices
gravés, mar. rouge, dos orné, fil., dent. à l'int., tr.
dor. (*Hardy.)*

Édition originale des œuvres de ce poète bel esprit, donnée
par P. Tallemand. H^r : 162^mm.

225. Odes de M. D*** (Houdart de la Motte), avec un

discours sur la poésie en général et sur l'ode en particulier. *A Paris, chez Grégoire Dupuis*, 1707, *avec privilège du Roy*. In-12, réglé, fronstip. gravé, mar. vert
foncé, dos orné, fil., dent., tr. dor. *(Reliure ancienne.)*

> Édition originale, non citée par Brunet, et demeurée in-
> connue à Quérard qui donne comme la première celle de
> 1709.
> Exemplaire *aux armes de la Comtesse de Verrue.*

226. Œuvres diverses du sieur R*** (J.-B. Rousseau).
A Soleure, chez Ursus Heuberger, 1712, *avec privilège*. In-12, de 2 ff. prélim., XXVIII, et 318 pp.,
avec 2 ff. de table, mar. rouge, dos orné, fil., dent. à
l'int., tr. dor. *(Chambolle-Duru.)*

> *Véritable édition originale.*
> Exemplaire sur *papier fort*, avec témoins. Hr : 162mm.

227. Œuvres de Jean-Baptiste Rousseau. Nouvelle
édition augmentée sur les manuscrits de l'auteur. *Paris,
Rémont,* 1795. 4 vol. in-8, mar. rouge, large dentelle
sur les plats et à l'int., tr. dor. *(Bozerian.)*

> Bel exemplaire sur *papier vélin* avec un port. d'après
> Aved, et 8 jolies figures de Lafitte, gravées par Anselin,
> Croutelle, Delvaux, Dupréel et Langlois avant la lettre.
> On y a joint une magnifique épreuve du portrait, d'après
> Aved, 1736, gravé par Ficquet en 1763.

228. Œuvres poétiques de J.-B. Rousseau, avec un
commentaire par M. Amar. *A Paris, chez Lefèvre
(imprim. de Jules Didot aîné),* 1824. 2 vol. gr. in-8,
papier jésus vélin, port., dem.-rel. mar. rouge avec
coins, dos orné, tête dor., ébarb. *(Capé.)*

> *Grand jésus vélin,* tiré à 5o exemplaires, avec le joli portrait
> gravé par Taurel *sur Chine* avant la lettre, et celui gravé
> par Aug. de Saint-Aubin, ajouté.

229. ŒUVRES POÉTIQUES DE **J.-B. ROUSSEAU**, avec un commentaire par **M. Amar**. *A Paris, chez Lefèvre*, 1824. 2 vol. gr. in-8, port., dem.-rel. mar. rouge avec coins, tête dor., ébarb. *(Capé.)*

> *Grand jésus vélin*, tiré à 5o exemplaires, avec le beau portrait gravé par Taurel *sur Chine*, AVANT LA LETTRE.

230. ROUSSEAU (Jean-Baptiste). Suite complète de 1 portrait, d'après Aved, gravé par Anselin, et de 8 figures in-8, d'après Lafitte, gravées par Croutelle, Delvaux, Dupréel et Langlois, sous la direction d'Anselin, pour les *Œuvres complètes. Paris*, 1795. 4 vol. in-8.

> Superbes et rares épreuves AVANT LA LETTRE, *noms à la pointe*, tirées de format in-4.

231. POÉSIES FRANÇOISES de **M.** l'abbé Regnier Desmarais. Nouvelle édition augmentée de plusieurs pièces. *A La Haye, chez Henri du Sauzet*, 1716. 2 vol. in-12, frontisp. gravés, mar. bleu jans., dent. à l'int., tr. dor. *(Capé.)*

232. POÉSIES DE MONSIEUR LE MARQUIS DE LA FARRE. *A Amsterdam, chez Bernard*, 1755. In-12, veau fauve, dos orné, dent. sur les plats et à l'int., tr. dor. (*Reliure ancienne.*)

> *Première édition complète.* Bel exemplaire dans une charmante reliure aux armes.

233. ŒUVRES DE CHAULIEU, d'après les manuscrits de l'auteur (publiées par Fouquet). *A la Haye, et se trouve à Paris, chez Claude Bleuet*, 1774. 2 vol. in-8, port. d'après de Troy, gravé par Hubert, mar. vert clair, dos orné, plats couverts de riches compart. dorés, mors en mar., doublé de tabis rose avec dentelle, tr. dor. (*Bozerian.*)

> *Exemplaire sur papier de Hollande* et dans une reliure de

toute fraîcheur de cette belle édition, la première complète
et la seule qui soit conforme au manuscrit de l'auteur.

234. ŒUVRES DIVERSES DE GRÉCOURT. Nouvelle édition
augmentée d'un grand nombre de pièces qui n'avaient
jamais été imprimées. *A Luxembourg,* 1761. 4 vol.
in-12, port. et fig. d'Eisen, gravées par Baquoy, mar.
rouge, fil., dent., tr. dor. *(Lhuinte.)*

235. ŒUVRES COMPLÈTES DE GRÉCOURT,
enrichies de gravures. Nouvelle édition soigneusement
corrigée et augmentée d'un grand nombre de pièces qui
n'avaient jamais été imprimées. *A Paris, imprimerie
de Chaigneau aîné, l'an V* (1796). 4 vol. in-8, papier
vélin, port. et fig., veau fauve, dos orné, plats couverts
de dentelles et de petites abeilles dorées, dent. à l'int.,
tr. dor. *(Doll.)*

> *Exemplaire sur papier vélin* avec 1 port. et 8 jolies figures
> de Fragonard, gravées par Dambrun et Dupréel, en double
> état : AVANT LA LETTRE et EAUX-FORTES.

236. ŒUVRES CHOISIES DE GRESSET, édition
ornée de figures en taille-douce, dessinées par Moreau
le Jeune. *De l'imprimerie de Didot jeune, à Paris,
chez Saugrain, l'an deuxième* (1794). Gr. in-18, papier
vélin, fig., mar. bleu, dos orné, compartiments dorés
et ornements XVIIIe siècle sur les plats, dent. à l'int.,
tr. dor. *(Thibaron-Joly.)*

> SUPERBE EXEMPLAIRE SUR PAPIER VÉLIN avec la
> suite complète des 5 charmantes figures de Moreau, gravées
> par Giraud, Petit et Simonet en double état : AVANT LA LETTRE
> et EAUX-FORTES.
> Ces eaux-fortes, qui sont de la plus insigne rareté, manquent
> à tous les collectionneurs de l'œuvre du grand artiste, et si
> nous en croyons le témoignage des amateurs les plus compé-

tents de notre époque, elles seraient PROBABLEMENT UNIQUES AINSI COMPLÈTES. On sait que *le Méchant* ne fait pas partie de cette édition.

Exemplaire relié sur brochure et de la plus parfaite condition. H*ʳ*: 139*ᵐᵐ*.

237. ŒUVRES DE GRESSET. *A Paris, chez Ant.-Aug. Renouard*, 1811. 2 in-8, port. et fig. — Le Parrain magnifique, poëme en dix chants, ouvrage posthume de Gresset. *A Paris, chez Ant.-Aug. Renouard*, 1810. In-8, port. et fig. Ensemble 3 parties en 2 vol. in-8, port. et fig., mar. vert clair, dos orné, fil., dent., tr. dor. (*Hardy-Mennil.*)

Exemplaire en grand papier vélin, avec les 8 jolies figures de Moreau en deux états : AVEC LA LETTRE et AVANT LA LETTRE.

On y a joint 2 port. de Gresset (dont un gravé par Roger *avant la lettre*, et l'autre par Hopvood sur Chine *avant la lettre*), et les 6 figures in-18 de Moreau, à toutes marges.

238. ŒUVRES CHOISIES DE GRESSET, précédées d'un essai sur sa vie et ses écrits, par M. Campenon. *Paris, Janet et Cotelle*, 1823. Gr. in-8, dem.-rel. mar rouge, avec coins, tête dor., tr. ébarb. (*Koehler.*)

Exemplaire sur *grand papier vélin* avec la figure de Desenne gravée par Roger en double état : AVANT LA LETTRE *sur blanc* et EAU-FORTE *sur Chine.*

239. ŒUVRES COMPLÈTES DE M. LE C. DE B*** (Bernis). *A Londres*, 1767. 2 vol. pet. in-8, port. mar. rouge, dos orné, fil., dent., tr. dor. (*Reliure ancienne.*)

240. ŒUVRES DE FRANÇOIS-JOACHIM DE PIERRE, CARDINAL DE BERNIS ; on y a joint le poëme de la Religion vengée, ouvrage posthume de l'auteur. *A Paris, de l'impri-*

merie de P. Didot l'aîné, an V (1797). Gr. in-8, joli
port. en médaillon, gravé par Le Mire, mar. rouge,
dos orné, dent. sur les plats et à l'int., tr. dor.
(*Lefèvre*.)

La plus belle édition de cet auteur, imprimée sur *grand
raisin vélin* et tirée à 100 exemplaires seulement.
Reliure de toute fraîcheur et témoins en tous sens.

241. Œuvres de François-Joachim de Pierre, cardinal
de Bernis. *Paris, stéréotype d'Herhan,* 1803. 2 vol.
in-12, mar. rouge, dos orné, large dent. sur les plats et
à l'int., tr. dor., fig. (*Bozérian*.)

Exemplaire sur grand papier vélin, avec le port. de l'auteur
dessiné et gravé par Saint-Aubin, celui gravé par Le Mire,
une jolie fig. de Marillier pour les Saisons, et 5 gravures à la
manière noire AVANT TOUTE LETTRE.

242. Œuvres choisies de Colardeau. Nouvelle édition
ornée d'une gravure. *A Paris, chez Janet et Cotelle*
(*imprim. de Jules Didot aîné*), 1825. Gr. in-8, papier
vélin, fig., veau rouge, dos orné, fil. or et compart. à
froid, tr. dor. (*Simier*.)

EXEMPLAIRE UNIQUE, sur GRAND PAPIER VÉLIN, avec
la jolie figure de Desenne gravée par Boscq en triple état :
avant la lettre sur Chine, EAU-FORTE et le DESSIN ORIGINAL,
à la sépia.

243. Œuvres de Monsieur le Chevalier de Parny,
contenant ses Opuscules poétiques et ses Poésies érotiques. *A l'Isle de Bourbon, chez Lemarié,* 1780. In-8,
de 166 pp. en tout. — Poésies érotiques par M. le chevalier de Parny. *A l'Isle de Bourbon,* 1778. In-8, de
68 pp. Ensemble 2 tomes en 1 vol. in-8, mar. orange,
dos orné, fil., dent. à l'int., tr. dor. (*Chambolle-
Duru*.)

Édition originale.

244. ŒUVRES D'EVARISTE PARNY. *A Paris, chez Debray
(de l'imprimerie de P. Didot l'aîné)*, 1808. 5 vol.
in-12, papier vélin, mar. rouge, dos orné, large dentelle
sur les plats et à l'int., tr. dor. (*Bozerian.*)

> Exemplaire sur PAPIER VÉLIN et *relié sur brochure* de la meil-
> leure édition de Parny. Le Tome V contient : *la Guerre
> des Dieux.*

245. ŒUVRES CHOISIES DE PARNY, ugmentées des variantes de texte et de notes. *A Paris, chez Lefèvre
(imprim. de Jules Didot aîné)*, 1827. Gr. in-8, papier
jésus vélin, port., dem.-rel. mar. rouge, avec coins,
tête dor., ébarb. (*Capé.*)

> *Un des 5o exemplaires tirés sur* GRAND JÉSUS VÉLIN, avec le
> charmant portrait gravé par Tardieu, d'après Isabey, *sur
> Chine* AVANT LA LETTRE.

246. ŒUVRES CHOISIES DE PARNY, augmentées des variantes de texte et de notes. *A Paris, chez Lefèvre*, 1827.
Gr. in-8, port., dem.-rel. mar. rouge avec coins, tête
dor., ébarb. (*Capé.*)

> *Grand jésus vélin* tiré à 5o exemplaires, avec le joli port. de
> Parny gravé par Tardieu d'après Isabey *sur Chine* AVANT LA
> LETTRE.

247. OPUSCULES POÉTIQUES du Chevalier de Parny. *A
Amsterdam*, 1779. In-8, mar. viol., dos orné, fil.,
dent. à l'int., tr. dor. (*Chambolle-Duru.*)

> ÉDITION ORIGINALE rare et recherchée. Exemplaire sur *papier
> de Hollande.*

248. LE POT-POURRI, épître à qui l'on voudra, suivie
d'une autre épître par l'auteur de Zélis au bain (le
marquis de Pezay). *A Genève, et se vend à Paris,
chez Séb. Jorry*, 1764. In-8, de 53 pp., 2 fig., 2 vign.
et 2 culs-de-lampe par Eisen, gravés par Le Mire,

Alliamet et de Longueil. — Lettre d'Alcibiade a Glicère, bouquetière d'Athènes, suivie d'une lettre de Vénus à Pâris et d'une épître à la maîtresse que j'aurai. *A Genève et à Paris, chez Séb. Jorry*, 1764. 36 pp., 1 fig., 3 vign. et 2 culs-de-lampe par Eisen. — Les Dévirgineurs et Combabus, contes en vers, précédés par des Réflexions sur le conte et suivis de Floricourt, histoire françoise (par Dorat). *A Amsterdam (Paris)*, 1765. In-8, 2 fig. par Eisen, gravées par de Longueil. Ensemble 3 ouvrages en 1 vol. in-8, mar. vert, dos orné, fil., dent. à l'int., tr. dor. (*Chambolle-Duru.*)

Grand papier de Hollande. Illustrations « d'une grande beauté », dit Cohen.

249. Héroïdes ou lettres en vers, nouvelle édition, revue, corrigée, augmentée et ornée de gravures, par M. Blin de Sainmore. *A Paris, chez Sébastien Jorry*, 1767. In-8, fig., dem.-mar. viol., tranches dor. (*Allô.*)

Ce volume, qui provient de la bibliothèque de M. Grésy, renferme : *Lettre de Biblis*, 1765, fig., vign. et cul-de-lampe d'Eisen et Gravelot. — *Lettre de Gabrielle d'Estrées*, 1766, fig., vign. et cul-de-lampe d'Eisen. — *Lettre de Sapho à Phaon*, 1766, fig., vign. et cul-de-lampe d'Eisen, Gravelot et Choffard. — *Lettre de Jean Calas*, 1767, fig., vign. et cul-de-lampe d'Eisen. — *Lettre du Lord Velford*, 1765, 2 fig., vign. et cul-de-lampe d'Eisen.

250. LES BAISERS précédés du Mois de Mai, poëme (par Dorat). *A la Haye, et se trouve à Paris, chez Lambert et Delalain*, 1770. In-8, 1 fig., 23 vignettes, 1 fleuron et 22 culs-de-lampe par Eisen, mar. rouge, dos orné, filets et compartiments dorés sur les plats, dent. à l'int., tr. dor. (*Lortic.*)

Chef-d'œuvre du XVIIIe siècle.

Magnifique exemplaire sur grand papier de hollande, *avec les titres en rouge*, incomparablement beau d'épreuves et très grand de marges. Hr : 218mm.

251. Pygmalion, scène lyrique par M. J.-J. Rousseau, mise en vers par M. Berquin, le texte gravé par Droüet. *Paris*, 1775. Gr. in-8, de 20 pages, y compris la préface, avec un titre gravé et 6 délicieuses vignettes de Moreau, gravées par De Launay et Ponce, mar. citron, dos orné, fil., dent. à l'int., tr. dor. (*Brany*.).

Exemplaire en grand papier auquel on a joint la suite complète, à toutes marges, des 6 figures d'Eisen, gravées par De Ghendt, pour ce même ouvrage.

Ex libris Georges Danyau.

252. Les Bienfaits du Sommeil ou les quatre rêves accomplis (par Imbert). *A Paris, chez Brunet*, 1776. Pet. in-8, titre gravé et 4 délicieuses figures de Moreau, gravées par De Launay, mar. bleu, dos orné, riche dentelle xviiie siècle à petits fers sur les plats, dent. à l'int., tr. dor. (*Reymann*.)

Charmant exemplaire dans une riche reliure et de premier tirage, c'est-à-dire avec la légende gravée à la pointe sèche au bas de chaque figure.

253. Journée de l'amour ou heures de Cythère. *A Gnide*, (*Paris*), 1776. In-8, mar. citron, dos orné, fil., dent., tr. dor., fig. (*Chambolle-Duru*.)

Volume rare (il n'a jamais été mis dans le commerce) dû à la collaboration de Voisenon, Boufflers, Favard, etc., et qui renferme 4 jolies gravures et 8 culs-de-lampe dessinés par Taunay.

254. Mélanges de poésies fugitives et de prose sans conséquence, par Madame la Comtesse de *** (Beauharnais). *A Amsterdam et se trouve à Paris, chez Delalain*, 1776. In-8, 1 charmant frontisp. et 3 jolies figures de Marillier gravées par Godefroy, Lebeau, Née et Ponce, veau fauve, dos orné, large dent. sur les plats, tr. dor. (*Genre Bozerian*.)

255. Mélanges de poésies fugitives et de prose sans conséquence par Madame la Comtesse de *** (Beauharnais). *A Amsterdam, et se trouve à Paris, chez Delalain*, 1776. In-8, 1 frontispice et 3 jolies figures de Marillier, gravées par Godefroy, Lebeau, Ponce et Née, dem.-mar. viol., avec coins, tête dor., ébarb. (*Gruel.*)

256. Origine des Graces, par Mademoiselle D*** (Dionis Duséjour). *A Paris*, 1777. In-8, 6 figures par Cochin, gravées par Aliamet, de Launay, Masquelier, Aug. de Saint-Aubin, etc., mar. bleu, dos orné, fil., dent. à l'int., tr. dor. (*Allô.*)

> *Ravissantes illustrations* qui comptent à juste titre parmi les plus remarquables de Cochin.
> Exemplaire très grand de marges et magnifique d'épreuves.

257. Colomb dans les fers, à Ferdinand et à Isabelle; épître qui a remporté le prix de l'Académie de Marseille, par M. le Chevalier de Langeac. *A Paris, de l'imprimerie de Didot l'aîné*, 1782. Pet. in-12, mar. citron, dos orné, large dent. sur les plats, doublé de tabis rose, dent. à l'int., entièrement ébarbé. (*Bozérian.*)

> Exemplaire non rogné.

258. Œuvres complètes de Gilbert. *A Paris, chez Le Jay*, 1788. In-8, mar. rouge ancien, filets, dent., tr. dor. (*Chambolle.*)

> *Édition originale* avec un joli portrait de l'auteur gravé par Le Beau

259. Œuvres de Gilbert. *Paris, Ménard et Desenne*, 1817. Pet. in-12, mar. violet, dos orné, compartiments dorés et dent. à froid sur les plats, dent. à l'int., tr. dor. (*Thouvenin.*)

> Papier vélin. Portrait et figures de Desenne *avant la lettre*.

260. Œuvres complètes de Gilbert, publiées pour la première fois avec les corrections de l'auteur et les variantes, accompagnées de notes littéraires et historiques. *A Paris, chez Dalibon*, 1823. Gr. in-8, port. et fig., mar. rouge, dos orné, plats couverts de riches ornements dorés et à froid, dent. à l'int., tr. dor. (*Duplanil.*)

Grand papier vélin avec le portrait et les 4 belles figures de Desenne en double état : avant la lettre sur blanc et EAUX-FORTES sur Chine.

261. Les Bijoux des neufs sœurs avec de jolies gravures. *A Paris, chez Defer et Maisonneuve,* 1790. 2 vol. pet. in-12, mar. saumon, dos orné, fil., dent., tr. dor., fig. (*Marius Michel.*)

Charmant exemplaire avec 2 frontispices et 4 jolies figures de Le Barbier, gravées par Gaucher avant la lettre.

262. ŒUVRES DE P.-J. BERNARD, ornées de gravures d'après les dessins de Prudhon, la dernière estampe gravée par lui-même. *A Paris, de l'impr. de P. Didot l'aîné, an V* (1797). Gr. in-4, fig., papier vélin, mar. rouge, dos orné, fil., dent., tr. dor. (*Chambolle-Duru.*)

Bel exemplaire sur *papier vélin fort d'Auvergne*, tiré à 150, avec les belles figures de Prud'hon en deux états : avec et AVANT LA LETTRE. Très rare.

263. ŒUVRES DE BERNARD, ornées d'une gravure. *Paris, chez Jannet et Cotelle*, 1823. In-8, grand papier vélin, mar. bleu, dos orné, fil., dent., tr. dor. (*Chambolle-Duru.*)

Exemplaire en *grand papier* avec la jolie figure de Prudhon, gravée par Roger avant la lettre.

On a ajouté, avec 5 port. différents de Gentil-Bernard, presque tous *avant la lettre*, la collection des gravures au trait de

Prudhon pour l'Art d'aimer, et une quantité considérable de jolies figures AVANT LA LETTRE et autres, spécialement réunies par M. Sieurin pour cet exemplaire.

Parmi les plus rares, nous pouvons citer les pièces suivantes de Prudhon : 1º la jolie petite figure pour l'Aminta, gravée par Roger, *avant la lettre*; 2º celle pour le Daphnis et Chloé de Renouard, également gravée par Roger et *avant la lettre*; 3º la Scène de la Grotte, superbe épreuve AVANT TOUTE LETTRE; 4º Zéphire, en double état : *avant la lettre sur blanc* et AVANT TOUTE LETTRE *sur Chine*, etc., etc.

264. MÉLANGES DE POÉSIE et de littérature par M. de Florian. *A Paris, de l'imprimerie de Guilleminet, an IX.* In-18, frontisp. et fig. de Quéverdo, mar. rouge, dos orné, large dent. sur les plats, tr. dor. (*Bozérian.*)

Exemplaire sur *papier vélin*.

265. ŒUVRES COMPLÈTES D'ANDRÉ DE CHÉNIER. *Paris, Foulon et Baudoin,* 1819. In-8, mar. rouge, dos orné, fil., dent. à l'int., tr. dor. (*Chambolle-Duru.*)

Première édition collective.
Exemplaire relié sur brochure.

266. ŒUVRES COMPLÈTES DE MILLEVOYE, dédiées au Roi et ornées d'un beau portrait. *A Paris, chez Ladvocat (de l'imprim. de Firmin Didot),* 1822. 4 vol. in-8, dem.-rel. v. fauve, ébarb. (*Fig.*)

Exemplaire sur GRAND PAPIER VÉLIN auquel on a ajouté 5 jolies figures (dont 1 portrait) d'après Devéria, gravées par Alfred et Tony Johannot, Guyard et Caron, en double état : AVANT LA LETTRE *sur papier de Chine* et EAUX-FORTES.

267. ŒUVRES COMPLÈTES DE MILLEVOYE, dédiées au Roi et ornées d'un beau portrait. *Paris, Ladvocat (de l'imprim. de Firmin Didot),* 1822. 4 vol. gr in-8, port.,

dem.-rel. mar. viol., avec coins, tête dor., ébarb.
(*Capé.*)

Exemplaire sur GRAND PAPIER VÉLIN, avec un certain nombre
de belles figures *avant la lettre* ajoutées, dont celles de Tony
Johannot pour Alfred et le Mancenillier.

268. ŒUVRES COMPLÈTES DE BERTIN, avec notes et variantes, précédées d'une notice historique sur sa vie.
Paris, Roux-Dufort, 1824. Gr. in-8, dem.-rel. cuir
de Russie, avec coins, tranches entièrement ébarbées.
(*Ginain.*)

Exemplaire sur *grand papier vélin* avec la figure de Desenne
gravée par Blanchard en trois états : *avant la lettre sur
blanc,* AVANT LA LETTRE SUR CHINE et EAU-FORTE.

b. POÈMES SACRÉS, HÉROIQUES, HÉROI-COMIQUES ET PATOIS.

269. MOYSE SAUVÉ, idyle héroïque du Sieur Saint-Amant.
A la Sphère. A Leyde, chez Jean Sambix (Elzevier),
1654. Pet. in-12, frontisp. grav., mar. bleu, dos orné,
fil., dent., tr. dor. (*Chambolle-Duru.*)

270. CLOVIS ou la France chrestienne, poëme héroïque
enrichy de plusieurs figures, par I. Desmarest. *A Paris,
chez Théod. Girard,* 1666, *avec privilège du Roy.*
In-12, frontisp. de Le Brun et 24 jolies fig. de N.
Chauveau, mar. lav., clair, dos orné, fil., dent. à l'int.,
tr. dor. (*Chambolle-Duru.*)

La meilleure édition de ce poème.

271. LES PARABOLES DE L'ÉVANGILE, traduites en vers,
avec une explication morale et allégorique tirée des
SS. Pères, par Monsieur Furetière. *A Paris, chez*

Pierre le Petit, 1672. 2 tomes en 1 vol. in-12, mar. rouge, dos orné, coins, fil., dent. à l'int., tr. dor. (*Reliure ancienne.*)

Exemplaire aux armes de *Jean-Baptiste Colbert, marquis de Seignelay*.

272. JÉRÉMIE, poëme en quatre chants, avec sa prière et sa lettre aux captifs prêts à partir pour Babylone. Dédié à Madame, par M. Desmarais. *A Paris, chez Desprez,* 1771, *avec privilège du Roi.* In-8, fig. de Leclerc, grav. par Delvaux, Macret, Miger, etc., mar. rouge, dos orné, fil. et coins dorés, dent. à l'int., tr. dor. (*Reliure ancienne.*)

Bel exemplaire sur *papier de Hollande* avec les figures AVANT LA LETTRE, aux armes de *Madame Victoire, fille de Louis XV*.

273. JÉRÉMIE, poëme en quatre chants, avec sa prière et sa lettre aux captifs prêts à partir pour Babylone ; dédié à Madame, par Desmarais; ouvrage orné de figures en taille-douce. *A Paris, chez Desprez,* 1771, *avec privilège du Roi.* In-8, frontisp. et 6 figures de Le Clerc, gravées par Pépin, Macret, Miger et Delvaux, mar. brun, dos orné, fil., dent. à l'int., tr. dor. (*Chambolle-Duru.*)

274. LA COLOMBIADE ou la foi portée au Nouveau Monde. Poëme par Madame Du Boccage. *A Paris, chez Desaint et Saillant,* 1756. In-8, mar. vert, dos orné, fil., dent., tr. dor. (*Chambolle-Duru.*)

Exemplaire avec les jolies figures dessinées et gravées par Chédel et les charmants culs-de-lampe de Mme D...

Dans le même volume : le Paradis terrestre, poème imité de Milton, par Mme D. B *Amsterdam,* 1748 (fig. de Gravelot). — Les Amazones, tragédie. *Paris, Mérigot,* 1749, et le Temple de la Renommée, poème de M. Pope, trad. en vers françois. *Londres,* 1749.

275. De là Souveraineté des Roys, poëme épique divisé en trois livres. A la Reine, mère du Roy, régente en France (par Pierre de Nancel). *S. l. (Paris)*, 1610. In-8, de 83 pp., caract. ital., mar. vert, dos orné, filets et compart. dorés sur les plats, dent. à l'int., tr. dor. (*Chambolle-Duru.*)

Poëte rare et recherché.

276. Alaric, ou Rome vaincue, poème héroïque dédié à la Reyne de Suède, par Monsieur de Scudéry. *Jouxte la copie, à Paris. chez Augustin Courbé*, 1655. In-12, frontisp. gravé, port. et fig., mar. rouge, dos orné, compart. à la Dusseuil, dent. à l'int., tr. dor. (*Raparlier.*)

Exemplaire grand de marges. Hr : 151mm.

277. La Ligue ou Henry le Grand, poëme épique par M. de Voltaire. *A Genève, chez Jean Mokpap*, 1723. In-8, mar. rouge jans., dent. à l'int., tr. dor. (*Cuzin.*)

Édition originale de la Henriade.

278. LA HENRIADE (par Voltaire), nouvelle édition. *S. l. (Paris), chez la veuve Duchesne, Saillant, Desaint, Panckoucke et Nyon, libraires (imprimerie Barbou)*, 1770. 2 vol. in-8, frontisp., titre gravé avec port., vignettes et figures d'Eisen, gravées par de Longueil, mar. bleu, dos orné, fil., dent. à l'int., tr. dor. (*Chambolle-Duru.*)

Bel exemplaire, *relié sur brochure*, avec les jolies figures d'Eisen en double état : *avec la lettre* et AVANT LA LETTRE.

On y a joint également les *tirages à part* AVANT LE TEXTE des 10 vignettes placées en tête de chaque chant.

279. La Henriade (par Voltaire). Nouvelle édition. *Paris, chez la veüve Duchesne, Saillant, Desaint,*

Panckoucke et Nyon (imprim. Barbou), 1770. 2 vol. in-8, frontisp., titre gravé avec portrait, 10 figures et 10 vignettes par Eisen, gravées par de Longueil, veau écaille, dos orné, fil., dent., tr. dor. (*Reliure ancienne.*)

280. La Henriade de M. de Voltaire. *A Londres,* 1728. In-4, frontisp. de J. de Troy, gravé par Surugue, fleuron de Micheux, gravé par Cochin, 10 grandes figures de De Troy, Lemoine et Vleughels, 10 vignettes et 10 culs-de-lampe, mar. rouge, fil., dent., tr. dor. (*Reliure ancienne.*)

Édition originale sous le titre de La Henriade et la première avec des figures.
La dédicace à la Reine d'Angleterre est en anglais.

281. Voltaire. Suite complète de 10 figures in-12 de Leprince, gravées par Pauquet et Pourvoyeur pour la Henriade, édition de Bure, 1836.

Belles épreuves à toutes marges en triple état : *avec la lettre* sur blanc, avant la lettre sur chine, *noms à la pointe,* et EAUX-FORTES.

282. Le Temple de Gnide, mis en vers par M. Colardeau *A Paris, chez le Jay, s. d.* In-8, 1 joli titre gravé avec le port. du grand Corneille et 7 charmantes figures de Monnet, mar. bleu, dos orné, fil., tr. dor. (*R. Petit.*)

Exemplaire unique auquel on a ajouté un *dessin original de Monnet* à la plume et à la sépia.

283. La Pucelle d'Orléans, poème divisé en quinze livres, par M. de V... (Voltaire). *Louvain,* 1755. In-8, de 2 ff. prélim., et 161 pp., mar. citron jans., dent. à l'int., tr. dor. (*Cuzin.*)

Édition originale qui finit, par 3 lignes de points et par ces mots : *Cætera desunt*. Voltaire qui l'a désavouée la supposait imprimée à Francfort et publiée par Maubert, ex-capucin, qui avait eu une mauvaise copie de son poème entre les mains.

284. La Pucelle d'Orléans. Poème divisé en vingt chants avec des notes. *S. l. (Genève)*, 1762. In-8, mar. rouge, dos orné, large dentelle sur les plats, tr. dor. (*Reliure ancienne.*)

> *Première édition avouée par l'auteur.* Elle est ornée de 20 figures (non signées) d'après Gravelot et d'un port. de l'auteur gravé par Ficquet.
>
> Les figures ont été, à l'époque de la reliure, remontées à plat comme chine et encadrées d'un filet noir.

285. La Pucelle d'Orléans. Poême divisé en vingt chants avec des notes. *S. l. (Genève)*, 1762. In-8, mar. bleu, dos orné, fil., dent., tr. dor., fig. (*Chambolle-Duru.*)

> *Édition originale avouée par l'auteur*, avec les 20 figures (non signées), de Gravelot.

286. LA PUCELLE D'ORLÉANS, poëme en vingt-un chants (par Voltaire), avec des notes, auquel on a joint plusieurs pièces qui y ont rapport. *A Londres (Paris, Cazin)*, 1780. 2 tomes en 1 vol. in-12, fig., mar. bleu, dos orné, plats à ornements dorés dans le genre du xviiie siècle, large dent. à l'int., tr. dor. (*Chambolle-Duru.*)

> Exemplaire, *tiré de format in-12*, et contenant outre le frontispice et les 21 jolies vignettes de Duplessis-Bertaux, la collection complète (RARISSIME) des vingt gravures libres de Marillier (*dite Suite Anglaise*).
>
> Cette jolie suite qui se compose d'un frontispice, d'un portrait et de 18 figures est ici en magnifiques épreuves et à toutes marges, c'est-à-dire avec les mots *Book I*, *Book II*, *etc.* dans l'extrémité de la marge du haut de chaque planche.

287. La Pucelle d'Orléans, poême en vingt-un chants,

par Voltaire. Edition ornée de figures gravées par les meilleurs artistes de Paris. *A Paris, de l'imprimerie de Didot jeune, an III* (1795). 2 vol. in-4, port. et fig., mar. vert, large dentelle sur les plats, doublé de tabis rose, dent. à l'int., tr. dor. (*Bozerian.*)

> Exemplaire en *grand papier vélin fort* dans une reliure ancienne de toute fraîcheur.
>
> Cette édition est ornée de 21 jolies figures de Lebarbier, Marillier et Monsiau, et d'un joli portrait de Jeanne d'Arc, dessiné et gravé par Gaucher.
> Elles sont ici AVANT LA LETTRE.

288. LES DEUX TONNEAUX, poème allégorique (par Piron.) *A Paris, chez Coustelier*, 1744. In-12, figure de Boucher, gravée par Duflos, broché.

> Édition originale.

289. L'ORIGINE DES PUCES. *A Londres (Paris)*, 1749. In-16, joli fleuron représentant un singe cherchant des puces à un tigre, et vignette en tête non signés, de 36 pp. de texte gravé, mar. brun, dos orné, fil., dent., tr. dor. (*Reliure ancienne.*)

> Joli exemplaire en *grand papier* relié sur brochure.

290. MON ODYSSÉE ou journal de mon retour de Saintonge. Poëme à Chloé (par Robbé de Beauvezet). *A la Haye*, 1760. In-8, cart. à la bradel toile, entièrement ébarbé. (*Fig.*)

> Volume orné de 4 fig. de l'amateur Desfriches, admirablement gravées par son ami Cochin.

291. LE DÉPIT ET LE VOYAGE, poëme avec des notes, suivi des Lettres Vénitiennes (par Bastide). *A Londres et se trouve à Paris, chez Costard*, 1771. Gr. In-8, fig. de Desrais, mar. bleu, dos orné, fil., dent. à l'int., tr. dor. (*Chambolle-Duru.*)

> Exemplaire *relié sur brochure* avec les 6 belles figures de Desrais AVANT LA LETTRE.

292. LE SEAU ENLEVÉ, poëme héroï-comique imité du
Tassoni, par Auguste C***. *A Paris, de l'imp. de
Didot l'aîné,* 1796. In-12, mar. rouge, dos orné, filets
et dent. sur les plats, dent. à l'int., tr. dor. (*Aux armes
de France.*)

Tiré à 250 exemplaires *sur papier vélin.*

293. LA CHANDELLE D'ARRAS, poëme en XVIII chants (par
l'abbé Du Laurens). Nouvelle édition précédée d'une
notice et ornée de 19 planches. *Paris, Egasse,* 1807.
In-8, 1 frontisp. et 18 fig. de Desrais, dem.-mar.
rouge avec coins, tranches ébarbées.

Exemplaire en GRAND PAPIER VÉLIN tiré de format in-8. C'est
le plus bel état des figures qui n'existent pas *avant la lettre.*

294. GRENOBLO MALHÉROU. A Monsieur ***. *A
Grenoble, de l'imprimerie d'André Faure,* 1733,
avec permission. In-4, de 26 pp., mar. vert, dos orné,
fil., dent., tr. dor. (*Chambolle-Duru.*)

RARISSIME ÉDITION ORIGINALE de ce charmant poème patois
qui manque à la plupart des collections dauphinoises.

Superbe exemplaire qu'accompagne la curieuse lettre autographe suivante : « *A Grenoble, ce* 15 *novembre* 1733. *Monsieur,
j'ai l'honneur de vous faire part d'une pièce nouvelle que l'on croit
ne pas céder au poème sur les réjouissances pour la naissance
de M. le Dauphin auquel vous donnâtes votre applaudissement.
L'auteur de ces deux pièces est un nommé Blanc, M*d *épicier
très commode de cette ville qui est impotant et rongé par la
gouthe* (sic) *à l'excès quoiqu'âgé seulement de* 46 *ans. Il détaille
nos malheurs dans cet ouvrage, d'une manière si naïve, que l'on
ne peut le lire qu'avec plaisir. L'exemplaire cy-joint est le premier qui sort de chés l'imprimeur. Je suis avec un très profond
respect....* DE LORME. »

295. POÉSIES EN PATOIS DU DAUPHINÉ. Grenoblo malhérou par Blanc, dit La Goutte. Dessins de D. Rahoult,
gravures de E. Dardelet. Préface de Georges Sand.

Grenoble, Rahoult et Dardelet, éditeurs, 1864. — Copie de la lettra et Jacquety de le Comare, par le même. *Grenoble, Rahoult et Dardelet,* 1874. Ensemble 3 parties avec glossaire et préface en 1 vol. gr. in 4, papier vélin, fig., mar. bleu, dos orné, dent. à l'int., tr. dor. (*Chambolle-Duru.*)

Charmante production dauphinoise devenue fort rare.

c. Poëmes didactiques et descriptifs du XVIIIe siècle.

296. Zélis au bain, poëme en quatre chants (par le Marquis de Pezay). *A Genève, s. d.* (1763). In-8, titre gravé et 43 pp., fig. d'Eisen, mar. vert, dos orné, fil., dent., tr. dor. (*Chambolle-Duru.*)

Exemplaire *en grand papier* de ce délicieux volume, dont Cohen déclare les illustrations « admirables. »

297. Zélis au bain, poëme en quatre chants (par le Marquis de Pezay.) *A Genève, s. d.* (1763). In-8 de 43 pp., fig., vign. et culs-de-lampe par Eisen, gravés par Alliamet, Lafosse, Lemire et de Longueil, mar. bleu, dos orné, fil., dent., tr. dor. (*Chambolle-Duru.*)

Autre exemplaire en *grand papier de Hollande.*

298. Narcisse dans l'isle de Vénus, poëme en quatre chants (par Malfilatre). *A Paris, chez Lejay* (1769). In-8, 1 charmant titre par Eisen, gravé par de Ghendt, et 4 fig. par Gabriel de Saint-Aubin, gravées par Massard, mar. bleu, dos orné, fil., dent. à l'int., tr. dor. (*Chambolle-Duru.*)

Belles épreuves.

299. LES BAINS DE DIANE, ou le Triomphe de l'Amour, poëme (par Desfontaines). *A Paris, chez J.-P. Costard*, 1770. Gr. in-8, titre par Marillier, gravé par de Ghendt, et 3 fig. par Marillier, gravées par Massard, Ponce et Voyez, mar. rouge, dos orné, fil., dent., tr. dor. *(Chambolle-Duru.)*

> Bel exemplaire, *relié sur brochure.*

300. LE TABLEAU DE LA VOLUPTÉ ou les quatre parties du jour. Poëme en vers libres par M. D. B. (Du Buisson). *A Cythère, au Temple du plaisir*, 1771. In-8, fig. d'Eisen, gravées par de Longueil, mar. bleu, dos orné, filets, dent., tr. dor. *(Chambolle-Duru.)*

> Exemplaire *relié sur brochure* de ce joli volume.

301. LES QUATRE HEURES de la toilette des dames, poëme érotique en quatre chants, dédié à Son Altesse Sérénissime Madame la Princesse de Lamballe, par M. de Favre. *A Paris, chez Jean-Franç. Bastien*, 1779. Gr. in-8, frontisp., vign., 4 figures et 4 culs-de-lampe par Le Clerc, gravés par Arrivet, Halbou, Legrand, etc., mar. vert, dos orné, fil., dent. à l'int., tr. dor. *(Chambolle-Duru.)*

> Exemplaire sur PAPIER DE HOLLANDE avec les figures de Le Clerc en belles épreuves.

302. LE JUGEMENT DE PARIS, poëme en IV chants, suivi d'œuvres mêlées. Nouvelle édition corrigée et augmentée, par M. Imbert. *Amsterdam (Paris)*, 1774. In-8, titre gravé et 4 grandes figures de Moreau, gravées par Moreau, Duclos, de Launay, Masquelier et Née, avec 4 jolies vignettes de Choffard, mar. vert, dos orné, fil., dent. à l'int., tr. dor. *(Chambolle-Duru.)*

> Exemplaire *relié sur brochure.*

3o3. Tangu et Félime, poëme en IV chants par M. de
La Harpe, de l'Académie Françoise. *A Paris, chez
Pissot,* 1780. Pet. in-8, titre gravé et 4 ravissantes
figures de Marillier, gravées par Dambrun, de Ghendt,
Halbou et Ponce, mar. vert, dos orné, filets dorés et
dent. à froid sur les plats, fil. à l'int. tr. dor. *(Vogel.)*

> Figures avant la lettre.
> Bel exemplaire en reliure ancienne auquel on a ajouté un
> joli port. de la Harpe, gravé par Migneret, d'après Ducreux.

3o4. La Harpe. Suite complète de 1 titre gravé par
Marillier en 1780 et de 4 très jolies figures par Maril-
lier, gravées par Dambrun, de Ghendt, Halbou et
Ponce, pour *Tangu et Félime. Paris, Pissot,* 1780.
Pet. in-8.

> Collection avant la lettre à toutes marges.

3o5. La Peinture, poëme en trois chants, par M. Le
Mierre. *A Paris, chez Le Jay, s. d.* In-4, titre gravé
avec un charmant portrait du grand Corneille, non
signé, et 3 belles figures de Cochin, gravées par
Ponce, Prévost et A. de Saint-Aubin, mar. vert, dos
orné, fil., dent., tr. dor. *(Chambolle-Duru.)*

> Exemplaire en grand papier de format in-4, avec les figures
> en PREMIER TIRAGE.

3o6. La Peinture, poëme en trois chants par M. Le
Mierre. *A Paris, chez Le Jay, s. d.* In-4, avec 1 joli
port. de Corneille dans un médaillon sur le titre gravé,
et 3 figures encadrées de Cochin, gravées par
Ponce, Prévost et Aug. de Saint-Aubin, dem.-rel.
mar. laval., tête dor., ébarb. *(Fig.)*

> Autre exemplaire en grand papier.

o7. La Peinture, poëme en trois chants par M. Le

Mierre. *A Paris, chez Le Jay, s. d.* In-8, titre gravé avec port. de Corneille, gravé par A. de Saint-Aubin, et 3 fig. de Cochin, gravées par Prévost, Ponce et Saint-Aubin, mar. bleu, dos orné, fil., dent., tr. dor. *(Chambolle-Duru.)*

308. LA DÉCLAMATION THÉATRALE, poëme didactique en trois chants, précédé d'un discours (par Dorat). *A Paris, de l'impr. de Séb. Jorry,* 1766, *avec privilège du Roi.* In-8, frontisp. et 3 fig. d'Eisen, gravés par de Ghendt, mar. bleu, dos orné, fil., dent., tr. dor. *(Chambolle-Duru.)*

Grand papier de Hollande.

309. LES SENS, poëme en six chants (par Du Rosoy). *A Londres (Paris),* 1766. In-8, 7 fig. d'Eisen et Wille, 6 vignettes et 2 culs-de-lampe, gravés par de Longueil, mar. vert, dos orné, fil., dent. à l'int., tr. dor. *(Chambolle-Duru.)*

Exemplaire sur PAPIER FORT.

310. L'AGRICULTURE, poëme (par M. de Rosset). *A Paris, de l'imprimerie royale,* 1774. In-4, avec 1 frontisp. de Saint-Quentin, gravé par Le Gouaz, 1 fleuron sur le titre et 2 vignettes dessinées et gravées par Marillier, 6 grandes figures de Loutherbourg, gravées par de Ghendt, Leveau, Lingée et Ponce, et 6 vignettes par Saint-Quentin, mar. rouge, dos orné, fil., dent. à l'int., tr. dor. *(Reliure ancienne.)*

C'est certainement l'un des livres les plus artistiques qu'ait produits le XVIIIe siècle.

Rare en pareille condition.

311. LES SAISONS, poëme (par Saint-Lambert). *A Amsterdam,* 1769. In-8, 5 fig. par Gravelot et Le Prince,

1 fleuron et 4 vignettes par Choffard, mar. vert, dos orné, fil., dent. à l'int., tr. dor. *(Chambolle-Duru.)*

312. LES SAISONS, poëme (par Saint-Lambert.) Septième édition. *Amsterdam*, 1775. Gr. in-8, fleuron, vignettes et figures de Moreau, mar. vert, dos orné, large dentelle sur les plats, dent. à l'int., doublé de tabis violet avec dent., tr. dor. *(Rel. par Lefebvre.)*

Rare en condition ancienne.

313. LES SAISONS, poëme par Saint-Lambert. *A Paris, de l'imprimerie de Didot l'aîné, l'an IV de la République,* 1796. Gr. in-4, papier vélin, avec 4 figures de Prudhon, Gérard et Chudi, dem.-rel. mar. lav. clair, avec coins, tranches ébarbées. *(Petit.)*

Exemplaire sur *grand papier vélin*, non rogné, avec les figures AVANT LA LETTRE.

314. LES SAISONS, poëme par Saint-Lambert. Nouvelle édition ornée d'une gravure. *A Paris, chez Janet et Cotelle,* 1823. Gr. in-8, dem.-mar. vert, entièrement ébarb. *(Thouvenin.)*

Exemplaire sur *grand papier vélin* une jolie figure de Desenne, gravé par Roger en double état : AVANT LA LETTRE SUR CHINE et EAU-FORTE *sur Chine.*

315. L'IMAGINATION, poëme par Jacques Delille. *A Paris, chez Giguet et Michaud,* 1806. 2 vol. gr. in-8, papier vélin, 6 figures de Lebarbier, Myris et Monsiau, gravées par Baquoy, Courbe, Delvaux et Trière, mar. rouge, dos orné, fil., dent. à l'int., tr. dor. *(Reliure ancienne.)*

Exemplaire sur *grand papier vélin* avec 6 jolies figures AVANT LA LETTRE. Cohen n'indique que 2 figures.

316. LES TROIS RÈGNES DE LA NATURE, par Jacques De-

lille, avec des notes par M. Cuvier. *A Paris, chez Nicolle, etc.*, 1808. 2 vol. gr. in-8, 5 figures de Mirys et Moreau, gravées par Baquoy, Ponce et Saint-Aubin, mar. bleu, dos orné, fil., dent. à l'int., tr. dor. *(Chambolle-Duru.)*

Exemplaire sur *grand papier vélin* relié sur brochure avec les figures AVANT LA LETTRE. Cohen n'indique que 2 figures.

317. DELILLE (Jacques). Suite de 16 vignettes in-8, dont 1 portrait et 1 frontispice d'après Moreau, Desenne, Déveria, Gérard et Girodet, pour les *Œuvres complètes. Paris, Michaud*, 1824. 16 vol. in-8.

Épreuves AVANT LA LETTRE SUR CHINE, de format gr. in-4.

318. LA NAVIGATION, poëme par Esménard. *A Paris, chez Giguet,* 1805. 2 vol. in-8, fig., veau racine, dos orné, fil., dent., tr. dor. *(Reliure ancienne.)*

Exemplaire sur *papier vélin* avec les 6 figures de Monsiau et Myris, gravées par Thomas et Couché AVANT LA LETTRE.

319. LA GASTRONOMIE, poëme par Berchoux, suivi des poésies fugitives de l'auteur. *Paris, Giguet et Michaud*, 1805. In-12, veau fauve, compart. dor. sur les plats, dent. à l'int., tr. dor., fig. *(Lefebvre.)*

Exemplaire sur *papier vélin* avec les figures de Myris et Monsiau, gravées par Baquoy, Delvaux, Delignon et Bovinet AVANT LA LETTRE.

320. LA DANSE ou les dieux de l'opéra, poëme par Berchoux. *Paris, Giguet et Michaud,* 1808. In-12, mar. rouge, dos orné, dent. sur les plats et à l'int., tr. dor., fig. *(Bradel.)*

Figure de Myris gravée par Baquoy AVANT LA LETTRE.

321. LE MÉRITE DES FEMMES et autres poésies par Gabriel

Legouvé. *A Paris, chez Ant.-Aug. Renouard*, 1813. In-12 , fig. de Moreau, Guerin et Desenne , mar. rouge, dos orné, fil., dent., tr. dor. *(Chambolle-Duru.)*

Exemplaire sur *papier vélin* avec les figures en double état *avec la lettre* et AVANT LA LETTRE. Ces dernières sont fort rares.

On y a joint avec un portrait de l'auteur et quelques pièces *avant la lettre*, une jolie petite réduction à claire-voie de la fig. de Moreau, gravée par Boscq en double état : AVANT LA LETTRE et EAU-FORTE.

322. POEMES ET OPUSCULES en vers et en prose, par M. Campenon. *Paris, Ladvocat*, 1823. 2 vol. in-12, fig., cuir de Russie, fil., dent., tr. dor. *(Thouvenin.)*

Exemplaire sur *grand papier vélin* avec les figures d'après Isabey, Picot et Ducis, en double état : AVANT LA LETTRE SUR CHINE et EAUX-FORTES.

d. FABLES, CONTES ET IDYLLES EN VERS.

323. FABLES ‖ CHOISIES ‖, MISES EN VERS ‖ par M. de La Fontaine. ‖ *A Paris,* ‖ *chez Claude Barbin, au Palais sur le Perron* ‖ *de la Sainte Chapelle.* ‖ *M.DC.LXVIII* (1668) ‖ *avec privilège du Roy.* In-4 de 28 ff. prél., 284 pp., 1 f. pour l'Epilogue et l'Extrait du Privilège, et 1 f. blanc, figures de Fr. Chauveau, réglé, mar. rouge, dos orné, compartiments de filets courbes et de filets droits à la Dusseuil, milieu à petits fers, large dent. à l'int., tr. dor. *(Chambolle-Duru.)*

ÉDITION ORIGINALE des six premiers livres.

Bel exemplaire, grand de marges , dans une riche reliure (H^r : 222^mm.)

324. Fables nouvelles et autres poésies, par M. de La Fontaine. *A Paris, chez Claude Barbin*, 1671. In-12 de 12 ff. prélim. et 184 pp. avec fig. de Chauveau, mar. rouge, dos orné, fil., dent., tr. dor. *(Chambolle-Duru.)*

Ce volume, dédié au Comte de Guise, contient huit nouvelles fables avec des vignettes de Chauveau, le *Songe de Vaux*, déjà publié dans le Recueil de 1667, la seconde édition d'*Adonis* et un certain nombre d'autres poésies.

325. FABLES CHOISIES, MISES EN VERS par M. de La Fontaine et par luy reveuës, corrigées et augmentées. *A Paris, chez Denys Thierry et Claude Barbin*, 1678-1694, *avec privilège du Roy*. 5 vol. in-12, fig., mar. rouge, dos orné, fil., dent., tr. dor. *(Duru et Chambolle, 1863.)*

Première et seule édition originale complète publiée du vivant de l'auteur.

Le tome I est de la bonne date, c'est-à-dire avec les armes du Dauphin sur le titre, mais sans l'errata. — Le tome II contient l'Extrait du Privilège du Roy à la date du 18 septembre 1692. — Les tomes III et IV sont entièrement de bonne date et avec les cartons indiqués par Brunet. — Le tome V est du troisième tirage sous la date de 1694.

Exemplaire du Baron Pichon.

326. FABLES CHOISIES, MISES EN VERS par Jean de La Fontaine. *A Paris, chez Desaint et Saillant, rue Saint-Jean-de-Beauvais, et chez Durand, rue du Foin*, 1755, *de l'impr. de Charles-Antoine Jombert*. 4 vol. gr. in-fol., frontisp. et fig. d'Oudry, mar. rouge, dos orné, filets, dent. à l'int., tr. dor. *(Chambolle-Duru.)*

Exemplaire en grand papier de hollande de ce magnifique ouvrage, qui passe à juste titre pour l'œuvre la plus parfaite du xviiie siècle.

PREMIER TIRAGE, particulièrement beau d'épreuves,

avec la remarque du Tome III, Fable clxxii, le Singe et le Léopard, où la première figure doit être avant les mots « *Le Léopard* » sur l'enseigne.

On y a joint le magnifique portrait d'Oudry, peint par Largillière en 1729 et gravé par Tardieu, qui manque à la presque totalité des exemplaires.

327. Fables choisies, mises en vers par J. de La Fontaine. Nouvelle édition gravée en taille douce, les figures par le Sr Fessard, le texte par le Sr Montulay ; dédiées aux enfans de France. *A Paris, chez l'auteur graveur ordinaire du cabinet du Roy*, 1765-1775, 6 vol. in-8, texte gravé, titres, frontispices et vignettes de Loutherbourg, Monnet, etc., mar. rouge, dos orné, dentelle à l'int., gardes en papier doré, tr. dor. *(Reliure ancienne.)*

> Premier tirage avec la mention de « *chez l'auteur* » au lieu de celle de « *Deslauriers, papetier* » sur les titres.

328. FABLES DE LA FONTAINE, avec figures (dessinées par Vivier), gravées par Simon et Coiny. *A Paris, de l'imprimerie de Didot l'aîné*, 1787, 6 vol. in-18, fig., mar. vert, dos orné, dent. sur les plats et à l'int., tabis., tr. dor. *(Reliure ancienne.)*

> Charmant exemplaire sur papier vélin avec les figures AVANT LES NUMÉROS.
> Très rare et de toute fraîcheur.

329. La Fontaine (J. de). Suite complète de 60 figures in-12, d'après Ransonnette et autres pour les *Fables, Paris, Nepveu*, 1819-21.

> Épreuves avant la lettre et EAUX-FORTES, de format in-8.

330. Poëme du Quinquina et autres ouvrages en vers, par M. de La Fontaine. *A Paris, chez Denis Thierry*

et Claude Barbin, 1682. In-12 de 2 ff. prélim. et 242 pp., mar. vert jans., dent. à l'int., tr. dor. (*Hardy-Mennil.*)

ÉDITION ORIGINALE qui renferme pour la première fois, avec le Poëme du Quinquina, la Matrone d'Ephèse, Belphégor et les deux opéras Galatée et Daphnis.

331. LES ŒUVRES POSTUMES (*sic*) de Monsieur de La Fontaine. *A Paris, chez Guillaume de Luyne*, 1696. In-12, mar. brun jans., dent. à l'int., tr. dor. (*Hardy-Mennil.*)

ÉDITION ORIGINALE donnée par Madame Ulrich.
Elle contient sept fables nouvelles, le comte du Quiproquo et autres pièces jusqu'alors inédites.

332. L'ESOPE FRANÇOIS (et l'Esope du temps), fables nouvelles par M. L. S. Desmay, avec des figures en tailles douces. *S. l. (Paris), chez la veuve de Fr. Clousier et Pierre Bienfait*, 1678. 2 parties en 1 vol. pet. in-12 de 134 et 108 pp., outre les prélim. et la table, fig., mar. vert, dos orné, plats couverts d'une large dentelle à la Derome, dent. à l'int., tr. dor. (*Reliure ancienne.*)

333. FABLES NOUVELLES dédiées au Roy, par M. de La Motte, de l'Académie Françoise, avec un discours sur la Fable. *A Paris, chez Grégoire Dupuis*, 1719. Gr. in-4, avec 1 frontisp. de Coypel, gravé par Tardieu, 1 vignette de Vleughels, gravée par Simoneau, et 100 en-tête de Gillot, Coypel, Edelinck, Bernart Picard et Ranc, mar. rouge, dos orné, fil. à froid dent. à l'int., tr. dor. (*Reliure ancienne.*)

Exemplaire en GRAND PAPIER et magnifique d'épreuves de cette belle édition.

334. FABLES NOUVELLES (par Dorat). *A La Haye,
et se trouve à Paris, chez Delalain, rue de la Comédie-
Françoise*, 1773. 2 tomes dont la pagination se suit,
en 1 vol. in-8, 2 frontisp., 1 fig., 1 fleuron, 99
vignettes et 99 culs-de-lampe de Marillier, mar. rouge,
dos orné, filets et compart. dorés sur les plats, dent.
à l'int., tr. dor. *(Lortic.)*

« Cet ouvrage, qui rivalise de perfection avec les Baisers, dit
Cohen, est le chef-d'œuvre de Marillier, sous le rapport de la
finesse de l'exécution et de l'esprit qui règne dans tous les
jolis sujets dont il est orné. »

Superbe exemplaire sur GRAND PAPIER (Hr : 216mm).

335. FABLES PAR M. BOISSARD. Nouvelle édition augmentée, avec figures. *A Paris, chez Pissot*, 1779. 2
vol. in-8, 2 fleurons, 9 fig. et 2 culs-de-lampe de
Monnet, mar. vert, dos orné, filets sur les plats, dent.
à l'int., tr. dor. *(Reliure ancienne.)*

Exemplaire sur *grand papier de Hollande* dans une belle
reliure ancienne.

33 FABLES DE FLORIAN. *A Paris, de l'imprimerie de
Guilleminet, an IX.* 1 vol. in-18, port. et fig. de
Flouest, gravées par Gaucher, de Longueil, etc., mar.
rouge, dos orné, large dent. sur les plats, tr. dor.
(Bozérian.)

Exemplaire sur *papier vélin.*

337. CONTES ET NOUVELLES EN VERS de
Monsieur de La Fontaine. Nouvelle édition enrichie de
tailles-douces. *A Amsterdam, chez Henry Desbordes,*
1685. 2 tomes en 1 vol. in-12, fig. de R. de Hooge,
mar. citron jans., dent. à l'int., tr. dor. *(Trautz-
Bauzonnet.)*

PREMIER TIRAGE et superbes épreuves des eaux-fortes grotesques et expressives de Romain de Hooge. Hr : 157mm.

Il y a au moins trois éditions de ce livre sous la même date et avec les mêmes figures, mais la première mérite seule d'être recherchée parce qu'elle contient les premières épreuves des gravures et qu'elle est en outre la mieux imprimée des trois. (*Brunet*, iii, 758.)

338. Contes et nouvelles en vers par M. de La Fontaine. *A Amsterdam (Paris, David jeune),* 1743. 2 tomes en 1 vol. pet. in-8, 2 fleurons et 69 vignettes de Cochin, gravées par Chedel, Fessard et Ravenet, mar. rouge, dos orné, fil., dent., tr. dor. *(Chambolle-Duru.)*

Exemplaire de premier tirage, sans le frontispice qui ne se rencontre que dans les éditions postérieures.

339. CONTES ET NOUVELLES EN VERS par M. de La Fontaine. *A Amsterdam (Paris, Barbou),* 1762. 2 vol. in-8, port. et fig. d'Eisen, mar. rouge, dos orné, large dentelle sur les plats, doublé de tabis bleu, dent. à l'int., tr. dor. *(Reliure ancienne.)*

Très bel exemplaire de présent dans une riche reliure ancienne de l'édition des FERMIERS GENÉRAUX.

Toutes les figures et chaque page de ce joli ouvrage ont été avant la reliure entourées, avec le plus grand soin, d'un double filet noir et rouge, qui donne aux épreuves, remarquables du reste, un brillant extraordinaire.

Les deux portraits de Lafontaine et d'Eisen, si délicatement gravés par Ficquet, sont ici particulièrement beaux d'épreuves.

Exemplaire de premier tirage avec le Cas de Conscience et le Diable de Papefiguières *couverts* comme dans tous les exemplaires dits *de présent*, les premiers mis en circulation.

Le port. de Choffart (qui termine l'ouvrage) est avec la tablette blanche, c'est-à-dire du plus bel état.

340. CONTES ET NOUVELLES EN VERS par Jean de La Fontaine. *A Paris, de l'imprimerie de P. Didot l'aîné, l'an III de la République,* 1795. 2 vol. gr. in-4, papier vélin, figures, dem.-rel. mar. rouge, dos orné, avec coins, tête dor., ébarb. *(R. Petit,)*

La plus belle édition des Contes de Lafontaine, avec les

20 magnifiques figures de Fragonard, Mallet et Touzé, gravées par Dambrun, Delignon, Dupréel, Lingée, Patas, Simonet, Tilliard et Trière.

Bel exemplaire dont 3 figures (la 3ᵉ de Joconde, la Fiancée du Roi de Garbe et le Baiser rendu) sont AVANT LES NUMÉROS.

341. CONTES ET NOUVELLES EN VERS par Jean de La Fontaine. *A Paris, de l'imprim. de Didot l'aîné, an III* (1795). 2 tomes en 4 vol. in-18, port. et fig., mar. rouge, dos orné, large dent. sur les plats et à l'int., tr dor. *(Bozérian.)*

Joli exemplaire sur *papier vélin fort*, avec 1 port. et 80 figures de Desenne, gravées par Adam, Courbe, Simonet, etc., AVANT LA LETTRE, dont un très grand nombre en deux états : *couvertes* et *découvertes*.

342. LA FONTAINE. Suite complète de 1 port. de La Fontaine, d'après celui des Fermiers-Généraux, avec la fable du Loup et de l'Agneau, dans le bas, et de 24 figures, de format pet. in-12, d'après Desrais, gravées par Aveline, Delvaux, Deny, Groux, etc., pour les *Contes. Paris, Cazin,* 1780.

Charmante suite à toutes marges.

343. LE JOUJOU DES DEMOISELLES. *S. l. (Paris,* 1752*).* In-8, titre gravé, frontisp., et 57 ff. de texte avec autant de vignettes à mi-page d'Eisen, mar. rouge, dos orné, fil., dent. à l'int., tr. dor. *(Chambolle-Duru.)*

LIVRE RARE ET RECHERCHÉ.

Le titre gravé est AVANT LES MOTS « *avec de nouvelles gravures* », et toutes les figures (au nombre de 57) sont AVANT LES NUMÉROS, ordinairement placés entre parenthèses dans le haut de la page.

344. HISTORIETTES OU NOUVELLES EN VERS, par M. Imbert. *A Amsterdam, et se trouve à Paris, chez Dela-*

lain, 1774. In-8, titre, figure et 4 vignettes par Moreau, gravées par Masquelier et Née, mar. vert, dos orné, fil., dent. à l'int., tr. dor. *(Chambolle-Duru.)*

345. RECUEIL DES MEILLEURS CONTES EN VERS par M. de La Fontaine, Voltaire, Vergier, Senecé, Perrault, Moncrif, Grécourt, Piron, Dorat, etc. *A Londres (Paris, Caʒin),* 1778, port. et fig., 4 vol. in-18, mar. orange, dos orné, filets sur les plats, large dent. à l'int., tr. dor. *(Lortic.)*

> Très bel exemplaire de ce charmant recueil, si recherché des amateurs. « Les vignettes sont ravissantes, dit Cohen, malheureusement ce joli ouvrage a été tiré sur un papier tellement court que, relié, il n'a presque plus de marge, notamment sur les côtés. »
>
> LE NOTRE EST ABSOLUMENT RELIÉ SUR BROCHURE, ce qui est fort rare, et il présente en outre cette particularité curieuse d'être un des 60 premiers exemplaires tirés. Ils sont reconnaissables à ce qu'au Tome II la vignette de la *Courtisane amoureuse* se trouve à la page 119 et celle de *Nicaise* à la page 105, ce qui devrait être absolument le contraire. Hʳ: 127ᵐᵐ ; largeur : 76ᵐᵐ.
>
> Ex libris GEORGES DANYAU.

346. LE FOND DU SAC, ou restant des babioles de M. X*** (Nogaret). *A Venise, cheʒ Pantalon-Phébus (Paris, Caʒin),* 1780. 2 vol. in-18, mar. viol., fil. à froid, dent., tr. dor. *(Vign. de Duplessis-Bertaux.)*

> Manque le frontispice.

347. LES PLAISIRS DE L'AMOUR ou recueil de contes, histoires et poëmes galans. *Cheʒ Apollon, au Mont-Parnasse,* 1782. 3 tomes en 1 vol. in-16, avec 1 frontisp. et 17 jolies figures non signées, mar. bleu, dos orné, fil., dent. à l'int., tr. dor. *(Chambolle-Duru.)*

> Exemplaire RELIÉ SUR BROCHURE.

348. Idylle (de Berquin). *S. l. n. d.* Brochure grand in-8 de 8 pages, texte gravé, avec 1 charmante vignette et 1 joli cul-de-lampe de Marillier, gravés par Gaucher en 1779.

> Exemplaire EN FEUILLE *avec marges intactes* de cette pièce rare.

349. IDYLLES par M. Berquin. *A Paris, chez Ruault,* 1775. 2 vol. in-16, 1 frontisp. dessiné et gravé par Marillier, et 24 figures d'une grâce ravissante par Marillier, gravées par Gaucher, de Ghendt, De Launay, Masquelier, Née, etc., mar. bleu, dos orné, filets et compartiments dorés XVIIIe siècle sur les plats, dent. à l'int., tr. dor. *(Chambolle-Duru.)*

> Bel exemplaire sur *papier de Hollande* avec la suite complète des figures de Marillier en double état : AVEC LES NUMÉROS et AVANT LES NUMÉROS.

350. Idylles et Romances de Berquin, suivies de Pygmalion, scène lyrique et ornées de nouvelles gravures. *De l'imprimerie de Guilleminet, à Paris, chez Gabriel Dufour et à Amsterdam, an X* (1801). 2 tomes en 1 vol. in-18, fig., mar. bleu, dos orné, fil., dent., tr. dor. *(Chambolle-Duru.)*

> Exemplaire *relié sur brochure* avec les 29 figures de Borel (19 pour les Idylles et 10 pour les Romances) gravées par Delignon, Dupréel, Guttemberg,. Halbou, de Longueil, etc., AVANT LES NUMÉROS.

351. Idylles, romances et autres poésies de Berquin. *A Paris, chez Ant.-Aug. Renouard, an XI* (1803). In-12, fig., mar. citron, dos orné, fil. et compart. sur les plats, dent. à l'int., tr. dor.

> Exemplaire sur *papier vélin* avec 2 frontisp. de Monsiau et Marillier et 38 figures de Borel, Lebarbier, Marillier, Monsiau et Moreau AVANT LA LETTRE.

352. SATYRE CONTRE LES CHARLATANS, et pseudo-médecins empyriques, en laquelle sont amplement descouvertes les ruses et tromperies de tous Thériacleurs, Alchimistes, Chimistes, etc., et telle pernicieuse engeance d'imposteurs. En laquelle sont réfutées les erreurs des Iatromages, ou médecins magiciens qui usent de charmes... et autres diaboliques remèdes en la cure des maladies, par Me Thomas Sonnet, sieur de Courval, gentilhomme Virois. *A Paris, chez Iean Milot*, 1610. In-8, mar. vert, dos orné, fil., dent., tr. dor. *(Chambolle-Duru.)*

> Curieuse et rare satire en prose mêlée de vers, avec un beau portrait de Nic. de Pelve, comte de Flers, auquel l'ouvrage est dédié.

353. LES TRAGIQUES, donnez au public par le larcin de Promesthée (par Agrippa d'Aubigné). *Au Déʒert, (Genève), par L. B. D. D.*, 1616. In-4, mar. bleu jans., doublé de mar. rouge, large dentelle XVIIe siècle, tr. dor. *(Thibaron.)*

ÉDITION ORIGINALE.

354. LES ENLUMINURES du fameux almanach des P. P. Jésuites, intitulé la déroute et la confusion des Jansénistes ou triomphe de Molina, jésuite sur S. Augustin, avec la Réponse à la Lettre d'une personne de condition, du 24 mars 1654 (104 pp.), et la Lettre écrite à une personne de condition, 1654 (15 pp.). *S. l. n. d.*

(Paris, 1654*).* In-8, mar. rouge, dos orné, fil., dent., tr. dor., fig. *(Chambolle-Duru.)*

> Avec la grande figure pliée représentant : *La Déroute et Confusion des Jansénistes.*
> L'auteur de cet ouvrage est Le Maistre de Sacy.

355. La Rome ridicule, caprice (par le Sieur de Saint-Amant). *S. l. n. d.* Pet. in-4 de 55 pp., caract. ital., mar. rouge, dos orné, fil. et comp. à la Dusseuil, dent. à l'int., tr. dor. *(Chambolle-Duru.)*

> Édition originale.

356. Les Satyres du Sieur Regnier, reveuës et augmentées de nouveau. Dédiées au Roy. *A Paris, chez Toussaincts Du Bray,* 1613, *avec privilège du Roy.* Pet. in-8, mar. bleu jans., large dent. à l'int., tr. dor. *(Cuzin.)*

> Rare et précieuse édition, la dernière publiée du vivant de l'auteur.

357. LES SATYRES et autres œuvres du sieur Regnier. Augmentés de diverses Pièces cy-devant non imprimées. *A Leiden, chez Jean et Daniel Elsevier,* cIɔ Iɔc LII (1652). Pet. in-12 de 4 ff. prélim., 202 pp., 2 ff. de table et 1 f. blanc, mar. bleu, dos orné, filets et compart. dorés sur les plats, dent. à l'int., tr. dor. *(Trautz-Bauzonnet.)*

> Première édition complète donnée par les Elzéviers, et dans laquelle on trouve pour la première fois la dix-neuvième satire.
> Bel exemplaire de *Firmin Didot.* Hr : 124mm.

358. LES SATYRES et autres œuvres du sieur Regnier. Augmentés de diverses Pièces cy-devant non imprimées. *A Leiden, chez Jean et Daniel Elsevier,* cIɔ Iɔc LII. (1652). Pet. in-12 de 4 ff. prél., 202 pp.

de texte, 2 ff. pour la table et 1 f. blanc, mar. rouge,
dos orné, fil., doublé de marocain bleu, large dentelle,
tr. dor. *(Chambolle-Duru.)*

Autre exemplaire très grand de marges et parfaitement conservé de cette excellente édition. Hr : 127mm.

359. SATYRES ET AUTRES œUVRES de Régnier, accompagnées de remarques historiques (par Brossette). Nouvelle édition considérablement augmentée. *A Londres,
chez Jacob Tonson,* 1733. In-4, texte encadré, frontisp.
par Natoire, gravé par L. Cars ; fleuron, vignettes et
culs-de-lampe par Boucher et Natoire, gravés par
Cochin, mar. rouge ancien, dos orné, fil., dent. à l'int.,
tr. dor. *(R. Petit.)*

360. SATIRES DU SIEUR D*** (Nic. Boileau Despréaux). *A
Paris, chez Louis Billaine, Denys Thierry, Fréd.
Léonard et Claude Barbin,* 1668. In 8 de 1 frontisp.
gravé, 4 ff. prélim., 76 pp., 1 f. pour le privilège, 1 f.
blanc et 6 ff. non chiffrés pour le Discours sur la Satire, mar. rouge, dos orné, fil., dent. à l'int., tr. dor.
(Chambolle-Duru.)

TROISIÈME ÉDITION ORIGINALE et la première contenant les
Satires VIII et IX ainsi que le Discours sur la satire.
Hr : 180mm.

361. LA SATIRE DES SATIRES, comédie par Monsieur
Boursault. *A Paris, chez Gabriel Quinet,* 1669. In-12
de 6 ff. prélim. et 60 pp., mar. vert jans., dent. à
l'int., tr. dor. *(Trautz-Bauzonnet.)*

Édition originale

362. SATYRES NOUVELLES (par Senecé). *A Paris, chez
Pierre Aubouyn,* 1695. In-12 de 2 ff. prélim., 66

pages de texte et 1 f. pour le privilège, mar. rouge, dos orné, fil., dent., tr. dor. *(Chambolle-Duru.)*

Édition originale.

363. L'Eschole de Salerne en vers burlesques, & duo poemata macaronica de bello.Huguenotico (par Remy Belleau), et de gestis magnanimi et prudentissimi Baldi (par Théophile Folengo). *Suivant la copie imprimée à Paris [Leyde, Elzevier], 1651. Pet. in-12 de 139 pp., mar. rouge jans., dent. à l'int., tr. dor. [Thibaron-Joly.]*

Une des plus rares et certainement la plus élégante des productions des presses elzéviriennes de Leyde, selon M. Willems. Hr : 120mm.

364. Le Virgile travesty en vers burlesques, de Monsieur Scarron. Dédié à la Reyne. A la Sphère. *Suivant la copie imprimée à Paris (Hollande, Elzevier),* 1650-51. 2 tomes en 1 vol. pet. in-12, marocain orange, dos orné, fil., dent., tr. dor. *(Chambolle-Duru.]*

365. LE CABINET SATYRIQUE ou recueil parfait des vers piquans et gaillards de ce temps. Tiré des secrets cabinets des Sieurs de Sigognes, Régnier, Motin, Berthelot, Maynard et autres des plus signalés poètes de ce siècle. Dernière édition. *A la Sphère. S. l. (Hollande, Elzevier),* 1666. 2 tomes en 1 vol. pet. in-12, mar. rouge, dos orné, fil., dent., tr. dor. *[Trautz-Bauzonnet.]*

Très bel exemplaire. Hr : 123mm.

366. Les Avantures de Monsieur d'Assoucy. *A Paris, chez Claude Audinet*, 1677. 2 tomes en 1 vol. in-12,

port., mar. rouge, dos orné, fil., dent., tr. dor. *(Chambolle-Duru.)*

Édition originale.

367. LES AVANTURES D'ITALIE de Monsieur d'Assoucy. *A
Paris, de l'impr. d'Ant. de Rafflé,* 1677. In-12, mar.
orangé, dos orné, fil., dent., tr. dor. *(David.)*

ÉDITION ORIGINALE antérieure de deux ans à celle citée par
Brunet.

368. RECUEIL DIT DE MAUREPAS, pièces libres, chansons,
épigrammes et autres vers satiriques sur divers personnages des siècles de Louis XIV et de Louis XV, accompagnés de remarques curieuses du temps; publiés pour
la première fois d'après les manuscrits conservés à la
Bibliothèque Impériale, à Paris, avec notices, tables,
etc. *Leyde (Paris, Poulet Malassis)*, 1865. 6 vol.
pet. in-12, papier de Hollande, mar. brun, dos orné,
filets à froid avec coins et milieu doré, dent. à l'int., tr.
dor. *(Smeers.)*

369. ŒUVRES POISSARDES DE J.-J. VADÉ, suivies de celles
de l'Ecluse; édition tirée à 300 exemplaires, dont 100
sur grand papier avec figures imprimées en couleur. *A
Paris, de l'imprimerie de Didot le Jeune, l'an IV*
(1796). Gr. in-4, figures de Monsiau gravées par Clément, cart. à la bradel, non rogné.

Bel exemplaire, *absolument non rogné*, et en GRAND PAPIER
VÉLIN avec les 4 belles figures coloriées de Monsiau
AVANT LA LETTRE, c'est-à-dire avant l'indication du
livre au-dessous de chaque planche.

370. ŒUVRES POISSARDES DE J.-J. VADÉ et de l'Ecluse. *A
Paris, de l'imprim. de Didot jeune, chez Defer De
Maisonneuve et Josse, an IV* (1796). Pet. in-12,

port. et fig., mar. orange, dos orné, fil., dent. à l'int., tr. dor. *(Chambolle-Duru.)*

PAPIER VÉLIN.

Jolie petite édition, devenue rare, avec 1 portrait de Vadé et 4 figures AVANT LA LETTRE, de Monsiau, non signées, mais réduites d'après celles de l'édition ci-dessus.

371. PORTEFEUILLE VOLÉ, contenant : 1⁰ le Paradis perdu ; 2⁰ les Déguisements de Vénus ; 3⁰ les Galanteries de la Bible (par Evariste Parny). *A Paris, au Magazin de Librairie (chez Debray)*, 1805. In-12 de 246 pages, veau fauve, dos orné, fil., dent. à l'int., tr. dor. *(Trautz-Bauzonnet.)*

PAPIER VÉLIN, avec 1 portrait de Parny, gravé par Gaucher.

f. CHANSONS.

372. ANTHOLOGIE FRANÇOISE, ou chansons choisies depuis le 13ᵉ siècle jusqu'à présent (publiée par Monnet). *S. l. (Paris)*, 1765. 3 vol. — Choix de Chansons Joyeuses, supplément à l'anthologie (par Collé). *A Paris, à Londres et à Ispahan seulement, s. d.*, in-8. Ensemble 4 vol. in-8, fig., mar. rouge, dos orné, fil., dent., tr. dor. *(Reliure ancienne.)*

Exemplaire très frais avec 1 port. de Monnet, par Cochin, gravé par Saint-Aubin, 3 fig. de Gravelot gravées par Le Mire, et un titre du même gravé par Née.

Rare en condition ancienne

373. CHOIX DE CHANSONS mises en musique par M. de La Borde, premier valet de chambre ordinaire du Roi, gouverneur du Louvre, ornées d'estampes par J.-M. Moreau, dédiées à Madame la Dauphine. *A*

Paris, chez de Lormel, 1773, avec aprobation (sic) *et privilège du Roi. Gravées par Moria et Mlle Vendôme.* 4 tomes en 2 vol. in-8, titres gravés, port. de Laborde et fig., mar. rouge, dos orné, riche dentelle genre Derome à petits fers sur les plats, dent. à l'int., tr. dor. *(Capé.)*

SUPERBE EXEMPLAIRE, très grand de marges et magnifique d'épreuves, de ce bel ouvrage qui passe à juste titre pour le chef-d'œuvre de Moreau et l'un des livres les plus parfaits du XVIIIe siècle par la grâce des sujets et la variété des costumes qui y sont représentés.

On y a joint le rare PORTRAIT DE LA BORDE, *dit à La Lyre*, dessiné par Denon et gravé par Masquelier en 1774. H^r : 246^mm.

374. LES A-PROPOS DE SOCIÉTÉ ou chansons de M. L. *(Paris)*, 1776. 2 vol. in-8. — LES A-PROPOS DE LA FOLIE ou chansons grotesques, grivoises et annonces de parade, par M. de Laujon. *(Paris)*, 1776. 1 vol. in-8. En tout 3 vol. in-8, marocain bleu, dos orné, fil., dent., tr. dor., fig. *(Chambolle-Duru.)*

Exemplaire RELIÉ SUR BROCHURE avec les frontisp. et les fig. de Moreau, grav. par Delaunay, Duclos, Martini et Simonet.

« Les illustrations de ces deux ouvrages, dit Cohen, sont d'une beauté et d'une grâce ravissante. »

375. ROMANCES PAR BERQUIN. *S. l. n. d. (Paris, Ruault,* 1776.) Pet. in-8, titre gravé et figures, mar. bleu, dos orné, fil., dent., tr. dor. *(Chambolle Duru.)*

Exemplaire *absolument non rogné*, et sur GRAND PAPIER VÉLIN avec 1 titre gravé par Ponce et 4 figures de Marillier, gravées par De Launay AVANT LES NUMÉROS. H^r : 175^mm.

Cette édition a dû précéder celle qui, avec un titre imprimé, contient de plus que celle-ci deux romances nouvelles et 6 ff. de musique. L'avis au relieur a été conservé.

376. ROMANCES PAR BERQUIN. *S. l. n. d. (Paris, Ruault,*

1776*). Pet. in-8, titre gravé et figures, mar. bleu, dos orné, fil., dent., tr. dor. *(Chambolle-Duru.)*

Autre bel exemplaire sur *grand papier vélin* de la même édition.

377. ROMANCES par M. Berquin. *A Paris, chez Ruault,* 1776. Pet. in-8, avec 1 frontisp. et 6 charmantes figures de Marillier gravées par De Launay, De Ghendt, Née et Ponce, avec 6 ff. de musique gravée, mar. bleu, dos orné, fil., dent. à l'int., tr. dor. *(Chambolle-Duru.)*

Papier de Hollande avec les figures AVANT LES NUMÉROS.

378. CHANSONS NOUVELLES de M. de Piis, écuyer. Dédiées à Monseigneur le Comte d'Artois. *A Paris, de l'impr. de Pierres,* 1785, *avec approbation et privilège du Roi.* In-18, fig., mar. bleu, dos orné, fil., dent., tr. dor. *(Chambolle-Duru.)*

Exemplaire RELIÉ SUR BROCHURE de ce volume rare, auquel on a joint le portrait de Piis, d'après François, et qui renferme avec un frontispice-dédicace de Choffard, 12 charmantes figures par Lebarbier, gravées par Gaucher. H^r : 158mm.

379. CHANSONS MADÉCASSES, trad. en françois et suivies de poésies fugitives par M. le Chevalier de P..... (Parny). *A Londres et se vend à Paris,* 1787. Pet. in-12, dem.-rel. mar. bleu, tête dor., ébarb.

Édition originale.

380. RECUEIL DE CHANSONS. Chanson en patois de Grenoble, etc. (par Ménilgrand). *S. l. n. d. (Grenoble, Allier, vers* 1805*).* In-8 de 4 pp., dem.-rel. mar. rouge, avec coins, tête dor., ébarb.

Ménilgrand, auteur patois de la fin du xviiie siècle, est né à Voreppe, près Grenoble.

4. POÈTES ITALIENS, ANGLAIS ET ALLEMANDS.

381. ROLAND FURIEUX, poême héroïque de l'Arioste, traduction nouvelle par M. d'Ussieux. *A Paris, chez Brunet,* 1775-1783. 4 vol. gr. in-8, port. et fig., mar. rouge, dos orné, dentelle sur les plats et à l'int., tr. dor. *(Simier.)*

> EXEMPLAIRE DE TOUTE FRAICHEUR avec 1 port. par Eisen gravé par Ficquet et 92 fig de Cipriani, Cochin, Eisen, Greuze, Monnet et Moreau AVANT LA LETTRE.
>
> On y a joint une belle épreuve à toutes marges et AVANT TOUTE LETTRE du portrait d'Arioste.

382. ARIOSTE. Suite complète de 1 portrait d'après Le Titien, dessiné par Eisen et gravé par Ficquet, et de 46 figures par Cipriani, Cochin, Eisen, Greuze, Monnet et Moreau, gravées par Bartholozzi, Choffard, Duclos, De Ghendt, de Launay, de Longueil, Ponce, etc., pour le Roland furieux, *Baskerville,* 1773. 4 vol. gr. in-8.

> Marges in-folio.

383. LA GERUSALEMME LIBERATA di Torquato Tasso. *In Parigi, appresso Delalain, Durand et Molini,* 1771. 2 vol. gr. in-8, papier de Hollande, 2 frontisp. avec portraits, 2 titres gravés, 20 figures, 23 culs-de-lampe et 20 vignettes avec portraits, le tout par Gravelot, veau écaille, dos orné, fil., dent., tr. dor. *(Reliure ancienne.)*

384. LA JÉRUSALEM DÉLIVRÉE, en vers françois par Baour-Lormian. *A Paris, de l'imprimerie de Didot l'aîné, an IV* (1796). 2 tomes en 1 vol. in-4,

papier vélin, fig., mar. bleu, dos orné, fil., dent. à l'int.,
tr. dor. *(Chambolle-Duru.)*

> Exemplaire sur PAPIER VÉLIN et relié sur brochure avec 1
> frontispice et 40 figures de Cochin, gravées par Dambrun, de
> Launay, Duclos, Ponce, etc. Épreuves du deuxième état *avec
> la légende en italien* dans la bordure.
>
> On y a joint VINGT-ET-UNE FIGURES AVANT LA LETTRE dont
> quelques-unes en double ou en triple état sur Chine, avant
> toute lettre ou avec les noms à la pointe, et NEUF EAUX-
> FORTES de la plus grande rareté.
>
> En tout 1 frontispice et 74 figures.

385. JÉRUSALEM DÉLIVRÉE, poëme traduit de l'italien;
nouvelle édition précédée de la vie du Tasse (par
M. Suard). *A Paris, de l'imprimerie de Bossange
et Masson*, 1811. In-fol., papier vélin, à deux colonnes, dem.-rel. mar. rouge, ébarb. *(Reliure de
l'époque.)*

> Grand papier vélin.

386. JÉRUSALEM DÉLIVRÉE, poëme traduit de l'italien;
nouvelle édition revue et corrigée, enrichie de la vie
du Tasse. *A Paris, chez Bossange*, 1810, 2 vol. in-8,
port. et fig., mar. vert, dos orné, fil., milieu et compart.
sur les plats, dent. à l'int., tr. dor. *(Bruyère.)*

> Exemplaire sur *papier vélin* avec les figures de Chasselat
> AVANT LA LETTRE.

387. JÉRUSALEM DÉLIVRÉE, poëme traduit de
l'italien; nouvelle édition revue et corrigée, enrichie de
la vie du Tasse. *A Paris, chez Bossange et Masson*,
1814. 2 vol. gr. in-8, mar. rouge, dos orné, fil., dent.,
tr. dor. *(Chambolle-Duru.)*.

> *Grand papier vélin* avec un port. par Chasselat, gravé par
> Delvaux et 20 figures de Le Barbier, gravées par Thomas, de
> Ghendt, Dupréel, etc., AVANT LA LETTRE.
>
> On y a joint :
>
> 1º La suite complète de 2 frontispices avec les portraits du

Tasse et de Gravelot, 2 titres gravés avec fleurons par Drouet, 1 dédicace avec vignette par Le Roy et 20 belles figures de Gravelot, gravées par Baquoy, Lingée, Massard, Ponce, Le Roy, etc., PREMIÈRES ÉPREUVES *avec la légende en italien;*

2º La suite complète de 20 vignettes avec portraits, *tirages à part du texte* AVANT LA LETTRE;

3º La suite complète de 23 culs-de-lampes, grands et petits, *tirages à part du texte* AVANT LA LETTRE.

Toutes les pièces ajoutées font partie de l'édition italienne de Paris, 1771.

388. AMINTA, favola boschereccia di Torquato Tasso. *Parigi, Nepveu (de l'impr. de P. Didot l'aîné),* 1813. In-12, mar. rouge, jans., dent., tr. dor. (*Belz-Niédrée.*)

Exemplaire sur *papier vélin fort* avec les 10 figures de Desenne (dont 5 en tête) en 3 états : *avant la lettre sur blanc,* AVANT LA LETTRE SUR PAPIER ROSE et COLORIÉES.

389. L'AMINTE DU TASSE. Pastorale traduite de l'Italien en vers François (par l'abbé de Torche). *A Paris, chez Claude Barbin,* 1676. Pet. in-12, frontisp. et 5 fig. sur cuivre de Cossinus, mar. rouge, dos orné, fil., dent. à l'int., tr. dor. (*Chambolle-Duru.*)

390. LE PREMIER (ET LE SECOND) LIVRE DE ROLAND L'AMOU-REUX, mis en Italien, par le Seigneur Mathieu-Marie Bayard (*sic*), comte de Scandian : et traduit en Fran-coys, par Maistre Iaques Vincent du Crest Arnaud en Dauphiné. *A Paris, de l'imprim. d'Est. Groulleau,* 1549-1550. 3 parties en 1 vol. in-fol., de 6 ff. prélim., 133 ff. chiffrés en chiffres romains et 1 f. blanc, pour le 1er livre; de 6 ff. prél. et 107 ff. chiff. dont 1 blanc pour le 2e livre; et de 4 ff. prél. et 38 ff. pour le 3e livre, cuir de Russie, dos orné, fil., dent. à l'int., tr. dor. (*Fig.*)

Traduction rare et recherchée.

Les 71 chants sont ornés chacun d'une belle gravure sur

bois, attribuée à Jean Cousin. On y remarque aussi les initiales où figure le chardon de Denys Janot et d'E. Groulleau.

Exemplaire de la vente Behague.

391. Il Pastor fido, tragicomedia pastorale del Signor Cavalier Battista Guarini, con una nuava aggiunta. *In Amsterdam, nella stamperia del S. D. Elsevier,*1678. In-32, frontisp. et fig. de Sébastien Le Clerc, mar. vert, dos orné, dentelle à la Derome sur les plats, et à l'int., gardes en papier dor., tr. dor. (*Reliure ancienne.*)

Rare.

392. Il Pastor fido. Le Berger fidelle, faict Italien et François pour l'utilité de ceux qui désirent apprendre les deux langues, de Baptiste Guarini. *A Paris, chez Mathieu Guillemot,* 1622, titre gravé par Léonard Gaultier. In-12, réglé, mar. vert, dos et plats couverts de ✿ entrelacés, dent à l'int , tr. dor. (*Reliure ancienne.*)

393. LES SAISONS, poëme traduit de l'anglais de Thompson, édition ornée de figures dessinées par Lebarbier et gravées sous sa direction. *A Paris, de l'imprimerie de Didot jeune,* 1796. In-8, papier vélin, mar. rouge, dos orné, fil. et compart. dorés sur les plats, dent. à l'int., tr. dor. (*Boʒerian*)

Magnifique exemplaire sur grand papier vélin, de cette belle édition, tirée à 300 exemplaires seulement, et ornée des 4 figures de Le Barbier, gravées par Baquoy, Dambrun, Dupréel et Patas, en double état : avant la lettre et EAUX-FORTES. De toute rareté.

Ex libris de Pixérécourt.

394. Les Saisons, poème traduit de l'anglais de Thompson, édition ornée de figures dessinées par Lebarbier et

gravées sous sa direction. *A Paris, de l'imprimerie de Didot jeune,* 1796. In-8, papier vélin, fig., mar. vert, dos orné, fil., dent. à l'int., tr. dor. (*Chambolle-Duru.*)

Grand papier vélin avec les figures de Le Barbier, les mêmes que dans l'édition ci-dessus, AVANT LA LETTRE. Manque la figure du Printemps.

Curieux exemplaire auquel on a joint le double titre suivant : *Les Saisons, poème traduit de l'anglais de Thompson, édition ornées de figures dessinées par Le Barbier, et gravées sous sa direction. De l'imprimerie de Didot le Jeune. A Paris, chez Deterville, l'an* iii (1795).

395. Les Jeux de Calliope, ou collection de poëmes anglais, italiens, allemands et espagnols en deux, trois et quatre chants. Première partie (seule parue). *A Londres et à Paris, chez Ruault,* 1776. In-16, fig., mar. bleu clair, dos orné, fil., dent., tr. dor. (*Chambolle-Duru.*)

Exemplaire sur grand papier *de format in-8, et relié sur brochure*, avec 4 figures de Gibelin, gravées par Marchand, avant la lettre.

396. Les Quatre parties du jour, poème traduit de l'allemand de M. Zacharie. *A Paris, chez Musier,* 1769. Gr. in-8, 1 frontisp., 4 figures, 4 vignettes et 4 culs-de-lampe d'Eisen, gravés par Baquoy, veau écaille, dos orné, large dent. sur les plats, dent. à l'int., tr. dor. *(Reliure ancienne.)*

397. Musarion ou la philosophie des Grâces, poëme en trois chants de Wieland, traduit de l'allemand par M de Laveaux. *A Basle, chez Jacques Thurneysen,* 1780. In-8, frontisp., figures et culs-de-lampe de Saint-Quentin, dem.-rel., mar. bleu, tête dorée, ébarb. (*Lortic.*)

Exemplaire sur papier de hollande.

III. POÉSIE DRAMATIQUE.

1. POÈTES DRAMATIQUES ANCIENS ET MODERNES JUSQU'A CORNEILLE.

398. MARCI ACCII PLAUTI, comœdiæ quæ supersunt. *Parisiis, typis Barbou*, 1759. 3 vol. in-12 avec frontispices et vignettes d'Eisen, veau fauve, dos orné à l'oiseau, fil., dent., tr. dor. (*Derome.*)

399. LES COMÉDIES DE TÉRENCE, avec la traduction et les remarques de Madame Dacier. *A Rotterdam, aux dépens de Gaspar Fritsch*, 1717. 3 vol. in-12, fleuron, frontispice, vignette et 48 figures au trait de B. Picart, mar. rouge, dos orné, fil., dent. à l'int., tr. dor. (*Derome.*)

> EXEMPLAIRE SUR PAPIER FIN dans une reliure ancienne de toute fraîcheur.

400. LES COMÉDIES DE TÉRENCE, traduction nouvelle avec le texte latin à côté et des notes par M. l'abbé Le Monnier. *A Paris, chez Jambert, de l'imprimerie de Louis Cellot*, 1771, *avec privilège du Roi*. 3 vol. in-8, avec 1 frontisp. et 6 figures par Cochin, gravées par Choffard, Prévost, Rousseau et Saint-Aubin, mar. bleu, dos orné, large dent. sur les plats, dent. à l'int., tr. dor. (*Bozérian.*)

> Bel exemplaire sur PAPIER DE HOLLANDE avec les figures AVANT LA LETTRE. Très rare.

401. CHOIX DE FARCES, soties et moralités des xve et xvi^e

siècles, recueillies sur les manuscrits originaux et publiées par Emile Mabille. *A Nice, chez J. Gay et fils,* 1872. 2 vol. in-12, mar. orange, dos orné, large dentelle sur les plats, filets à l'int., tr. dor. (*Rel. mod. genre Bozerian.*)

De la collection des *Raretés bibliographiques* tirées à 100 exemplaires. Nº 64.

402. LES TRAGÉDIES DE ROBERT GARNIER, conseiller du Roy, lieutenant général criminel à la sénéchaussée du Maine. Au Roy de France et de Polongne. *A Paris, par Mamert Patisson,* 1585. Pet. in-12 de 12 ff. prélim., et 332 ff. de texte, mar. vert, dos orné, compart. de filets sur les plats, dent. à l'int., tr. dor. (*Koelher.*)

C'est la meilleure édition. Hr : 142mm.

403. LES TRAGÉDIES DE ROBERT GARNIER, conseiller du Roy..... reveues et corrigées de nouveau. *A Rouen, de l'imprimerie de Raphaël du Petit Val,* 1616. Pet. in-12 de 646 pp., plus 1 f. blanc, titre gravé par L. Gaultier, caract. ital., mar. rouge, dos orné, fil., dent. à l'int., tr. dor. (*Trautz-Bauzonnet.*)

404. LES COMÉDIES FACECIEUSES DE PIERRE DE LARIVEY, champenois, à l'imitation des anciens Grecs, Latins et modernes Italiens, à scavoir : le Laquais, la Vesve, les Esprits, le Morfondu, les Jaloux, les Escoliers. *A Rouen, de l'imprim. de Raphaël du Petit Val,* 1611. — TROIS COMÉDIES des six dernières de Pierre de Larivey, champenois, à scavoir : la Constance, le Fidelle et les Tromperies. *A Troyes, par Pierre Chevillot,* 1611. Ensemble 2 vol. in-12, mar. citron, dos orné, plats à la Dusseuil, dent. à l'int., tr. dor. (*Cuzin.*)

Le deuxième volume de Larivey, qui n'a été imprimé qu'une

seule fois est fort rare. Quant au Tome Ier, il a eu au moins cinq éditions; celle-ci a paru la même année que le second volume.

« Larivey, dit Sainte-Beuve, mérite, après l'auteur de Pathelin, d'être regardé comme le plus comique et le plus facétieux de notre ancien théâtre.... Il rappelle l'auteur de Pourceaugnac et de Scapin par la fécondité de ses plans, la complication de ses imbroglios, ses saillies vives et franches et une certaine verve rapide, abondante et parfois épaisse, qui tient de Plaute et de Rabelais. »

2. DEPUIS CORNEILLE.

A. Corneille.

405. Entretien sur les tragédies de ce temps (par l'abbé de Villiers). *A Paris, chez Estienne Michallet,* 1675. Pet. in-12, mar. rouge, dos orné, fil., dent., tr. dor. *(Chambolle-Duru.)*

406. Les Souvenirs et regrets du vieil amateur dramatique, ou lettres d'un oncle à son neveu sur l'ancien théâtre français. Ouvrage orné de gravures coloriées, représentant en pied, d'après les miniatures originales, faites d'après nature, de Foëch de Basle et de Whirsker, les différents acteurs dans les rôles où ils ont excellé. *Paris, Charles Froment,* 1829. Petit in-8, fig. col., veau fauve, tr. dor. *(Héring et Muller.)*

Édition originale avec les figures coloriées en *premier tirage.*

407. Debureau. Histoire du Théatre à quatre sous, pour faire suite à l'histoire du Théatre-Français (par Jules

Janin). *Paris, Gosselin*, 1833. 2 tomes en 1 vol in-12,
fig., mar. bleu, dos orné, fil., dent., tr. dor. (*Chambolle-Duru.*)

Exemplaire RELIÉ SUR BROCHURE.

408. ŒUVRES DE CORNEILLE. Première partie.
*Imprimé à Rouen et se vend à Paris, chez Antoine
de Sommaville et Augustin Courbé*, 1644. In-12,
port. de Michel Lasne et frontispice gravé, 2 ff. prélim.,
654 pp. et 1 f. blanc. Imprimé à Rouen par Laurens
Maury. — ŒUVRES DE CORNEILLE. Seconde
partie. *Imprimé à Rouen et se vend à Paris, chez
Toussainct Quinet*, 1648, *avec privilège du Roy*.
In-12 de 2 ff. prélim., 639 pp., 3 pp. pour le privilège
et 1 f. blanc. Achevé d'imprimer à Rouen par Laurens
Maury, ce 31e jour de septembre, 1648.— ŒUVRES
DE CORNEILLE Troisième partie. *Imprimé à
Rouen et se vend à Paris, chez Antoine de Sommaville,*
1652, *avec privilège du Roy*. In 12 de 287 pp. Ensemble 3 vol. in-12, mar. rouge, fil. à compart., milieu
et dos à petits fers à la Dusseuil, doublé de mar. bleu,
large dent., tr. dor., étuis en mar. vert (*Lortic.*)

EXEMPLAIRE UNIQUE entièrement composé des volumes originaux sous le titre d'œuvres, et très richement relié.

C'est une véritable bonne fortune de pouvoir aujourd'hui
réunir ces 3 volumes; le Recueil de 1644 est particulièrement
introuvable; quant au volume de 1648, c'est à peine si l'on en
connaît trois ou quatre exemplaires.

PRÉCIEUX EXEMPLAIRE DE FIRMIN DIDOT. Hr : 132mm.

409. LE THÉATRE DE P. CORNEILLE, reveu et
corrigé par l'autheur. *A Rouen, et se vend à Paris,
chez Guillaume de Luyne*, 1664-1666. 4 vol. in-8,
frontisp. grav. et fig., mar. bleu foncé jans., doublé de

marocain rouge avec une large dentelle xviii° siècle, à petits fers, tr. dor. (*Thibaron-Joly*.)

Cette édition qui est fort rare, a été donnée sur l'édition de 1664 in-f⁰; le contenu des 3 premiers volumes est le même que celui de l'édition de 1660, sauf la *Toison d'or*, qui a été ajoutée au troisième, les frontispices sont ceux de 1660 et ont conservé cette date, mais l'orthographe n'y est pas la même et c'est ce qui permet de la distinguer facilement de celle de 1660. La iv° partie, avec la date de 1666, contient *Sertorius*, *Sophonisbe* et *Othon*; elle manque souvent.

Bel exemplaire dans une riche reliure et très grand de marges. Hᵣ : 162ᵐᵐ.

410. LE THÉATRE DE P. CORNEILLE, reveu et corrigé et augmenté de diverses pièces nouvelles. Au Quœrendo. *Suivant la copie imprimée à Paris (Amsterdam, Abraham Wolfgang)*, 1664 à 1676. 5 vol. pet. in-12, port., front. et fig. — LES TRAGÉDIES ET COMÉDIES DE THOMAS CORNEILLE. Au Quœrendo. *Suivant la copie imprimée à Paris (Amst., Abrah. Wolfgang)*, 1665 à 1678. 5 vol. pet. in-12, frontisp. et fig. Ensemble 10 vol. pet. in-12, mar. bleu, filets à froid, dent. à l'int., tr. dor. (*Duru*.)

BEL EXEMPLAIRE de cette édition rare et recherchée, si difficile à trouver complète. Toutes les pièces sont de bonne date et on trouve en tête du Tome Iᵉʳ de Pierre Corneille, *l'avis de l'imprimeur au lecteur*, signé A. W., formant 5 ff. et qui manque souvent.

On y a ajouté du même format et dans la même reliure :
1⁰ Œuvres diverses de Pierre Corneille. *Amsterdam, Chatelain*, 1740, in-12, port. d'après B. Picart;
2⁰ Un sixième volume de Thomas Corneille qui contient :
— Le Festin de Pierre, comédie. *S. l. n. d.* (*Front. grav.*)
— Nouveau prologue et divertissemens pour la tragédie de Circé. *S. l. n. d.* (*Front. grav.*)
— Nouveau prologue..... pour la comédie de l'Inconnu. *S. l. n d.* (*Frontisp. grav.*)
— Bradamante, tragédie et Discours prononcez à l'Académie française.

La presque totalité des pièces de Thomas Corneille ont en plus les frontispices d'une contrefaçon du même format.

411. Le Théatre de P. Corneille, reveu et corrigé par l'autheur. *A Paris, chez Guillaume de Luyne*, 1682, *avec privilège du Roy.* 4 vol. in 12, mar. rouge, dos orné, fil., dent. à l'int., tr. dor. (*Chambolle-Duru.*)

Dernière édition donnée du vivant de l'auteur et par conséquent, dit Brunet, celle qui a dû servir de base à toutes les bonnes réimpressions du théâtre de Corneille. H^r : 151^{mm}.

412. Chefs-d'œuvre de P. Corneille. *l aris, de l'impr. de Didot l'aîné*, 1814. 3 vol. in-8, mar. rouge, large dentelle sur les plats et à l'int., dos orné, tr. dor. (*Chilliat.*)

Exemplaire sur papier vélin, de la collection dédiée aux amateurs de l'art typographique, avec une belle épreuve du portrait de Corneille d'après Lebrun, gravée par Ficquet.

413. ŒUVRES DE P. CORNEILLE avec les commentaires de Voltaire. (Le 12e volume porte : Œuvres de Thomas Corneille). *A Paris, chez Antoine-Augustin Renouard*, 1817. 12 vol. in-8, avec 2 port. et 24 fig. de Moreau et Prudhon, gravées par Bosq, Berthet, Petit, Ribault, Roger et Simonet, mar. rouge, dos orné, filet doré et large dent. à froid sur les plats, dent. à l'int., tr. dor. (*Thouvenin.*)

Grand papier vélin tiré à 25 exemplaires, avec les figures avant la lettre et toutes les EAUX-FORTES.

Bel exemplaire dans une reliure de toute fraîcheur, auquel on a joint la suite complète des 5 figures d'Horace Vernet, avant la lettre pour l'Imitation de J.-C.

La belle planche de Prudhon : « *le Portement de croix* » si recherchée des collectionneurs de l'œuvre du grand artiste et qui a si souvent disparu des exemplaires, se trouve ici en épreuve avant la lettre et avec son EAU-FORTE.

414. ŒUVRES DE PIERRE CORNEILLE, avec les notes de tous les commentateurs. *A Paris, chez Lefèvre* (*impr. de Jules Didot aîné*), 1824. 12 vol. gr. in-8, papier jésus vélin, dem.-rel. mar. rouge avec coins, dos orné, tête dor. ébarb. (*Capé.*)

PRÉCIEUX EXEMPLAIRE, *un des* 50 *tirés sur grand jésus vélin*, avec le portrait gravé par Taurel *sur Chine* AVANT LA LETTRE.

On y a joint :

1º La suite complète de 1 portrait de Pierre Corneille gravé par Aug. de Saint-Aubin en double état : AVANT LA LETTRE (nom au pointillé sur la tablette blanche) et *avec la lettre sur Chine*, et de 21 figures dont 20 de Moreau et une de Prudhon, gravées par Bosq, Berthet, Roger, Simonet, etc., en triple état : *avant la lettre sur blanc*, AVANT LA LETTRE SUR CHINE et EAUX-FORTES SUR CHINE. Rarissimes.

Comme dans l'exemplaire qui précède, la belle planche de Prudhon, pour l'Imitation de Jésus-Christ, se trouve ici en 3 états : *avant la lettre sur blanc*, AVANT LA LETTRE SUR CHINE et EAU-FORTE SUR CHINE;

2º Un certain nombre de portraits de Corneille gravés par Dequevauvilliers, Hopwood, Gaucher, A. de Saint-Aubin, etc., la plupart *sur Chine* ou *avant la lettre*.

Exemplaire de Renouard, relié depuis la vente.

415. CORNEILLE (Pierre). Son portrait gravé par Ficquet d'après Lebrun.

Superbe et très rare épreuve *avant les noms des artistes*.

B. MOLIÈRE.

416. LES ǁ ŒUVRES ǁ DE MONSIEUR MOLIÈRE. ǁ *A Paris,* ǁ *chez Louis Billaine, au second Pillier de* ǁ *la grand' salle du Palais, à la Palme* ǁ *et au grand*

César, || *MDCLXVI* [1666], *avec privilège du Roy.* ||
2 vol. in-12, frontispices gravés par Chauveau, mar.
rouge, dos orné, fil., doublé de marocain rouge avec
de riches compartiments XVIIe siècle à petits fers, tr.
dor. (*Trautz-Bauzonnet.*)

PRÉCIEUSE ÉDITION ORIGINALE COLLECTIVE
du Théâtre de Molière avec une pagination suivie.

Elle contient seulement : *Les Précieuses ridicules,* le *Cocu
Imaginaire,* l'*Estoudy,* le *Dépit amoureux,* les *Fascheux,*
l'*Escole des Maris,* l'*Escole des Femmes,* la *Critique* et la *Princesse d'Elide.*

Les frontispices gravés représentent : le premier, le buste de
Molière, près duquel sont accoudés Mascarille et Sganarelle;
le second, Molière et sa femme couronnés par Thalie.

SUPERBE EXEMPLAIRE, d'une pureté parfaite, et certainement
un des plus beaux connus de cette édition RARISSIME. Il est
orné d'une exquise reliure de Trautz-Bauzonnet et très grand
de marges. H^r : 148^{mm}.

417. LES ŒUVRES DE MONSIEUR DE MOLIÈRE.

A Paris, chez Denys Thierry et Claude Barbin,
1674-75, *avec privilège du Roy.* 7 vol. in-12, mar.
rouge, dos orné, fil., dent., tr. dor. (*Trautz-Bauzonnet.*)

RARE ET PRÉCIEUSE ÉDITION la véritable originale
des œuvres de notre grand comique, que la mort seule lui a em-
pêché de donner lui-même, et la première où toutes les pièces
publiées de son vivant aient été réunies sous une pagination
suivie.

Elle est sans figures et sans frontispices. Les Tomes I à VI
qui furent livrés ensemble au public, portent tous la date de
1674; le Tome VII ne parut qu'en 1675. On y trouve l'*édition
originale authentique* du Malade imaginaire, ainsi que l'Ombre
de Molière de Brécourt.

Superbe exemplaire de la plus irréprochable conservation
et très grand de marges. H^r : 154^{mm}.

418. LES ŒUVRES DE MONSIEUR MOLIÈRE.

Amsterdam, chez Jacques le Jeune (Daniel Elzevire),

1675-1684. 6 vol. petit. in-12, frontisp. gravé, mar. rouge, dos orné, fil., dent., tr. dor. (*Hardy-Mennil.*)

Exemplaire grand de marges (H^r : 131^mm.) de cette édition rare, une des plus recherchées et des plus précieuses de toutes les productions elzéviriennes.

On y a joint le volume complémentaire de 1684, et toutes les pièces sont de bonne date, c'est-à-dire antérieures à 1675, à l'exception des *Fâcheux* qui portent la date de 1679.

419. LES ŒUVRES DE MONSIEUR DE MOLIÈRE, reveuës, corrigées et augmentées ; enrichies de figures en taille-douce. *A Paris, chez Denys Thierry, Claude Barbin et Pierre Trabouillet, 1682, avec privilège du Roy.* 8 vol. in-12, fig., mar. brun, dos orné, filets à froid, coins et milieu dorés, dent. à l'int., tr. dor. (*Smeers.*)

Première édition complète donnée après la mort de Molière.

420. ŒUVRES DE MOLIÈRE (revues sur les éditions originales par Joly et précédées de Mémoires sur la vie et les ouvrages de Molière, par La Serre). *A Paris, 1734, avec privilège du Roy.* 6 vol. in-4, port. d'après Coypel, gravé par Lépicié, estampes, vignettes et culs-de-lampe d'après les dessins de Boucher, gravés par Laurent Cars et Joullain, mar. rouge, dos orné, fil., dent. à l'int., tr. dor. *(Chambolle-Duru.)*

Bel exemplaire du PREMIER TIRAGE dont toutes les épreuves sont excellentes, et avec la faute, Tome VI, page 360, ligne 12, où on lit LA COMTEESE, au lieu de *La Comtesse.*

421. ŒUVRES DE MOLIÈRE. Nouvelle édition augmentée de la vie de l'auteur et des remarques historiques et critiques par M. de Voltaire, avec de très belles figures en tailles-douces. *A Amsterdam et à Leipzig, chez Arkstée et Merkus, 1765.* 6 vol. in-12, avec 1 front.,

1 fleuron, 1 port. d'après Mignard et 32 jolies figures, dessinées et gravées par Punt d'après Boucher, mar. orange à grains longs, filets au dos et sur les plats, milieu dor., dent. à l'int., tr. dor. (*Rel. mod. genre Thouvenin.*)

Exemplaire relié sur brochure avec les figures de Punt *en premier tirage.*

422. ŒUVRES DE MOLIÈRE, avec des remarques grammaticales, des avertissemens et des observations sur chaque pièce par M. Bret. *A Paris, par la Compagnie des Libraires associés,* 1773. 6 vol. in 8, fig., mar. rouge, dos orné, large dentelle genre xviiie siècle et à petits fers sur les plats, dent. à l'int., tr. dor. (*Thibaron.*)

Exemplaire de premier tirage avec les pages 66-67, 80 et 81 du Tome Ier en double.

Ce bel ouvrage est orné d'un portrait de Molière d'après Mignard, gravé par Cathelin, de 6 fleurons sur les titres et de 33 figures de Moreau, gravées par Baquoy, Delaunay, Duclos, De Ghendt, Masquelier, etc., qui sont de la plus grande beauté.

Elles sont ici particulièrement belles d'épreuves et la signature de l'artiste à la pointe sèche est extrêmement nette au bas de l'*Amour peintre* et des *Amants magnifiques,* ce qui est rare.

Exemplaire LEBEUF DE MONTGERMONT.

423. ŒUVRES DE MOLIÈRE, avec un commentaire, un discours préliminaire et une vie de Molière par M. Auger, de l'Académie françoise. *A Paris, chez Desoer (de l'imprimerie de Firmin Didot),* 1819-25. 9 vol. gr. in-8, papier vélin, port. et fig., mar. rouge, dos orné, fil. sur les plats et à l'int., tr. dor. (*Purgold.*)

Très bel exemplaire en GRAND PAPIER VÉLIN, avec 1 port. d'après Fragonard, gravé par Lignon, *sur Chine avant la lettre*, et la suite des 16 figures d'après Horace Vernet, Hersent, Vaflard et Devéria, en double état : AVANT LA LETTRE et EAUX-FORTES.

« Madame Desoer, dit Sieurin, m'a affirmé que les eaux-fortes n'avaient été tirées qu'à 20 exemplaires. »

Assez ordinairement on n'y trouve pas : 1º *Le Bourgeois gentilhomme* de H. Vernet, et 2º *Les Fourberies de Scapin* de Julien Pothier, ces deux pièces n'étant pas terminées lors de la mise en vente du dernier volume, et nombre d'amateurs ayant négligé de se les procurer plus tard. C'est le cas de notre exemplaire, qui contient cependant le *Bourgeois gentilhomme* sur Chine AVANT LA LETTRE, et auquel on a ajouté un charmant portrait de Molière en médaillon de Desenne, gravé par Jehotte, *avant la lettre*.

424. ŒUVRES COMPLÈTES DE MOLIÈRE, avec les notes de tous les commentateurs ; édition publiée par L. Aimé-Martin. *A Paris, chez Lefèvre (imprim. de Jules Didot aîné)*, 1824-26. 8 vol. gr. in-8, papier jésus vélin, dem.-rel. mar. rouge avec coins, dos orné, tête dor., ébarb. (*Capé.*)

PRÉCIEUX EXEMPLAIRE, *un des 5o tirés sur grand jésus vélin*, avec le portrait de Taurel *sur Chine avant la lettre*.

On y a joint :

1º La suite complète de 1 portrait de Molière, gravé par Saint-Aubin, en double état : AVANT LA LETTRE *(lettre au trait, tablette blanche)* SUR CHINE et EAU-FORTE, et de 3o figures de Moreau le Jeune, publiées par Renouard, en triple état : *avec la lettre*, AVANT LA LETTRE SUR CHINE et EAUX-FORTES SUR CHINE. Rarissimes.

Le sujet d'AMPHITRYON a été gravé deux fois, la première par Pigeot, la deuxième par Roger, en sens inverse. Cette gravure de Pigeot « *de toute rareté* », dit Sieurin, y a été jointe en épreuve AVANT LA LETTRE *sur Chine* avec son EAU-FORTE également *sur Chine ;*

2º La suite complète de 19 figures de Desenne, dont 1 portrait gravé par Taurel. Rares et belles épreuves *sur Chine* AVANT LA LETTRE ;

3º La suite complète (moins Scapin) de 1 portrait d'après Fragonard, gravé par Lignon, et de 18 figures d'après

H. Vernet, Hersent, Vaflard et Devéria *sur Chine* AVANT LA LETTRE;

4º Enfin, un certain nombre de portraits de Molière, dont celui gravé en Angleterre par Cook, d'après Ficquet; celui en médaillon, gravé par Migneret, d'après Desenne, AVANT LA LETTRE; celui gravé par Ficquet, d'après Coypel, belle épreuve *sur Chine*; celui de profil gravé par Saint-Aubin, épreuve AVANT LA LETTRE *(nom au pointillé sur la tablette blanche)*, et celui gravé par Bertonnier, d'après Ficquet, AVANT LA LETTRE *sur Chine*.

Exemplaire de Renouard, relié depuis la vente.

425. ŒUVRES COMPLÈTES DE MOLIÈRE, avec les notes de tous les commentateurs ; édition publiée par L. Aimé-Martin. *A Paris, chez Lefèvre (de l'imprimerie de Jules Didot aîné),* 1824-26. 8 vol. gr. in-8, papier jésus vélin, port. et fig., cart. à la bradel, dos et coins de marocain rouge, absolument ébarbé. (*Pagnant.*)

Un des 50 exemplaires tirés sur *grand jésus vélin*, avec le portrait gravé par Taurel *sur Chine avant la lettre.*

On y a joint la suite complète de 19 gravures (dont le portrait ci-dessus) de Desenne AVANT LA LETTRE.

Le Tome VI qui avait été doré en tête est plus court comme marges, bien que de la même hauteur comme reliure.

426. ŒUVRES COMPLÈTES DE MOLIÈRE ; nouvelle édition collationnée sur les textes originaux avec leurs variantes, précédée de l'histoire de sa vie et de ses ouvrages par M. J. Taschereau. *Paris, Furne et Cᶦᵉ,* 1863. 6 vol. gr. in-8, port. et fig., mar. rouge, dos orné, fil., dent. à l'int., tr. dor. (*Capé.*)

Très bel exemplaire, l'un des 100 tirés sur *grand papier de Hollande, nº 7.*

On y a ajouté la suite complète des 31 belles figures de Moreau le Jeune, publiées par Renouard, en triple état : *avec la lettre,* AVANT LA LETTRE (très rares) et EAUX-FORTES (rarissimes).

Amphitryon a été gravé deux fois, la première par Pigeot, la deuxième par Roger, en sens inverse. Cette gravure de Pigeot, qui est fort rare, y a été jointe en épreuve AVANT LA LETTRE avec son EAU-FORTE.

Quant au portrait de Molière, gravé par Saint-Aubin, il s'y trouve en quadruple état : avec la lèttre ; *avec la lettre grise* (lettre au trait dans la tablette blanche) ; AVANT LA LETTRE (tablette entièrement blanche) ; EAU-FORTE.

Ce bel exemplaire provient de la vente du relieur Capé.

427. LES PLAISIRS DE L'ISLE ENCHANTÉE ou la Princesse d'Elide, comédie de M. Molière. *A Paris, chez Iean Guignard fils,* 1668. Pet. in-12 de 96 pp., mar. rouge, dos orné, fil., dent., tr. dor. (*Chambolle-Duru.*)

Édition originale publiée séparément de format in-12. Hʳ : 146ᵐᵐ.

C. RACINE.

428. ŒUVRES ‖ DE ‖ RACINE. ‖ *A Paris,* ‖ *chez Claude Barbin, au Palais,* ‖ *sur le Perron de la Sainte Chapelle,* ‖ 1676, ‖ *avec privilège du Roy.* ‖ 2 vol. in-12, frontisp. et fig. de Chauveau, mar. rouge, dos orné, fil. et compart. à la Dusseuil, doublé de marocain bleu avec une large dentelle à petits fers genre XVIIᵉ siècle, tr. dor. (*Hardy.*)

Précieux exemplaire de l'ÉDITION ORIGINALE COLLECTIVE du théâtre de Racine. Elle contient ses neuf premières pièces, c'est-à-dire depuis *la Thébaïde* jusqu'à *Iphigénie.* Très bel exemplaire avec témoins. Hʳ : 163ᵐᵐ.

429. ŒUVRES DE RACINE. *Suivant la copie imprimée à Paris (Amsterdam, Abraham Wolfgang),* 1678. 2 vol. pet. in-12, front. grav. et fig. — ESTHER, tragédie tirée de l'Escriture-Sainte. *Suivant la copie imprimée à Paris,* 1689. Pet. in-12, fig. — ATHALIE, tragédie tirée

de l'Ecriture-Sainte. *Suivant la copie imprimée à Paris,* 1691. Pet. in-12, fig. Ensemble 2 vol. pet. in-12, front. et fig., mar. vert, dos orné, fil., dent. à l'int., tr. dor. (*Chambolle-Duru.*)

Jolie édition, dit Brunet, et fort recherchée des amateurs d'éditions elzéviriennes, surtout lorsqu'on y a réuni Esther et Athalie, sorties des mêmes presses et que toutes les pièces sont de bonne date. H^r : 127^{mm}.

Exemplaire *Lebeuf de Montgermont.*

430. ŒUVRES DE RACINE. *A Paris, chez Denys Thierry, ruë Saint-Jacques, devant la ruë du Plâtre, à l'Enseigne de la Ville de Paris,* 1687, *avec privilège du Roi.* 2 vol. in-12, frontisp. grav. et fig. — Esther, tragédie tirée de l'Escriture-Sainte. *A Paris, chez Denys Thierry,* 1689. In-12, frontisp. grav. — Athalie, tragédie tirée de l'Ecriture-Sainte. *A Paris, chez Denys Thierry,* 1692. In-12, fig. Ensemble 3 vol. in-12, fig., mar. bleu, dos orné, fil. et compart. à la Dusseuil, dent. à l'int., tr. dor. (*Thibaron-Joly.*)

Rare et précieuse édition originale, la première où Phèdre soit réunie aux pièces antérieures avec une pagination continue.

Bel exemplaire, grand de marges, auquel on a joint *Esther* et *Athalie* en ÉDITIONS ORIGINALES, de la même taille, et dans la même reliure. H^r : 160^{mm}.

431. ŒUVRES ‖ DE ‖ RACINE. ‖ Tome premier [et tome second]. *A Paris,* ‖ *chez Claude Barbin, sur le* ‖ *second Pérron de la Sainte* ‖ *Chapelle,* ‖ *M.DC.XCVII* (1697) ‖ *avec privilège du Roy.* 2 vol. in-12, frontisp. grav. et fig de Chauveau, mar. rouge, dos orné, fil. et compart. à la Dusseuil, dent. à l'int., tr. dor. (*Reliure ancienne.*)

Dernière édition donnée du vivant de l'auteur et la première contenant Esther et Athalie.

Superbe exemplaire très bien conservé. H^r : 160^{mm}.

432. ŒUVRES DE RACINE. *A Paris, chez Claude Barbin, sur le second Perron de la Sainte Chapelle, 1697, avec privilège du Roy.* 2 vol. in-12, frontisp. et fig. de Chauveau, mar. rouge, dos orné, fil. et compart. à la Dusseuil, large dent. à l'int., tr. dor. (*Lortic.*)

Autre bel exemplaire de la dernière édition donnée du vivant de l'auteur. H^r 160^mm.

433. ŒUVRES DE RACINE. *A Paris, 1760, avec approbation et privilège du Roi.* 3 vol. gr. in-4, port. et fig. par de Sève, mar. rouge, dos orné, fil., dent. à l'int., tr. dor. (*Chambolle-Duru.*)

Exemplaire *relié sur brochure.* H^r : 300^mm.

434. ŒUVRES DE JEAN RACINE, avec des commentaires par M. Luneau de Boisgermain. *A Paris, de l'imprimerie de Louis Cellot, 1768.* 7 vol. in-8, port. et fig., mar. rouge, dos orné, large dentelle sur les plats, dent. à l'int., mors en maroc., doublé de tabis bleu avec dent. dor., tr. dor. (*Bozérian.*)

Bel exemplaire en *papier de Hollande*, très rare, avec les figures de Gravelot AVANT LA LETTRE.

On y a joint :

1º La suite complète de 1 portrait par Gaucher et de 13 gravures de Lebarbier en double état : AVANT LA LETTRE et EAUX-FORTES (même du portrait);

2º Le port. de Corneille gravé par Ficquet d'après Lebrun.

435. ŒUVRES DE JEAN RACINE Impr. par ordre du Roi pour l'éducation du Dauphin. *A Paris, de l'imprim. de Didot l'aîné, 1784.* 3 vol. in-8, mar. rouge, compart. dorés sur les plats, dos orné, doublé de tabis avec dentelles, tr. dor. (*Bozérian.*)

Joli *exemplaire sur papier vélin*, auquel on a joint la suite complète de 1 port. de Racine *(lettre grise)* gravé par Saint-

Aubin et des 12 belles figures de Moreau le Jeune, gravées par Simonet, de Ghendt, Roger et Trière AVANT LA LETTRE.

436. ŒUVRES COMPLÈTES DE RACINE, avec les notes de tous les commentateurs. Édition publiée par Aimé-Martin. *A Paris, chez Lefèvre*, 1822. 6 vol. in-8, port. et fig., mar. bleu, dos orné, compartiments et milieu dorés avec dent. à froid sur les plats, dent. à l'int., tr. dor. (*Thouvenin.*)

Grand papier vélin avec un frontispice de Prudhon et 12 figures d'après Desenne, Gérard, Taunay et Girodet en double état : AVANT LA LETTRE et EAUX-FORTES.

Ces dernières qui sont fort rares ont été remargées.

437. ŒUVRES COMPLÈTES DE JEAN RACINE, avec les notes de tous les commentateurs. Édition publiée par L. Aimé-Martin. *A Paris, chez Lefèvre (imprim. de Jules Didot aîné)*, 1825. 7 vol. gr. in-8, papier jésus vélin, dem.-rel. mar. rouge avec coins, tête dor., ébarb. (*Capé.*)

Précieux exemplaire, *un des* 50 *tirés sur grand jésus vélin* avec le portrait gravé par Roger, *sur Chine avant la lettre.*
On y a joint :

1º La suite complète de 1 portrait dessiné et gravé par Saint-Aubin en double état : AVANT LA LETTRE *sur Chine* et EAU-FORTE, et de 12 figures de Moreau, publiées par Renouard, en triple état : *avant la lettre sur blanc*, AVANT LA LETTRE SUR CHINE et EAUX-FORTES. Très rares.

La gravure de Phèdre qui a été faite deux fois par Roger s'y trouve dans les deux états d'AVANT LA LETTRE : *avec le titre gravé à la pointe* dans le haut de la planche, *et sans ce titre, ni le second filet d'encadrement.* Cette dernière pièce est fort rare;

2º La suite complète des 57 vignettes de Prudhon, Gérard et Girodet, AVANT LA LETTRE ;

3º La suite complète de 1 portrait de Racine, dessiné et gravé par Saint-Aubin et de 12 figures de Garnier, gravées par Choffard, AVANT LA LETTRE;

4º Un certain nombre de portraits de Racine, dont celui

gravé par Aug. de Saint-Aubin, de profil, *avant la lettre ;*
celui gravé par Mlle Coignet, sur Chine *avant la lettre,* etc.
Exemplaire de Renouard relié depuis la vente.

438. ŒUVRES COMPLÈTES DE J. RACINE, avec
les notes de tous les commentateurs. Édition publiée par
Aimé-Martin *A Paris, chez Lefèvre (imprim. de
Jules Didot aîné),* 1825. 7 vol. gr. in-8, jésus vélin,
port. et fig., mar. rouge, dos orné, fil., dent. à l'int.,
tr. dor. (*David.*)

Un des 50 exemplaires sur *grand papier jésus vélin,* avec le
portrait gravé par Roger *sur Chine avant la lettre.*
On y a joint :
1º Le portrait de Racine, par Savart, avec l'adresse : *Barrière
de Fontarabie ;*
2º Deux portraits de Pierre Corneille et celui de Thomas
Corneille ;
3º Cinquante-sept vignettes par Prudhon, Gérard et Girodet,
superbes épreuves en double état : *avant la lettre sur blanc* et
AVANT LA LETTRE SUR CHINE.
4º Douze vignettes par Lebarbier et un portrait par Gaucher,
AVANT LA LETTRE ;
5º Douze vignettes par Moreau et un portrait par Saint-
Aubin, publiées par Renouard, épreuves AVANT LA LETTRE
et EAUX-FORTES COMPLÈTES. Très rares

439. PHÈDRE ET HIPPOLYTE, tragédie par M. Racine. *A
Paris, chez Claude Barbin, au Palais, sur le Perron
de la Sainte Chapelle,* 1677, *avec privilège du Roy.*
In-12 de 6 ff. prélim. y compris le frontisp. gravé par
Le Clerc d'après Le Brun, et 74 pp., mar. rouge, dos
orné, fil. et compart. à la Dusseuil, doublé de marocain bleu avec une large dentelle XVIIe siècle à petits
fers, tr. dor. (*Chambolle-Duru.*)

Édition originale.
Bel exemplaire grand de marges H^r : 161^{mm}.

440. BAJAZET, tragédie, par M. Racine. *Et se vend pour*

*l'autheur, à Paris, chez Pierre Le Monnier, vis-à-vis
la Porte de l'Eglise de la Sainte Chapelle, à l'Image
de Saint Louis, 1672, avec privilège du Roy.* In-12
de 4 ff. prélim., et 99 pp., mar. bleu, dos orné, fil.,
dent., tr. dor. (*Chambolle-Duru.*)

Édition originale.
Exemplaire *relié sur brochure* avec témoins en tous sens.
H^r : 157^{mm}.

441. RACINE (Jean). Suite complète de 1 portrait dessiné
par Auguste de Saint-Aubin et de 12 figures in-8 de
Moreau le Jeune, gravées par de Ghendt, Roger, Simonet et Trière, publiées par Renouard, pour les *Œuvres
complètes.*

Épreuves *à toutes marges* et d'ancien tirage.

442. RACINE (Jean). Collection complète des 7 fleurons
de titres, dessinés par Garnier et gravés par Choffard
pour les *Œuvres complètes. Paris, Le Normand,* 1808.
7 vol. in-8.

Tirages à part du texte, moins celui du Tome VII qui est
avec le titre gravé.

443. RACINE (Jean). Suite complète de 57 figures in-8
d'après Prudhon, Gérard, Girodet, Taunay, Moitte,
et Chaudet, pour les *Œuvres complètes. Paris, Didot,*
1816. In-8.

Belles épreuves, de format in-4º, AVANT LA LETTRE.

444. RACINE (Jean). Suite complète de 1 frontispice et de
12 figures in-8, d'après Prudhon, Gérard, Girodet,
Taunay et Desenne, gravées par Bosq, Coiny, Larcher,
Leroux, Petit, Villerey, etc., pour les *Œuvres complètes. Paris, Lefèvre,* 1820. 6 vol. in-8.

Superbes et rares épreuves *sur Chine* AVANT LA LETTRE.

445. RACINE (Jean). Suite complète de 13 figures in-12,
dont 1 portrait, d'après Desenne, gravées en totalité par
Girardet, pour la *Bibliothèque Française.*

> Belles et rares épreuves à toutes marges : AVANT LA LETTRE
> *sur blanc* et EAUX-FORTES.
>
> « Petit chef-d'œuvre de gravure, dit Sieurin, qui n'aurait
> été tiré qu'à 40 exemplaires sur Chine avant la lettre. » Quant
> aux eaux-fortes il n'y en aurait, paraît-il, pas plus de 25 exem-
> plaires.

446. RACINE (Jean). Suite complète de 1 portrait et 12
figures, in-12, d'après Desenne, gravées en totalité par
Girardet, pour la *Bibliothèque Française.*

> Très belles épreuves en double état : AVANT LA LETTRE
> *sur Chine* et EAUX-FORTES. Ces dernières sont remargées
> de format in-8.

D. QUINAULT, REGNARD, LESAGE, VOLTAIRE, DESTOUCHES,
MARIVAUX, BEAUMARCHAIS, CRÉBILLON, ETC.

447. LE THÉATRE DE M. QUINAULT. Au quœrendo. *Suivant la copie imprimée à Paris (Amsterdam, Wolfgang)*, 1663. 2 vol. pet. in-12, fig., mar. rouge, filets
à froid, dent. à l'int., tr. dor. *(Duru, 1850.)*

> *Bel exemplaire de Firmin Didot* bien plus complet que les
> exemplaires ordinaires. Il contient :
> TOME I. La Mort de Cyrus, 1662. — Le Mariage de Cam-
> bise, 1662. — Le Feint Alcibiade, 1662. — Les Coups de
> l'Amour et de la Fortune, 1662. — Amalasonte, 1662. —
> Stratonice, 1662. — Astrate, roy de Tyr, 1665. — La Mère
> coquette, 1666. — Bellerophon, 1670.
> TOME II. — La Comédie sans comédie, 1662. — Le Fan-
> tosme amoureux, 1662. — La Généreuse ingratitude, 1662. —

L'Amant indiscret, 1662. — Les Rivalles, 1662. — Agrippa, roy d'Albe, 1663. — Pausanias, 1697.

Il renferme donc seize pièces au lieu de 12 que comporte l'édition de 1662.

448. Les Œuvres de Monsieur Poisson. *A la Haye, chez Abrah. Trojel,* 1680. Pet. in-12, front. grav., mar. bleu, dos orné, fil., dent., tr. dor. *(Thibaron-Joly.)*

Joli volume qui s'annexe à la collection Elzévirienne. Hr : 129mm.

449. Cléopatre, tragédie par le sieur D. L. C. (de la Chapelle.) *A Paris, chez Jean Ribou,* 1682. Pet. in-12, de 8 ff. prélim., 65 pp., et 3 pp., mar. rouge, dos orné, fil., dent., tr. dor. *(Chambolle-Duru.)*

Édition originale.

450. Les Œuvres de M. Pradon. *A Paris, chez Thomas Guillain,* 1688, *avec privilège du Roy.* In-12, mar. rouge jans., dent. à l'int., tr. dor. *(Capé.)*

Première édition collective formée des pièces originales, à paginations séparées, réunies sous le titre ci-dessus.

Elle contient : *Pirame et Thisbé,* 1674. — *Tamerlan ou la Mort de Bajazet,* 1676. — *Phèdre et Hippolyte,* 1677. — *La Troade,* 1679. — *Statira,* 1680. — *Régulus,* 1688.

451. LES ŒUVRES DE M. REGNARD. *A Paris, chez Pierre Ribou, Quay des Augustins, à la descente du Pont-Neuf, à l'Image Saint Louis,* 1708, *avec approbation et privilège du Roy.* 2 vol. in-12, frontispices gravés et figures, mar. rouge, dos orné, fil., doublé de marocain bleu avec une large dent., tr. dor. *(Chambolle-Duru.)*

Édition originale collective.

Bel exemplaire auquel on a joint en éditions originales : *Le*

Légataire universel, comédie. A Paris, chez Pierre Ribou, 1708, *(frontisp. gravé),* et *La Critique du Légataire, comédie. A Paris, chez Pierre Ribou,* 1708. Hr : 163mm.

452. LES ŒUVRES DE M. REGNARD. *A Bruxelles, chez les frères T' Serstevens,* 1711. 2 vol. pet. in-12, frontispices gravés d'après B. Picart par Berterham et fig., mar. rouge, dos orné, fil., dent., tr. dor. *(Chambolle-Duru.)*

Édition rare qui se joint à la collection Elzévirienne et qui contient à la fin une pièce notariée fort intéressante, en date du 27 décembre 1708, dans laquelle Regnard donne la liste des ouvrages dont il est véritablement l'auteur. Hr : 130mm.

453. ŒUVRES COMPLÈTES DE REGNARD, avec des avertissemens et des remarques sur chaque pièce par M. G***. Nouvelle édition ornée de belles gravures. *Paris, de l'imprim. de Monsieur, chez la V*c *Duchesne,* 1790. 6 vol. in-8, port. et fig., mar. rouge, dos orné, fil., dent., tr. dor. *(Reliure ancienne.)*

Exemplaire de premier tirage avec 1 port. et 11 figures de Moreau et Marillier, gravées par Delignon, Halbou, Longueil, Simonet, Trière, etc., *avec la lettre grise* (sauf pour celle de *Démocrite* qui n'existe pas dans cet état.)

454. ŒUVRES DE REGNARD, nouvelle édition revue, exactement corrigée et conforme à la représentation. *A Paris, chez Maradan,* 1790. 4 vol. gr. in-8, avec 1 port. et 12 fig. dont 9 par Borel, 1 par Bornet et 2 non signées, veau racine, dos orné, fil., dent., tr. dor. *(Reliure ancienne.)*

Exemplaire sur *papier vélin.*

455. ŒUVRES COMPLÈTES DE J. F. REGNARD, nouvelle édition avec des variantes et des notes. *A Paris, de l'imprimerie de Crapelet,* 1822. 6 vol. in-8, port., mar.

vert, dos orné, plats couverts de riches compart. dorés et à froid, dent. à l'int., tr. dor. *(Simier.)*

Grand raisin vélin tiré à 80 exemplaires. N° 34.
Exemplaire aux armes de Madame la Duchesse de Berry.

456. Regnard. Suite complète de 13 vignettes in-8, d'après Desenne, gravées par Leroux, Burdet, Lefèvre, Fauchery, Müller, Bein et Blanchard pour les *Œuvres complètes.* 2 vol. in-8.

Belle suite avec marges in-folio, en double état : avant la lettre sur chine et EAUX-FORTES.

457. Attendez-moy sous l'orme, comédie (par Regnard). *A Paris, chez Thomas Guillain, à la descente du Pont-Neuf, près les Augustins, à l'Image de S. Loüis,* 1694. In-12 de 2 ff. prélim. et 48 pp., mar. rouge jans., dent. à l'int., tr. dor. *(Cuzin.)*

Édition originale.

458. Le Bourgeois de Falaise, comédie (par Regnard). *A Paris, chez Thomas Guillain, à la descente du Pont-Neuf, près les Augustins, à l'Image de S. Louis,* 1694. In-12 de 47 pp. tout compris, mar. rouge jans., dent. à l'int., tr. dor. *(Cuzin.)*

Édition originale.

459. La Sérénade , comédie (par Regnard). *A Paris, chez Thomas Guillain, à la descente du Pont-Neuf, près les Augustins, à l'Image S. Loüis,* 1695. In-12 de 2 ff. prélim. et 56 pp., mar. rouge jans., dent. à l'int., tr. dor. *(Cuzin.)*

Édition originale.

460. LE JOUEUR, comédie en vers (par Regnard). *A*

*Paris, chez Thomas Guillain, proche les Augustins,
à la descente du Pont-Neuf, à l'Image S. Loüis,
M.DC.XCXVII. (sic), [1697], avec privilège du Roy.*
In-12 de 3 ff. prélim. pour le titre, la préface et l'extrait du privilège, et 114 pp. avec pagination souvent irrégulière, mar. rouge jans., dent. à l'int., tr. dor. *(Cuzin.)*

RARISSIME ÉDITION ORIGINALE qui manque à la presque totalité des collections de Regnard.

461. LE DISTRAIT, comédie (par Regnard). *A Paris, chez Pierre Ribou, à la descente du Pont-Neuf, près les Augustins, à l'Image S. Loüis, 1698.* In-12 de 2 ff. prélim. et 112 pp., mar. rouge jans., dent. à l'int., tr. dor. *(Cuzin.)*

Édition originale.

462. DÉMOCRITE, comédie (par Regnard). Le prix 20. f. *A Paris, chez Pierre Ribou, proche les Augustins, à la descente du Pont-Neuf, à l'Image S. Louis, 1700.* In-12 de 2 ff. prélim. et 90 pp., mar. rouge jans., dent. à l'int., tr. dor. *(Cuzin.)*

Edition originale.

463. LE RETOUR IMPREVEU, comédie (par Regnard). *A Paris, chez Pierre Ribou, proche les Augustins, à la descente du Pont-Neuf, à l'Image S. Louis, 1700.* In-12, de 59 pp. tout compris, la dernière chiffrée 56 par erreur, mar. rouge jans., dent. à l'int., tr. dor. *(Cuzin.)*

Édition originale.

464. LES FOLIES AMOUREUSES, comédie par M. R*** (Regnard). *A Paris, chez Pierre Ribou, à la des-*

cente du *Pont-Neuf, près les Augustins, à l'Image
S. Loüis, M.DC.XCCIV (sic)*, [1704]. In-12, fig., 4 ff.
prélim. et 92 pp., mar. rouge jans., dent. à l'int., tr.
dor. *(Cuzin.)*

Édition originale, avec la figure qui manque presque toujours.

465. LES MENECHMES,. comédie, avec une Epitre à
M. Despréaux, par M. Regnard. *Le prix est de vingt
sols. A Paris, chez Pierre Ribou, sur le Quay des
Augustins, à la descente du Pont-Neuf, à l'Image
S. Loüis*, 1706. In-12 de 3 ff. prélim., 98 pp. et 2 ff.
pour le privilège et les fautes à corriger, mar. rouge
jans., dent. à l'int., tr. dor. *(Cuzin.)*

Édition originale.

466. LE LÉGATAIRE UNIVERSEL, comédie (par Regnard).
Le prix est de vingt sols. *A Paris, chez Pierre Ribou,
sur le Quay des Augustins, à la descente du Pont-
Neuf, à l'Image S. Loüis*, 1708. In-12 de 2 ff. prélim.
pour le frontispice et le titre, 103 pp. et 3 pp. pour le
privilège. — LA CRITIQUE DU LÉGATAIRE, comédie (par
le même). *A Paris, chez Pierre Ribou, sur le Quay
des Augustins, à la descente du Pont-Neuf, à l'Image
Saint Loüis*, 1708. In-12 de 1 f. pour le titre et 22
pp. Ensemble 2 pièces en 1 vol. in-12, mar. rouge
jans., dent. à l'int., tr. dor. *(Cuzin.)*

Éditions originales.

N. B. *Les numéros 455 à 466 inclusivement* (qui comprennent la COLLECTION COMPLÈTE des pièces originales de Regnard), *pourront être réunis en un seul lot.*

467. JE VOUS PRENS SANS VERD, comédie (par J. de La
Fontaine et Champmeslé). *A Paris, chez Pierre
Ribou, sur le Quay des Augustins, à la descente du
Pont-Neuf, à l'Image S. Loüis*, 1699. In-12 de 24

pp., mar. rouge jans., dent. à l'int., tr. dor. *(Thiba-ron-Joly.)*

Édition originale.

468. LE THÉATRE ESPAGNOL, ou les meilleures comédies des plus fameux auteurs espagnols. Traduites en françois (par Le Sage). *A Paris, chez Jean Moreau, 1700.* In-12, mar. vert, dos orné, fil., dent., tr. dor. *(Hardy.)*

Édition originale.

469. RECUEIL DES PIÈCES mises au Théâtre François par M. Le Sage. *A Paris, chez Jacques Barrois fils, 1739, avec approbation et privilège du Roy.* 2 vol. in-12, mar. rouge, dos orné, fil., dent., tr. dor. *(Hardy.)*

ÉDITION ORIGINALE.
Bel exemplaire à toutes marges. H^r : 167^{mm}.

470. TURCARET, comédie par Monsieur Le Sage. Le prix est de vingt sols. *A Paris, chez Pierre Ribou, sur le Quay des Augustins, à la Descente du Pont-Neuf, à l'Image S. Loüis, 1709, avec approbation et privilège du Roy.* In-12 de 8 ff. prélim. pour le titre, le nom des acteurs et la Critique de Turcaret, 166 pp., et 1 f. pour le Privilège, mar. rouge jans., dent. à l'int., tr. dor. *(Chambolle-Duru.)*

ÉDITION ORIGINALE.
Bel exemplaire de la vente *Lebeuf de Montgermont.*

471. AMASIS, tragédie (par le sieur de la Grange). *A Paris, chez Pierre Ribou, 1701.* Pet. in-12 de 4 ff. prélim. et 72 pp., mar. rouge, dos orné, fil., dent. à l'int., tr. dor. *(Chambolle-Duru.)*

Édition originale.

472. LES ŒUVRES DE MONSIEUR DE LA FOSSE. *A Paris,
chez la veuve de Pierre Ribou,* 1719. In-12, mar.
rouge, dos orné, fil., dent. à l'int., tr. dor. *(Chambolle-Duru.)*

> *Édition originale collective*, sous le titre ci-dessus, de quatre
> pièces publiées séparément.
> *Manlius* et *Polixène* sont en éditions originales.

473. HÉRODE ET MARIAMNE, tragédie de M. de Voltaire.
A Paris, chez la veuve de Pierre Ribou, 1727. In-8,
mar. rouge, dos orné, fil., dent. à l'int., tr. dor.
(Chambolle-Duru.)

> *Édition originale publiée par l'auteur.*
> « Il vient de paraître coup sur coup trois mauvaises éditions
> de Mariamne ; mon ouvrage y est tellement méconnaissable
> que je me vois forcé d'en donner moi-même une édition, où
> du moins il n'y ait de fautes que les miennes. »

474. MAHOMET, tragédie par M. de Voltaire, représentée
sur le théâtre de la Comédie-Françoise, le 9 août 1742.
A Bruxelles, 1742. In-8, mar. rouge, dos orné, fil.,
dent. à l'int., tr. dor. *(Chambolle-Duru.)*

> Édition originale.

475. LA MÉROPE FRANÇAISE avec quelques petites pièces
de littérature (par Voltaire). *A Paris, chez Prault
fils,* 1744, *avec privilège du Roy.* In-8, port. et fig.,
mar. rouge, dos orné, fil., dent. à l'int., tr. dor.
(Chambolle-Duru.)

> Édition originale.

476. TANCRÈDE, tragédie en vers croisés et en cinq actes,
représentée par les comédiens ordinaires du Roi, le
3 septembre 1760 (par Voltaire). *A Paris, chez
Prault,* 1761. In-8, port. et fig., mar. rouge, dos orné,
fil., dent. à l'int., tr. dor. *(Belz-Niédrée.)*

> Édition originale.

477. Les Scythes, tragédie par M. de Voltaire. Nouvelle édition corrigée et augmentée sur celle de Genève. *A Paris, chez Lacombe*, 1767. In-8, mar. rouge, dos orné, fil., dent. à l'int., **tr. dor.** (*Chambolle-Duru.*)

Édition originale définitive.

478. La Métromanie ou le Poëte, comédie en vers et en cinq actes par M. Piron. *A Paris, chez Le Breton*, 1738. In-8, mar. rouge ancien janséniste, dent. à l'int., tr. dor. (*Allô.*)

Édition originale.

479. Édouard III, tragédie de Monsieur Gresset. *A Paris, chez Prault père*, 1740. In-8 de 2 ff. prélim. et 98 pp. avec 1 f. pour l'approbation, dem.-rel. mar. rouge avec coins, tête dor. (*Pagnant.*)

Édition originale.

480. Sidney, comédie par M. Gresset. *A la Haye*, 1745. In-8 de 2 ff. prélim. et 46 pp., dem.-mar. bleu, avec coins, tête dor. (*Pagnant.*)

Édition originale.

481. Le Méchant, comédie en cinq actes et en vers par M. Gresset. *A Paris, chez Sébastien Jorry*, 1747. In-12 de 2 ff. prélim. et 152 pp., mar. rouge, dos orné, fil., dent. à l'int., tr. dor. (*Hardy.*)

Édition originale.

482. Les Nymphes de Diane, opéra comique du Sr Favart, représenté pour la première fois le 1er juin 1747 sur le grand Théâtre de Bruxelles. *S. l. (Paris),* 1748. In-8, fleuron par Boucher, 2 vignettes par Boucher et Cochin fils, 1 beau frontisp. par Cochin, gravé par Ché-

del, et 48 pp. de musique gravée, mar. vert, dos orné, fil., dent. à l'int., tr. dor. *(Chambolle-Duru.)*

Exemplaire relié sur brochure.

483. ŒUVRES DE MONSIEUR DESTOUCHES, de l'Académie Françoise ; nouvelle édition revue, corrigée et ornée de belles figures en taille-douce. *A Amsterdam et à Leipizg, chez Arkstée et Merkus,* 1755. 5 vol. in-12, port. gravé par Fokke, fleuron et figures par Aartman, gravées par Fritzch, veau fauve, dos orné, fil. noir sur les plats, dent. à l'int., non rognés *(Simier.)*

Exemplaire *absolument non rogné* de cette charmante édition dont les figures font un véritable pendant avec celles du Molière de Punt.

484. ŒUVRES DRAMATIQUES DE N. DESTOUCHES, nouvelle édition précédée d'une notice sur la vie et les ouvrages de cet auteur. *De l'Imprimerie de Crapelet, à Paris, chez Lefèvre,* 1811. 6 vol. in-8, papier vélin, 1 port. gravé par Macret et 11 figures de Lafitte gravées par Ribault, Langlois, Delvaux, Pigeot, Villerey et Delignon, dem.-rel. mar. vert avec coins, tête dorée, ébarb. *(Lhuinte.)*

Exemplaire sur PAPIER VÉLIN (dont il n'y aurait eu que 20 exemplaires, d'après Brunet), avec les belles figures de Lafitte AVANT LA LETTRE. Rare.

485. ŒUVRES DRAMATIQUES DE N. DESTOUCHES. Nouvelle édition précédée d'une notice sur la vie et les ouvrages de l'auteur. *A Paris, de l'imprimerie de Crapelet,* 1822. 6 vol. in-8, port., mar. brun, dos orné, riches compart. dorés et à froid sur les plats, dent. à l'int., tr. dor. *(Simier.)*

GRAND RAISIN VÉLIN tiré à 80 exemplaires. No 30.
Exemplaire aux armes de MADAME LA DUCHESSE DE BERRY.

486. Destouches. Suite complète de 1 portrait et 10 gravures in-12 d'après Duvivier, gravées par Adam, Goulu, Larcher, etc., pour les *Œuvres dramatiques.*

Épreuves à toutes marges et en double état : avant la lettre et EAUX-FORTES.

487. Le Glorieux, comédie en vers, en cinq actes, par M. Néricault Destouches. *A Paris, chez Franç. Le Breton,* 1732. In-12, mar. rouge, dos orné, fil., dent. à l'int., tr. dor. *(Chambolle-Duru.)*

Édition originale.

488. Théatre des boulevards, ou Recueil de parades (par Sallé, Fagan, Moncrif, Piron, Collé, publié par Corbie). *A Mahon, de l'imprimerie de Gilles Langlois, à l'Enseigne de l'Etrille,* 1756. 3 vol. in-12, fig., mar. rouge, dos orné, fil., dent. à l'int., tr. dor. *(Belz-Niédrée.)*

Curieux recueil devenu rare.

489. Œuvres de théatre de M. de Marivaux de l'Académie Françoise. *A Paris, chez N. B. Duchesne,* 1758. 5 vol. in-12 (*port. gravé par Chenu d'après Garand*). — Les Comédies de Monsieur de Marivaux, jouées sur le Théâtre de l'Hôtel de Bourgogne, par les Comédiens Italiens ordinaires du Roi. *A Paris, chez Briasson,* 1732. 2 vol. in-12. Ensemble 7 vol. in-12, port., mar. vert, dos orné, fil., dent. à l'int., tr. dor. *(Cuzin.)*

Bel exemplaire de l'édition originale collective. H^r : 165^mm.

490. Le Père de Famille, comédie en cinq actes et en Prose, avec un discours sur la Poésie dramatique (par Diderot). *A Amsterdam,* 1758. In-8, mar. vert, dos

orné, filets et compart. dorés sur les plats, dent. à l'int.,
tr. dor. (*Chambolle-Duru.*)

Édition originale.

491. Le Théatre de **M. Baron**, augmenté de deux
pièces qui n'avaient point encore été imprimées et de
diverses poésies du même auteur. *A Paris, aux dépens
des associés*, 1759. 3 vol. in-12, mar. rouge jans.,
dent. à l'int., tr. dor. (*Capé.*)

Édition originale.

492. Théatre de **M. Favart** ou recueil des comédies,
parodies et opéra-comiques qu'il a donnés jusqu'à ce
jour, avec les airs, rondes et vaudevilles notés dans
chaque pièce. *A Paris, chez Duchesne*, 1763-72. 10
vol. in-8, port. de Favart et de Mme Favart, fleurons et
7 frontispices de Boucher, Cochin, Eisen et Gravelot,
veau racine, dent. à l'int., tr. r. (*Reliure ancienne.*)

493. Théatre et œuvres diverses de **M. Pannard**. *A
Paris, chez Duchesne*, 1763. 4 vol. in-12, veau fauve,
dos orné, fil., dent., tr. dor. (*Pasdeloup.*)

Édition originale collective.

494. La Partie de Chasse d'Henri IV, comédie en trois
actes et en prose, avec quatre estampes en taille-douce,
d'après les desseins (*sic*) de M. Gravelot, par M. Collé.
A Paris, chez la veuve Duchesne, 1766. In-8, fig. gravées par Duclos, Rousseau et Simonet, mar. citron, dos
orné de fleurs de lys, plats couverts de riches compartiments dorés, dent. à l'int., doublé de tabis rose, tr.
dor. (*Derome.*)

Reliure ancienne de toute fraîcheur.

On y a joint : *La Veuve, comédie en un acte et en prose,*
1764. — Le Rossignol ou le mariage secret, comédie, 1764.

495. JENNEVAL OU LE BARNEVELT FRANÇOIS, drame, par
M. Mercier. *Paris, Le Jay,* 1769. In-8. — LE DÉSER-
TEUR, drame par M. Mercier. *Paris, Le Jay,* 1770.
In-8. — OLINDE ET SOPHRONIE, drame héroïque par
M. Mercier. *Paris, Le Jay,* 1771. In-8. — L'INDI-
GENT, drame par M. Mercier. *Paris, Le Jay,* 1772.
In-8. — LE FAUX AMI, drame par M. Mercier. *Paris,
Le Jay,* 1772. In-8. En tout 5 pièces en 1 vol. in-8,
figures de Marillier, gravées par de Ghendt, Duclos et
Voyez l'aîné, dem.-rel. mar. vert, dos orné, coins, tête
dor. (*Pagnant.*)

496. PIÈCES DE THÉATRE en vers et en prose par le président Hénault. *S. l. (Paris),* 1769-70. 4 pièces en
1 vol. in-8, avec 4 jolies vignettes d'Eisen, mar. vert,
dos orné, fil., dent. à l'int., **tr. dor.** (*Chambolle-
Duru.*)

> Recueil factice qui contient : 1º *La Petite Maison,* 1769 ;
> 2º *Le Jaloux de lui-même,* 1769 ; 3º *Le Réveil d'Épiménide,*
> 1769 ; 4º *Le Temple des Chimères,* 1770.

497. CHEFS-D'ŒUVRE DRAMATIQUES ou recueil des meilleures pièces du Théâtre François, tragique, comique
et lyrique, par M. Marmontel ; dédié à madame la Dauphine. *A Paris, de l'imprim. de Grangé,* 1773. In-4,
avec 3 figures, 15 vignettes et 10 culs-de-lampe
d'Eisen, gravés par de Launay, Masquelier, Née,
Ponce, etc., marocain grenat, dos orné, fil., dent., tr.
dor. (*Chambolle-Duru.*)

> Exemplaire RELIÉ SUR BROCHURE.

498. CHEFS-D'ŒUVRE DRAMATIQUES ou recueil des meilleures pièces du Théâtre François, tragique, comique et
lyrique, par M. Marmontel. Dédié à Madame la

Dauphine. *A Paris, chez Brunet,* 1775. In-4, avec 3 grandes figures, 15 vignettes et 10 culs-de-lampe d'Eisen, les mêmes que ci-dessus, veau écaille, tr. marbr. (*Reliure ancienne.*)

499. MARMONTEL. Huit charmants dessins originaux sur vélin, au crayon rouge d'Eisen, pour les *Chefs-d'œuvre dramatiques. Paris, Grangé,* 1773. In-4.

DESSINS ORIGINAUX, parfaitement conservés, qui proviennent de la *Collection* PORTALIS.

500. LE BARBIER DE SÉVILLE ou la Précaution inutile, comédie en 4 actes, par M. de Beaumarchais. *A Paris, chez Ruault,* 1776. In-8, mar. rouge, dos orné, fil., dent., tr. dor. (*Thibaron.*)

Édition originale.
Exemplaire LEBEUF DE MONTGERMONT.

501. LA FOLLE JOURNÉE, ou le Mariage de Figaro. Comédie en cinq actes, en prose, par M. de Beaumarchais, représentée pour la première fois par les comédiens français ordinaires du Roi, le mardi 27 avril 1784. *De l'imprimerie de la Société littéraire typographique, et se trouve à Paris, chez Ruault,* 1785. Gr. in-8, mar. rouge, dos orné, large dentelle XVIIIe siècle à petits fers sur les plats, dent. à l'int., tr. dor. (*Chambolle-Duru.*)

EXEMPLAIRE EN GRAND PAPIER VÉLIN avec les 5 figures de Saint-Quentin, gravées par Halbou, Liénard et Lingée, en SUPERBES ÉPREUVES.
On y a joint :
1° La même suite, à toutes marges, gravée par Malapeau et Roi ;
2° Une autre suite curieuse de 12 petites vignettes de Chodowiecki.
Le *feuillet d'errata* s'y trouve.

502. LA FOLLE JOURNÉE ou le mariage de Figaro, comédie en cinq actes et en prose par M. de Beaumarchais. *A Lyon, d'après la copie envoyée par l'auteur,* 1785. In-8, broché (*Fig.*).

Édition publiée à Lyon avec la permission de l'auteur, en même temps que l'ÉDITION ORIGINALE de Paris et ornée de 5 grandes figures repliées de Naudet.

503. ADÉLAÏDE DE HONGRIE, tragédie, représentée pour la première fois en 1774 et reprise en 1776, par M. Dorat. *A Paris, au bureau du Journal des Dames,* 1778. In-8, frontispice et fig. d'Eisen gravés par Duflos et de Launay, mar. vert, dos orné, fil., dent. à l'int., tr. dor. (*Chambolle-Duru.*)

Papier de Hollande.

504. CHARLES IX, ou l'Ecole des Rois, tragédie (en 5 actes et en vers) par Marie-Joseph de Chénier. Avec figures. *A Paris, chez Bossange et à Nantes, chez Louis (de l'imprim. de Didot jeune),* 1790. In-8, fig., mar. rouge, dos orné, fil., dent., tr. dor. (*Reliure ancienne.*)

Bel exemplaire sur PAPIER VÉLIN, avec les trois figures de Borel, gravées par Berthe et Delignon, AVANT LA LETTRE. Rare.

Ex libris de MOREAU-CHASLON.

505. ŒUVRES DE CRÉBILLON, édition ornée de figures dessinées par Peyron et gravées sous sa direction. *A Paris, de l'imprim. de Didot jeune, chez Maillard, an V* (1797). 2 vol. in-8, papier vélin, port. et fig., mar. brun, dos orné, compart. et fil. sur les plats, dent. à l'int., tr. dor. (*Rel. genre Boʒérian.*)

Exemplaire sur papier vélin, avec 1 port. et 9 fig. de Peyron, gravées par Baquoy, Le Mire, etc. AVANT LA LETTRE.

506. ŒUVRES DE CRÉBILLON, nouvelle édition ornée de figures dessinées par Peyron et gravées sous sa direction. *De l'imprimerie de Didot jeune, à Paris, chez Desray, an VII* (1799). 2 vol. in-8, 1 portrait-frontispice et 9 figures de Peyron, gravées par Baquoy, Huber, Lemire, Patas, Thomas et Trière, dem.-mar. viol., dos orné, dent. sur les plats, tranches entièrement ébarbées. (*Cart. de l'époque.*)

Superbe exemplaire, *absolument non rogné*, et sur GRAND PAPIER VÉLIN avec les figures de Peyron en trois états : *avec la lettre, coloriées du temps*, AVANT LA LETTRE et EAUX-FORTES.

507. ŒUVRES DE CRÉBILLON avec les notes de tous les commentateurs, édition publiée par M. Parrelle. *A Paris, chez Lefèvre (imprimerie de Jules Didot aîné)*, 1828. 2 vol. gr. in-8, papier jésus vélin, dem.-rel. mar. rouge avec coins, dos orné, tête dor., ébarb. (*Capé.*)

Bel exemplaire, *un des 50 tirés sur* GRAND JÉSUS VÉLIN avec le portrait gravé par Ethiou *sur Chine* AVANT LA LETTRE.

On y a joint la suite complète de 1 port. gravé par Aug. de Saint-Aubin, sur papier de Chine et de 9 figures de Moreau le Jeune, gravées par Bosq, Delvaux, Ribault et Simonet en triple état : *avant la lettre sur blanc*, AVANT LA LETTRE SUR CHINE (rares) et EAUX-FORTES (très rares) ; ainsi que les portraits de Dalembert et de Louis XV, gravés par Saint-Aubin AVANT LA LETTRE.

508. ŒUVRES DE CRÉBILLON, avec les notes de tous les commentateurs, édition publiée par M. Parrelle. *A Paris, chez Lefèvre (imprim. de Jules Didot aîné)*, 1828. 2 vol. in-8, port. et fig., mar. rouge, dos orné, fil., dent. à l'int., tr. dor. (*Capé.*)

GRAND JÉSUS VÉLIN, tiré à 50 exemplaires, auquel on a joint 1° Le portrait de Crébillon, gravé par Ficquet, d'après

Aved ;

2º Le portrait gravé par Ethiou, d'après Desenne, *sur Chine avant la lettre*;

3º Le portrait en pied, gravé par Goulu d'après Devéria, en double état : AVANT LA LETTRE SUR CHINE et EAU-FORTE également sur Chine ;

4º La suite complète des 9 belles figures de Moreau, gravées par Delvaux, Simonet, Ribault et Bosq, en triple état : *avec la lettre*, AVANT LA LETTRE et EAUX-FORTES, tirées sur papier rose. Ces dernières sont très rares.

Bel exemplaire avec le port. gravé par A. de Saint-Aubin en double état : *avec la lettre* et AVANT LA LETTRE, ce qui est rare.

509. ŒUVRES DE CRÉBILLON avec les notes de tous les commentateurs; édition publiée par M. Parrelle. *A Paris, chez Lefèvre,* 1828. 2 vol. gr. in-8, papier jésus vélin, portraits et figures, dem.-mar. rouge, coins, tranches entièrement ébarbées. (*Pagnant.*)

GRAND PAPIER JÉSUS VÉLIN, *tiré à* 50 *exemplaires* avec le port. d'après Desenne, gravé par Ethiou, sur Chine AVANT LA LETTRE.

On y a joint :

1º La suite complète d'un portrait de Saint-Aubin et de 9 figures de Moreau AVANT LA LETTRE ;

2º La suite complète de 1 portrait et de 9 figures in-12 de Monnet AVANT LA LETTRE, à toutes marges, mais remontées du format du livre ;

3º La suite complète de 1 port. et 10 gravures in-12 de Devéria, pour la Bibliothèque Française, *épreuves d'artiste* AVANT LA LETTRE, *avec noms à la pointe* et de format gr. in-8 ;

4º Enfin, la suite complète de 1 port. et 6 fig. in-8, de Devéria, gravées par Hopwood, Fauchery, Manceau, Delaistre, Blanchard et Lecomte, en triple état : *avant la lettre sur Chine,* avec le titre au haut de la gravure; AVANT TOUTE LETTRE et *avant les filets d'encadrement* (très rares épreuves d'artiste, la plupart avec la signature autographe de Devéria), et EAUX-FORTES SUR CHINE.

510. PYRRHUS, tragédie par Monsieur de Crébillon. *A Paris, de l'imprim. de la veuve de Coustelier,* 1726.

In-8, mar. rouge, dos orné, fil., dent. à l'int., tr. dor.
(Chambolle-Duru.)

Édition originale.

511. THÉATRE DE MONSIEUR DE FLORIAN. *A Paris, de
l'imprimerie de Guilleminet, an IX.* 3 vol. in-18,
frontisp. et 11 fig. de Quéverdo, gravées par Dambrun,
Patas et de Longueil, mar. rouge, dos orné, large
dent. sur les plats, tr. dor. *(Bozérian.)*

Exemplaire sur papier vélin.

512. THÉATRE DE SÉRAPHIN ou des ombres chinoises,
historiquement dialogué, commenté, abrégé et mora-
lisé pour les enfans. Ouvrage orné de 14 figures en
taille-douce et d'un plus grand nombre de planches
gravées en bois par Duplat et Bénard. *Paris,* 1806. 2
tomes en 1 vol. pet. in-12, fig., veau fauve, filets, en-
tièrem. ébarb. *(Bauzonnet.)*

513. ŒUVRES DE J. F. DUCIS, membre de l'Institut,
ornées du portrait de l'auteur d'après M. Gérard et de
gravures d'après MM. Girodet et Desenne. *Paris, chez
Nepveu,* 1813. 3 vol. in-8, fig., mar. violet, dos orné,
large dent. sur les plats, dent. à l'int., tr. dor. *(Chilliat.)*

Dernière édition publiée du vivant de l'auteur.

Exemplaire sur papier vélin avec les figures AVANT LA
LETTRE.

514. ŒUVRES DE J.-F. DUCIS, membre de l'Institut, ornées du port. de l'auteur, d'après M. Gérard et de gravures d'après MM. Girodet et Desenne. *A Paris, chez
Nepveu (de l'imprim. de Didot l'aîné),* 1819. 3 vol.
in-8, port. et fig., mar. viol., dos orné, compart. dorés
sur les plats, dent. à l'int., tr. dor. *(Rel. par Doll.)*

Exemplaire en papier vélin fin avec 2 portraits de Ducis et
20 figures AVANT LA LETTRE.

IV. ROMANS ET CONTES.

1. ROMANS GRECS ET LATINS.

515. ESOPE EN BELLE HUMEUR ou dernière traduction et augmentation de ses fables en prose et en vers. Nouvelle édition divisée en deux tomes et enrichie de nouvelles figures (par J. Bruslé). *A Brusselle, chez François Foppens*, 1700. 2 tomes en 1 vol. pet. in-8, frontisp. grav., et fig. d'Harrewyn, mar. rouge, dos orné, fil. , dent., tr. dor. *(Gruel.)*

ÉDITION RECHERCHÉE à cause des vignettes dont elle est ornée.

516. LUCIEN, de la traduction de N. Perrot, S^r d'Ablancourt. Nouvelle édition revue et corrigée. *A. Amsterdam, chez P. Mortier*, 1709. 2 vol. pet. in-8, fig., mar. rouge, dos orné, comp. et dent. sur les plats et à l'int., tr. dor. *(Bradel-Derome.)*

Les figures sont attribuées à *Romain de Hooge* ou à *Harrewyn*.

517. AMOURS DE THÉAGENES et Chariclée, histoire éthiopique (par Héliodore). *A Paris, chez Coustelier*, 1757. 2 parties en 1 vol. in-12, frontisp., vignettes et figures, mar. vert, dos orné, fil., tr. jasp. *(Reliure ancienne.)*

518. LES AMOURS PASTORALES de Daphnis et Chloé (traduites du grec de Longus par Amyot). *S. l. (Paris, Quillau)*, 1718. Pet. in-8, frontisp. gravé

d'après Coypel, et 28 figures grav. par Audran, mar.
rouge, dos orné, large dent. sur les plats, dent. à l'int.,
doublé de tabis vert, tr. dor *(Bradel-Derome.)*

Bel exemplaire, très grand de marges, de cette charmante
édition, DITE DU RÉGENT, parce que les figures en ont été
gravées d'après les dessins du Régent, Philippe d'Orléans.

La gravure des *Petits pieds* ne s'y trouve pas. Hr : 162mm.

519. LES AMOURS PASTORALES de Daphnis et Chloé. *S. l.
(Paris, Quillau)*, 1745. In-4, frontisp. gravé, vignettes
et culs-de-lampe, veau fauve, dos orné, fil., dent., tr.
dor. *(Reliure ancienne.)*

GRAND PAPIER TIRÉ DE FORMAT IN-4, avec 1 frontisp. et 28
figures par Philippe d'Orléans, les mêmes que dans l'édition
précédente ; on y trouve en plus 4 en-têtes et 4 ravissants
culs-de-lampe de Cochin.

On y a joint la figure dite des *Petits Pieds* du Comte
de Caylus, qui n'ayant été gravée qu'en 1728, ne peut et ne
doit pas se trouver dans l'édition de 1718.

520. LES AMOURS PASTORALES de Daphnis et
de Chloé, traduites du grec de Longus par Amyot. *A
Paris, de l'imprimerie de Didot l'aîné, an VIII*
(1800). Gr. in-4º, fig., papier vélin, marocain rouge,
dos en mosaïque de mar. vert, avec des compartiments
dorés et un bouquet de roses sur les plats, dent. à l'int.,
tr. dor. *(Petit, successeur de Simier.)*

Exemplaire sur GRAND PAPIER VÉLIN dans une riche reliure,
avec les 9 belles figures de Prudhon et Gérard, gravées par
Godfroy, Marais, Massard et Roger AVANT LA LETTRE,
et avec les papiers de soie.

On a ajouté à ce beau volume : 1º le portrait en médaillon
de *Pierre Didot*, gravé par Wedgwood ; 2º les quatres jolies
lithographies in-4, LES SAISONS, d'après Prudhon *(tirées à 20
exemplaires seulement et spécialement pour cette édition)*;
3º 5 figures de Lebarbier AVANT LA LETTRE, tirées des Métamorphoses d'Ovide ; 4º enfin la charmante petite figure de
Prudhon gravée par Roger, pour l'édition de Renouard

521. LES AMOURS PASTORALES de Daphnis et de Chloé, traduites du grec de Longus par J. Amyot. *A Paris, chez Ant.-Aug. Renouard (de l'impr. de Crapelet), XII-1803.* In-12, port. en médaillon par St Aubin sur le titre et 5 fig. de Monsiau, grav. par Dupréel et Pauquet, broché.

> *Exemplaire broché de format in-12,* avec figures AVANT LA LETTRE.
> On y a joint la jolie petite figure de Prudhon, gravée par Roger *avant la lettre.*

522. LONGUS. Suite complète de 6 vignettes in-8 d'après Prudhon, Gérard, Hersent et Albriès, gravées par Guiot, Larcher, Queverdo et Simonet, pour les *Amours de Daphnis et Chloé.* In-8.

> Épreuves, de format in-4, à l'état d'EAUX-FORTES. Trois pièces sur chine et trois sur blanc.

523. L. APULEII DE ASINO AUREO LIBELLI **XI.** Floridorum libri quatuor. De dogmate Platonis liber unicus..... Et alia opuscula. *Impressum Florentiæ opera et impensa Philippi de Guinta, anno quingentesimo duodecimo supra mille, mense Februario* (1512). In-8 de 2 et 254 ff., mar. brun, compartiments dorés et à froid, avec le titre sur les plats du volume, tranches dorées et ciselées. *(Reliure ancienne.)*

> Bel exemplaire de cette édition rare, une des premières où figure le lys, marque des Junte.

524. LES MÉTAMORPHOSES ou l'Asne d'or de L. Apulée, philosophe platonicien; nouvellement reveues, corrigées et mises en meilleur ordre qu'aux précédentes impressions, et enrichies de quantité de figures en taille-douce. *A Paris, chez Nicolas et Iean de La Coste,*

1648. In-8, fig., mar. rouge, dos orné, fil., dent., tr. dor. *(Chambolle-Duru.)*

Édition recherchée pour le frontispice et les figures de CRISPIN DE PAS dont elle est ornée.

2. ROMANS FRANÇAIS.

A. ROMANS DE DIFFÉRENTS GENRES.

525. **Sensuit ung très beau et excellent Romain** *(sic)* **nommé Jean de Paris, roy de France.** *Imprimé à Lyon par François et Benoist Chaussard frères…… Mille cinq cens soixante* (1560), *le quatriesme jour de septembre.* Pet. in-4 gothique de 40 ff. signés A-K, figures en bois, mar. rouge jans., dent., tr. dor. *(Chambolle-Duru.)*

Édition fort rare.

526. HISTOIRE DU PETIT JEHAN DE SAINTRÉ et de la dame des Belles-Cousines, extraite de la vieille chronique de ce nom par M. de Tressan. Édition ornée de figures en taille-douce par M. Moreau le Jeune. *A Paris, de l'imprimerie de Didot Jeune,* 1791. In-18, mar. rouge, dos orné, fil., dent. à l'int., tr. dor. *(Reliure ancienne.)*

Exemplaire sur PAPIER VÉLIN avec les 4 figures de Moreau, gravées par Dambrun, Halbou et de Longueil AVANT LA LETTRE.

527. JÉHAN DE SAINTRÉ. — Gérard de Nevers. — Regner Lodbrog. —Robert, par le Comte de Tressan. Edition

ornée de gravures d'après les dessins de **M.** Colin.
Paris, Nepveu, 1822. In-8, port. et fig., dem.-mar.
vert, avec coins, dos orné, tranches ébarbées. *(R. Petit.)*

Exemplaire orné de 3 portraits : avec la lettre, *sur Chine,* et
AVANT LA LETTRE, et de 3 belles figures de Colin, gravées par
Blanchard et Pauquet en quadruple état : *avec la lettre,*
AVANT LA LETTRE SUR BLANC, AVANT LA LETTRE SUR CHINE
et EAUX-FORTES.

528. HISTOIRE DE GÉRARD DE NEVERS et de la belle Eu-
riant, sa mie, par Tressan. Edition ornée de figures en
taille-douce dessinées par Moreau le Jeune. *A Paris,
de l'imprimerie de Didot Jeune,* 1792. In-18, fig.,
mar. rouge, dos orné, fil., dent. à l'int., tr. dor.
(Chambolle-Duru.)

Exemplaire sur PAPIER VÉLIN et *relié sur brochure* avec les
4 figures de Moreau en double état : AVEC LA LETTRE et
AVANT LA LETTRE.

529. HISTOIRE DE GÉRARD DE NEVERS et de la belle Eu-
riant, sa mie, par Tressan. Edition ornée de figures en
taille-douce dessinées par Moreau le Jeune. *A Paris,
de l'imprimerie de Didot jeune,* 1792. Pet. in-12, veau
racine, dos orné, dent., tr. marbr. *(Reliure ancienne.)*

Exemplaire sur PAPIER VÉLIN avec les 4 jolies figures de
Moreau *avec la lettre* et AVANT LA LETTRE, moins celle de la
page 205.

530. HISTOIRE DE GÉRARD DE NEVERS et de la belle Eu-
riant, sa mie, par Tressan. Edition ornée de figures en
taille-douce dessinées par Moreau le Jeune. *A Paris,
chez Dufart, an IV* (1796). In-12, fig., mar. rouge,
dos orné, dent. sur les plats, dent. à l'int., tr. dor.
(Reliure ancienne.)

Papier vélin.

531. LES || ŒUVRES || DE M. FRAN || COIS RABE ||
LAIS Docteur en Me || decine, contenans || la vie,
faicts & || dicts Héroi || ques de || Gargantua, et de son
filz Pa || nurge : avec la Progno || stication Panta ||
gruéline. *S. l.*, 1553. 4 parties en 2 vol. in-16 de 403
pp. pour le 1er vol. ; pages 404 à 932 suivies de 21
pp. non chiffrées pour les tables des 4 livres, celle de
la Pronostication et le registre, mar. rouge, dos orné,
riches compartiments dorés genre XVIe siècle sur les
plats, doublé de mar. rouge avec une large dentelle à
petits fers, tr. dor., étui. *(Chambolle-Duru.)*

PRÉCIEUX EXEMPLAIRE DE L'ÉDITION ORIGINALE
COLLECTIVE des 4 livres et la dernière publiée du vivant
de l'auteur, qui mourut cette même année 1553.
Raccommodages.

532. LES ŒUVRES DE M. FRANÇOIS RABELAIS, docteur en
médecine, dont le contenu se voit à la page suivante.
Augmentées de la vie de l'auteur et de quelques remarques sur sa vie et sur l'histoire. Avec l'explication de
tous les mots difficiles. *S. l. (Amsterdam, Elzevier)*,
1663. 2 vol. pet. in-12, titres rouge et noir, mar.
rouge, dos orné, fil., dent., tr. dor. *(Trautz-Bauzonnet.)*

Bel exemplaire en PAPIER FORT de cette jolie édition.
Hr : 128mm.

533. ŒUVRES DE MAITRE FRANÇOIS RABE-
LAIS, avec des remarques historiques et critiques de
M. Le Duchat. Nouvelle édition, ornée des figures de
Bernard Picart, etc. Augmentée de quantité de nouvelles remarques..... et de plusieurs pièces curieuses et
intéressantes. *A Amsterdam, chez Jean Frédéric Bernard*, 1741. 3 vol. gr. in-4, fig., mar. citron, dos

orné, fil. sur les plats, doublé de mar. rouge avec une large dentelle à petits fers, genre xviiie siècle, tr. dor. *(Masson-Debonnelle, relieurs; Wampflug, doreur.)*

RARISSIME EXEMPLAIRE EN GRAND PAPIER d'un des plus beaux livres du siècle dernier, et dont on ne connaît jusqu'ici sur ce papier que 16 exemplaires.

534. ŒUVRES DE RABELAIS, édition variorum, augmentée de pièces inédites, des Songes drolatiques de Pantagruel, avec l'explication en regard, des remarques de Le Duchat, etc., et d'un nouveau commentaire par Esmangart et Eloi Johanneau. *A Paris, chez Dalibon (imprim. de Jules Didot l'aîné)*, 1823-29. 9 vol. gr. in-8, port. et fig., dem.-veau bleu, avec coins, dos orné, entièrement ébarbés. *(Purgold.)*

EXEMPLAIRE SUR GRAND RAISIN VÉLIN, de cette belle édition qui est ornée de deux portraits de Rabelais, de dix belles figures d'après les dessins de Devéria, des 120 figures grotesques des Songes drolatiques, gravées sur bois par Thompson et d'une carte du Chinonais, qui manque souvent.

La suite complète des 12 vignettes de Devéria se trouve ici en double état : AVANT LA LETTRE SUR CHINE et EAUX-FORTES. Ces dernières sont fort rares.

On y a joint la collection complète des 70 gravures in-8, de l'édition Bastien, AVANT LA LETTRE.

535. RABELAIS. Suite complète de 12 gravures in-8 (dont 2 portraits) d'après Devéria, gravées par Burdet, Chollet, Lefèvre, Mottet, Larcher, Touzé, etc., pour les *Œuvres complètes, édition Dalibon*, 1823. 9 vol. in-8. *(Avec la carte du Chinonais.)*.

Belles épreuves, tirées de format in-folio, SUR CHINE AVANT LA LETTRE et EAUX-FORTES.

535 *bis.* — La même suite, également de format in-folio, AVANT LA LETTRE SUR CHINE, avec la carte du Chinonais.

536. Les Amours de Filandre et de Marizée par A. de Nervèze. *A Lyon, par Pierre Rigaud,* 1603. Pet. in-12 de 90 pp., veau fauve, dos orné, fil., tr. r. *(Reliure ancienne.)*

Aux armes de Madame de Pompadour.

537. Le Berger extravagant ou parmy des fantaisies amoureuses on void les impertinence des Romans & de la Poésie (par Charles Sorel). *A Paris, chez Toussainct du Bray,* 1627. Pet. in-8 de 12 ff. prélim. y compris le titre gravé et 961 pp. avec un errata au verso de la dernière, veau racine, dos orné, tr. jasp. *(Reliure ancienne.)*

Édition originale, avec un joli frontispice et 2 belles figures (dont une fort curieuse) dessinées et gravées par *Crispin de Passe.*

Aux armes dans le dos de Gigault de Bellefonds.

538. LE ROMAN COMIQUE par Scarron, édition ornée de figures dessinées par Le Barbier et gravées sous sa direction. *De l'imprimerie de Didot jeune, à Paris, chez Janet et Hubert, l'an quatrième* (1796). 3 vol. in-8, port. et fig., mar. viol. foncé, dos orné, fil., dent. à l'int., tr. dor. *(Chambolle-Duru.)*

Grand papier vélin, avec la suite complète de 1 port. de Scarron et 15 jolies figures de Lebarbier, gravées par Baquoy, Dambrun, Simonet, Trière, etc., en double état : avant la lettre et EAUX-FORTES. Ces dernières sont de toute rareté.

Exemplaire relié sur brochure.

539. Le Roman comique par Scarron. Edition ornée de figures dessinées par Le Barbier et gravées sous sa direction. *A Paris, chez Janet (de l'impr. de Didot jeune), an IV* (1796). 3 vol. in-8, dem.-rel. veau fauve, tr. marbr. *(Fig.)*

Exemplaire sur *papier vergé* avec 1 port. et 15 figures de Le Barbier, les mêmes que ci-dessus, AVANT LA LETTRE.

540. LE ROMAN BOURGEOIS, ouvrage comique (par Furetière). *A Paris, chez Théodore Girard, 1666, avec privilège du Roy.* In-8, frontisp. gravé, mar. bleu, dos orné, fil., dent. à l'int., tr. dor. *(Trautz-Bauzonnet.)*

ÉDITION ORIGINALE.
Superbe exemplaire très grand de marges et avec le frontispice gravé qui manque souvent. H^r : 175^{mm}.
De la vente *Lebeuf de Montgermont.*

541. LA VRAYE HISTOIRE COMIQUE DE FRANCION, composée par Nicolas de Moulinet, sieur du Parc, gentilhomme Lorrain. *A Leyde et Roterdam, chez les Hackes, 1668.* 2 vol. pet. in-12, frontisp. et fig., mar. bleu, dos orné, fil., dent. à l'int., tr. dor. *(Chambolle-Duru.)*

Joli exemplaire de cette édition rare qui se joint à la *collection des Elzéviers.*

542. AMITIEZ, AMOURS ET AMOURETTES par M. Le Pays. Dernière édition. *A Amsterdam, chez Abr. Wolgang, 1668.* Pet. in-12, frontisp. gravé, mar. rouge, dos orné, coins et fil., dent. à l'int., tr. dor. *(Gruel.)*

On trouve à la fin du volume, avec titre et pagination spéciale, le PORTRAIT DE L'AUTEUR, *daté de Grenoble, le 20 juillet* 1664.

543. LA PRISON SANS CHAGRIN, histoire comique du temps. *A Paris, chez Claude Barbin, 1669.* In-12. — GULISTAN ou l'empire des Roses, traité des mœurs des Rois, composé par Musladini Saadi, prince des Poëtes Persans. Traduit du persan par M***. *A Paris, par la Compagnie des Libraires, 1704.* In-12. Ensemble 2 ouvrages en 1 vol. in-12, mar. vert, dos orné, fil., dent., tr. dor. *(Reliure ancienne.)*

Aux armes de la COMTESSE DE VERRUE.

.544. La Princesse de Montpensier (par Mme de La
Fayette.) *A Paris, chez Thomas Iolly,* 1662. Pet.
in-8 de 4 ff. prélim., et 142 pp., mar. citron, dos orné
avec mosaïque de mar. vert et rouge, fil. et compart.
à la Dusseuil, dent. à l'int., tr. dor. *(Capé.)*

Édition originale.

545. Zayde, histoire espagnole par M. de Segrais (Madame de La Fayette), avec un traitté *(sic)* de l'Origine
des Romans par Monsieur Huet. *A Paris, chez Claude
Barbin,* 1670-71, *avec privilège du Roy.* 2 vol. pet.
in-8, mar. vert, dos orné, fil., dent., tr. dor. *(Duru,*
1854.)

Édition originale.
Bel exemplaire de Solar et de M. Roger Portalis.
H^r : 160^mm.

546. LA PRINCESSE DE CLÈVES (par Mme de La
Fayette). *A Paris, chez Claude Barbin, au Palais,
sur le second Perron de la Sainte Chapelle,* 1678,
avec privilège du Roy. 4 tomes en 2 vol. in-12, mar.
citron, dos orné, fil., dent. à l'int., tr. dor. *(Trautz-
Bauzonnet.)*

Édition originale.
Superbe exemplaire très grand de marges. H^r : 155^mm.

547. Mémoires de Hollande (par Madame de La
Fayette). *A Paris, chez Estienne Michallet,* 1678,
avec privilège du Roy. In-12 de 4 ff. prélim., et 456
pp. en gros caractères, mar. rouge, dos orné, fil., dent.,
tr. dor. *(Chambolle-Duru.)*

Édition originale.

548. Mémoires de la Cour de France pour les années
1688 et 1689 par Madame la Comtesse de La Fayette.

A Amsterdam, chez Jean Frédéric Bernard, 1731.
In-12, front. gravé, mar. bleu, dos orné, fil., dent.,
tr. dor. *(Chambolle-Duru.)*

ÉDITION ORIGINALE avec le frontispice gravé par Van Buisen
d'après B. Picart. H^r : 160^{mm}.

549. MÉMOIRES de la vie de Henriette Sylvie de Molière
(par d'Alègre). *A Paris, chez Claude Barbin,* 1671.
2 parties en 1 vol. pet. in-12, mar. bleu, dos orné, fil.,
dent., tr. dor. *(Chambolle-Duru.)*

550. ZIZIMI, prince ottoman, amoureux de Philippine-
Hélène de Sassenage. Histoire Dauphinoise (par Guy
Allard). *A Grenoble, chez Iean Nicolas, marchand
libraire, rue du Palais,* 1673. Pet. in-12, de 12 ff.
prélim. dont le 1er et le dernier blanc, 382 pp. et 1 f.
pour le privilège, mar. rouge jans., dent. à l'int., tr.
dor. *(Trautz-Bauzonnet.)*

Bel exemplaire grand de marges d'un petit ouvrage fort rare.
H^r : 137^{mm}.

551. LE LION D'ANGELIE. Histoire amoureuse et tragique
par Pierre Corneille Blessebois. *A Cologne, chés
Simon l'Africain (Hollande),* 1676. Pet. in-12,
frontisp. gravé, mar. vert, filets, dent., tr. dor. *(Reliure
ancienne.)*

Le volume est dédié à M. ELZEVIER, *capitaine ordinaire de
mer.*

A la fin : *Le Temple de Marsias, par Pierre Corneille Blessebois,* 1676, petite nouvelle en prose et en vers de 44 pages,
chiffrées séparément, bien qu'il n'y ait qu'une seule série de
signatures pour les deux ouvrages.

552. LE DIABLE BOITEUX (par Le Sage). *A Paris,
chez la veuve Barbin, au Palais, sur le Perron de la
Sainte-Chapelle,* 1707, *avec privilège du Roy.* In-12

de 1 frontisp. gravé, 4 ff. prélim., 314 pp., 4 ff. pour
la table et le privilège et 1 f. blanc, mar. rouge, dos
orné, filets et compart. à la Dusseuil, large dent. à
l'int., tr. dor. *(Lortic.)*

ÉDITION ORIGINALE DE TOUTE RARETÉ.
Superbe exemplaire, très grand de marges. H^r : 162^{mm}.

553. LE DIABLE BOITEUX (par Le Sage). *A Paris, chez
la veuve Barbin, au Palais, sur le Perron de la
Sainte Chapelle, 1707, avec privilège du Roy.* In-12
de 1 frontisp. gravé, 4 ff. prélim., 314 pp., 4 ff. pour
la table et le privilège et 1 f. blanc, mar, v., dos orné,
fil , doublé de mar. r., large dent., tr. dor. *(Chambolle-
Duru.)*

ÉDITION ORIGINALE.
Autre bel exemplaire, également à toutes marges. H^r: 162^{mm}.

554. LE DIABLE BOITEUX (par Le Sage). Seconde édition.
A Paris, chez la veuve Barbin, 1707. In-12, frontisp.
gravé, 6 ff. prélim., 318 pp. et 3 ff. de table, mar.
rouge, dos orné, fil., dent. à l'int., tr. dor. *(Chambolle-
Duru.)*

DEUXIÈME ÉDITION ORIGINALE, publiée la même année que la
première.

555. LE DIABLE BOITEUX, nouvelle édition augmentée
d'une Journée des Parques par Monsieur Le Sage. *A
Paris, chez Damonneville,* 1756. 3 vol. pet. in-12,
front. gravé et fig., mar. bleu, dos orné, fil., dent., tr.
dor. *(Chambolle-Duru.)*

Édition qui renferme pour la première fois *la Journée des
Parques.*

556. LE DIABLE BOITEUX, par Monsieur Le Sage.
Nouvelle édition, corrigée, refondue, augmentée d'un
volume par l'auteur et ornée de Figures ; avec les En-

tretiens sérieux et comiques des cheminées de Madrid et les Béquilles du Diable par Monsieur *** (Bordelon). *A Paris, chez Prault père, 1737, avec privilège du Roi.* 2 vol. in-12, fig., mar. vert, dos orné, fil., dent. à l'int., tr. dor. *(Chambolle-Duru.)*

> DERNIÈRE ÉDITION DONNÉE DU VIVANT DE L'AUTEUR et celle qui mérite le plus d'attirer l'attention des curieux comme contenant le texte définitif et complet d'un des chefs-d'œuvre de de Lesage.
>
> Tome I : 332 pp. et 2 ff. pour l'approbation et le privilège. Tome II : 350 pp. et 12 ff. pour le privilège, la table du tome second et la table générale. — Les 5 ff. prélim. du 1er vol., et le titre du 2e vol. comptent dans la pagination, mais pas les figures qui sont au nombre de 12, y compris le frontispice.
>
> *Exemplaire grand de marges.* H^r : 160mm.

557. HISTOIRE DE GIL BLAS de Santillane, par M. Le Sage. *A Paris, chez la veuve Ribou, 1732 pour les tomes 1, 2 et 3, et 1735 pour le tome 4º.* Ensemble 4 vol. in-12, fig., veau fauve, dos orné, fil., dent. à l'int., tr. dor. *(Capé.)*

> *Quatrième édition originale,* mais LA PREMIÈRE ÉDITION COLLECTIVE de ce roman célèbre. Le 4e et dernier volume paraît ici pour la première fois.
>
> Exemplaire grand de marges. H^r : 162mm.

558. HISTOIRE DE GIL BLAS de Santillane, par M. Le Sage. Dernière édition revue et corrigée. *A Paris, par les libraires associés, 1747.* 4 vol. in-12, fig., mar. rouge, dos orné, compart. à la Dusseuil, dent., tr. dor. *(Capé.)*

> DERNIÈRE ÉDITION PUBLIÉE DU VIVANT DE L'AUTEUR.
> Elle est rare et recherchée.

559. HISTOIRE DE GIL BLAS de Santillane par Le Sage. Edition ornée de figures en taille-douce par les meil-

leurs artistes. *A Paris, impr. de Chaignieau aîné, an IX.* 4 vol. in-8, veau racine, dos en mar. rouge, dentelle sur les plats et à l'int., tr. dor. *(Reliure ancienne.)*

Exemplaire de format in-8 et sur PAPIER VÉLIN, de cette belle édition qui renferme 1 port. de Lesage gravé par Lingée, et 28 fig. par Monnet AVANT LA LETTRE.

560. HISTOIRE DE GIL BLAS de Santillane, par Le Sage ; édition collationnée sur celle de 1747, avec des notes historiques et littéraires par François de Neufchateau. *A Paris, chez Lefèvre,* 1820. 3 vol. in-8, fig., mar. bleu, dos orné, compart. dorés et dent. à froid sur les plats, fil. à l'int., doublé de tabis rose, tr. dor. *(Lefebvre.)*

GRAND PAPIER VÉLIN avec la collection complète des 9 belles figures de Desenne, gravées par Bein, Prévost, Coupé, Lignon, etc. AVANT LA LETTRE et EAUX-FORTES.

Bel exemplaire auquel on a joint la suite des 24 gravures in-8º de Smirke, en PREMIÈRES ÉPREUVES *(lettres grises en grosses lettres)* et un joli port. de Lesage gravé par Guétard.

561. HISTOIRE DE GIL BLAS de Santillane, par Le Sage ; avec des notes historiques et littéraires par M. le comte François de Neufchâteau. *A Paris, chez Lefèvre (imprim. de Jules Didot aîné).* 3 vol. gr. in-8, papier jésus vélin, dem -rel. mar. rouge avec coins, tête dor., ébarb. *(Capé.)*

Très bel exemplaire, *un des* 5o *tirés sur* GRAND JÉSUS VÉLIN avec le portrait gravé par Roger en double état : *avant la lettre sur blanc* et SUR CHINE AVANT LA LETTRE.

On y a joint la suite complète des 100 jolies figures de Bornet, Charpentier et Duplessis-Bertaux, gravées sous la direction de Hubert, AVANT LA LETTRE. Très rares.

De la bibliothèque de RENOUARD, relié depuis la vente.

562. HISTOIRE DE GUSMAN D'ALFARACHE, nouvellement

traduite et purgée des moralitez superfluës par Monsieur Le Sage. *A Paris, chez Etienne Ganeau*, 1732. 2 vol. in-12, frontisp. et fig., mar. rouge, dos orné, fil., dent. à l'int., tr. dor. *(Chambolle-Duru.)*

Édition originale.
Exemplaire grand de marges. H^r : 166^{mm}.

563. Les Avantures de Monsieur Robert Chevalier, dit de Beauchêne, capitaine des flibustiers dans la Nouvelle-France, rédigées par M. le Sage. *A Paris, chez Etienne Ganeau*, 1732. 2 vol. in-12, fig. de Bonnard, mar. vert, dos orné, fil., dent., tr. dor. *(Brany.)*

Édition originale.
Exemplaire grand de marges. H^r : 164^{mm}.

564. Histoire d'Estevanille Gonzalez, surnommé le Garçon de bonne humeur, tirée de l'espagnol par Monsieur Le Sage. *A Paris, chez Prault*, 1734. 2 parties en 1 vol. in-12, mar. rouge, dos orné, fil., dent. à l'int., tr. dor. *(Thibaron-Joly.)*

Édition originale.

565. Le Bachelier de Salamanque ou les Mémoires de D. Chérubin de La Ronda, tirés d'un manuscrit espagnol par M. Le Sage. *A Paris, chez Valleyre et Gissey*, 1736 *pour le* 1er *vol., et* 1738 *pour le* 2e *vol., avec privilège du Roy*. 2 vol. in-12, fig., mar. rouge, dos orné, fil., dent. à l'int., tr. dor. *(Thibaron.)*

Édition originale pour les deux volumes.
Bel exemplaire grand de marges. H^r : 165^{mm}.

566. La Voiture embourbée (par Marivaux). *A Paris, chez Pierre Prault*, 1714. In-12 de xiv ff. prélim., texte de 15 à 293, et 3 ff. pour le privilège, mar. rouge, dos orné, fil., dent., tr. dor. *(Hardy.)*

Édition originale.
Exemplaire grand de marges. H^r : 158^{mm}.

567. La Vie de Marianne, ou les avantures de Madame
la Comtesse de *** par Monsieur de Marivaux. *A Paris,
chez Prault père, 1734-35-36, et à La Haye, chez
Gosse & Néaulme, 1737-41 et 45. 12 parties en 2 vol.
in-12, mar.rouge jans., dent. à l'int., tr. dor. (Brany.)*

> Édition originale des 12 parties de la Vie de Marianne.
> C'est le chef-d'œuvre de Marivaux.
> Tome I : 6 ff. et 95 pp. — Tome II : 2 ff., 98 pp. et 2 ff. —
> Tome III : 2 ff. et 140 pp. — Tome IV : 3 ff. et 126 pp. —
> Tome V : 130 pp. et 1 f. — Tome VI : 120 pp. — Tome VII :
> 144 pp. — Tome VIII : 132 pp. — Tome IX : 2 ff. et 168 pp.
> — Tome X : 2 ff. et 122 pp. — Tome XI : 1 f. et 106 pp.
> — Tome XII : 2 ff. et 91 pp.
> *Très rare complet.*

568. Mémoires de la vie du Comte de Grammont ; contenant particulièrement l'Histoire amoureuse de la cour
d'Angleterre, sous le règne de Charles II (par Antoine
Hamilton). *A Cologne, chez Pierre Marteau, 1713.*
In-12, mar. bleu, dos et coins ornés, milieu doré, doublé de mar. citron, avec une large dentelle à petits
fers, tr. dor. *(Thibaron.)*

> Véritable édition originale.
> Exemplaire de toute beauté dans une superbe reliure.

569. Mémoires du Comte de Grammont, par le C. Antoine Hamilton. Edition ornée de 72 portraits, gravés
d'après les tableaux originaux. *A Londres, chez
Edwards, s. d. (vers 1795).* In-4, papier vélin, port.,
mar. rouge, dos orné, fil., dent. à l'int., tr. dor. *(R.
Petit.)*

> Les *Notes et Éclaircissements* (77 pp.) la *Table des noms* et
> l'*Avis au relieur pour placer les gravures*, qui manquent sou-
> vent, se trouvent dans notre exemplaire, qui contient du reste
> 79 portraits (et non 72 annoncés à tort sur le titre) et de plus
> une vue de la *Résidence de Somerhill.*

570. LES QUATRE FACARDINS, conte par M. le Comte Antoine Hamilton. *A Paris, chez Jean Fr. Josse*, 1730. In-12 de 2 ff. prélim. et 328 pp., mar. rouge, dos orné, fil., dent. à l'int., tr. dor. *(Chambolle-Duru.)*

Édition originale. H^r : 166^{mm}.

571. LE BÉLIER, conte par M. le Comte Antoine Hamilton. *A Paris, chez Jean Fr. Josse*, 1730. In-12, mar. bleu, dos orné, fil., dent. à l'int., tr. dor. *(Chambolle-Duru.)*

Édition originale. H^r : 163^{mm}.

572. HISTOIRE DE FLEUR D'EPINE, conte par M. le Comte Antoine Hamilton. *A Paris, chez Jean Fr. Josse*, 1730. In-12, mar. bleu, dos orné, fil., dent. à l'int., tr. dor. *(Chambolle-Duru.)*

Édition originale. H^r : 158^{mm}.

573. ŒUVRES MÊLÉES en prose et en vers par M. le Comte Antoine Hamilton. *A Paris, chez Josse.* 1731. 4 parties en 1 vol. in-12, mar. bleu, dos orné, fil., dent., tr. dor. *(Chambolle-Duru.)*

Édition originale.

La quatrième partie contient le charmant conte de *Zeneyde*, l'approbation et le privilège. H^r : 163^{mm}.

574. ŒUVRES DU COMTE ANTOINE HAMILTON. *Paris, chez Ant.-Aug. Renouard*, 1812. 3 vol. in-8, port. et fig., mar. vert, dos orné, fil., dent. à l'int., tr. dor. *(Chambolle-Duru.)*

RARISSIME EXEMPLAIRE EN GRAND PAPIER VÉLIN, *relié sur brochure*, avec les 4 jolies figures de Moreau en double état : AVANT LA LETTRE et EAUX-FORTES.

Les portraits sont en premier état, c'est-à-dire *avec la lettre grise*, et plusieurs sont en double *sur Chine* et à l'état d'EAU-FORTE.

575. MÉMOIRES ET AVANTURES d'un homme de qualité qui s'est retiré du monde (par l'abbé Prévost). *A Amsterdam, aux dépens de la Compagnie*, 1731. 7 vol. in-12, mar. bleu jans., dent. à l'int., tr. dor. *(Thibaron-Joly.)*

> Le Tome VII, qui contient l'ÉDITION ORIGINALE de MANON LESCAUT, est relié comme les six premiers volumes en mar. bleu jans., mais *doublé de marocain orange avec une large dentelle.*
>
> BEL EXEMPLAIRE DE LA BONNE ÉDITION et parfaitement conforme à la description qu'en donne M. Harisse.

576. SUITE DES MÉMOIRES et avantures d'un homme de qualité qui s'est retiré du monde (par l'abbé Prévost). *A Amsterdam, aux dépens de la Compagnie*, 1733. 2 part. en 1 vol. in-12 de 8 ff. et 469 pp., mar. rouge, dos orné, fil., dent., tr. dor. *(Lortic.)*

> ÉDITION ORIGINALE publiée séparément des Œuvres complètes.

577. HISTOIRE DU CHEVALIER DES GRIEUX ET DE MANON LESCAUT (par l'abbé Prévost). *A Amsterdam (Paris, Didot), aux dépens de la Compagnie*, 1753. 2 vol. in-12, papier de Hollande, vignette et 8 jolies fig. de Gravelot et Pasquier, mar. orange, dos orné, large dentelle XVIIIᵉ siècle, avec mosaïque de mar. vert sur les plats, dent. à l'int., tr. dor. *(David.)*

> La meilleure édition et la plus recherchée des amateurs comme étant LA DERNIÈRE DONNÉE DU VIVANT DE L'AUTEUR. Ex libris *Hilarii Grésy*. Hʳ : 158ᵐᵐ.

578. HISTOIRE DE MANON LESCAUT et du Chevalier Des Grieux par l'abbé Prévost. *A Paris, de l'imprimerie de P. Didot l'aîné (et se vend chez Bleuet jeune)*, an V. 1797. V. S. 2 vol. in-12, réglés,

fig., mar. bleu clair, dos orné, fil., dent. à l'int., tr.
dor. (*Trautz-Bauzonnet.*)

GRAND PAPIER VÉLIN tiré à cent exemplaires avec les
8 charmantes figures de Lefèvre, gravées par Coiny, en double
état : AVANT LA LETTRE et EAUX-FORTES.
Ces dernières sont rarissimes.

579. HISTOIRE DE MANON LESCAUT et du Chevalier Des
Grieux, par l'abbé Prévost. *A Paris (chez Alph. Leclère, de l'imprim. de Ch. Lahure)*, 1860. 2 vol. in-12,
port. et fig., mar. bleu, dos orné, fil., dent., tr. dor.
(*Belz-Niédrée.*)

Jolie réimpression de l'édition de 1797, qui contient les
FIGURES ORIGINALES de Lefebvre.

580. LES FAVEURS et les disgraces de l'amour, ou les
amans heureux, trompez et malheureux. Neuvième
édition corrigée et mise en meilleur françois, augmentée
d'un volume et de nouvelles histoires galantes avec des
figures en taille-douce. *A La Haye, chez Ant. Van
Dole,* 1734. 3 vol. in-12, fig., mar. citron, dos orné,
fil., dent., tr. dor. (*Reliure ancienne.*)

Frontispice de *Bernard Picart* et nombreuses figures sur
cuivre.

581. LE SIÈGE DE CALAIS. Nouvelle historique (par Mme
de Tencin). *A La Haye, chez Jean Néaulme,* 1739.
2 tomes en 1 vol. in-12, mar. rouge, dos orné, fil.,
dent., tr. dor. (*Belz-Niédrée.*)
Édition originale. H^r : 166^mm.

582. LETTRES D'UNE PÉRUVIENNE (par Mme de Graffigny).
A Peine, s. d. In-12, mar. bleu, dos orné, fil., dent.
à l'int., tr. dor. (*Belz-Niédrée.*)
Édition originale.

583. LETTRES D'UNE PÉRUVIENNE par Mme de Graffigny. Nouvelle édition augmentée d'une suite qui n'a point encore été imprimée. *A Paris, de l'imprimerie de P. Didot l'aîné, an V,* 1797. 2 vol. in-12, papier vélin, port. et fig., mar. bleu, dos orné, fil., dent. à l'int., tr. dor. (*Duru.*)

Un des cent exemplaires sur GRAND PAPIER VÉLIN de format gr. in-18, avec un joli port. gravé par De Launay AVANT LA LETTRE et 8 délicieuses figures de Lefebvre, gravées par Coiny en triple état : AVANT LA LETTRE, EAUX-FORTES et CONTRE-ÉPREUVES AVANT LA LETTRE.

584. LETTRES D'UNE PÉRUVIENNE, par Mme de Graffigny, traduites du français en italien par M. Deodati (avec le texte en regard). Edition ornée du portrait de l'auteur, gravé par M. Gaucher et de six gravures d'après les dessins de M. Le Barbier l'aîné. *A Paris, chez l'éditeur (de l'imprim. de Migneret),* 1797. Gr. in-8, port. et fig., veau fauve, dos orné, dent. sur les plats et à l'int., tr. dor. (*Reliure du temps.*)

GRAND PAPIER VÉLIN, avec le portrait de Gaucher et les 6 figures de Le Barbier, gravées par Choffard, Halbou, Gaucher, Patas et Lingée, AVANT LA LETTRE.

585. ZADIG ou la destinée. Histoire orientale (par Voltaire). *S. l. (Paris),* 1748. Pet. in-12, mar. rouge, dos orné, fil., dent., tr. dor. (*Chambolle-Duru.*)

ÉDITION ORIGINALE.

On a relié dans le même volume : *Le voyage de Saint Cloud par mer et par terre. A La Haye,* 1748, *in-12 de* 87 *pp.*

586. CANDIDE ou l'optimisme, traduit de l'allemand de M. le Docteur Ralph (par Voltaire). *S. l.,* 1759. In-12, de 299 pages, mar. vert, dos orné, fil., dent., tr. dor. (*Thibaron.*)

VÉRITABLE ÉDITION ORIGINALE en très gros caractères.

Exemplaire Lebeuf de Montgermont.

587. L'Ingénu, histoire véritable, tirée des manuscrits du Père Quesnel (par Voltaire). *A Utrecht*, 1767. In-8, texte encadré, mar. vert, dos orné, fil., dent à l'int., entièrement ébarbé. *[Chambolle-Duru.]*

> Édition originale.
> Exemplaire de M. Lebeuf de Montgermont.

588. L'Homme aux quarante écus (par Voltaire). *S. l. (Amsterdam)*, 1768. In-8 de 124 pp. tout compris, veau écaille, dos orné, fil., tr. r. (*Reliure ancienne.*)

> Édition originale.

589. L'Homme aux quarante écus (par Voltaire). *S. l.*, 1768. In-8, mar. bleu, dos orné, fil., dent., entièrement ébarbé. (*Chambolle-Duru.*)

> Édition originale.

590. Romans et contes de M. de Voltaire. *A Bouillon, aux dépens de la Société Typographique*, 1778. 3 in-8, port. de Voltaire gravé par Cathelin, 1 fleuron, 13 vignettes de Monnet et 57 figures de Marillier, Monnet et Moreau, mar. vert clair, dos orné, fil., dent. à l'int., tr. dor. (*Chambolle-Duru.*)

> Exemplaire avec un certain nombre de figures avant les numéros.

591. Silvie (par Watelet)..... Scribere jussit amor. *A Londres (Paris, Prault)*, 1743. Pet. in-8, frontisp. et 8 fig. de Pierre, grav. par Watelet; 1 fleuron, 4 vign., et 2 culs-de-lampe du même, gravés par Cochin, mar. rouge, dos orné, fil., dent. à l'int., tr. dor. (*Brany.*)

592. Acajou et Zirphile, conte (par Duclos). *A Minutie*, 1744. In-12, fleuron, frontisp. et fig. de Boucher, mar. rouge, dos orné, fil., dent., tr. dor. (*Smeers.*)

593. Les Amours de Mirtil. *A Constantinople*, 1761.
In-8, titre dessiné et gravé par Legrand, et 8 figures
de Gravelot, gravées par le même, mar. bleu, dos orné,
fil., dent. à l'int., tr. dor. *(Marius Michel.)*

594. Lettres de deux amans habitans d'une petite ville
au pied des Alpes, recueillies et publiées par J.-J.
Rousseau. *A Amsterdam, chez Marc Michel Rey*,
1761. 6 vol. in-12, mar. rouge, dos orné, fil., dent. à
l'int., tr. dor. *(Chambolle-Duru.)*
> Édition originale qu'il ne faut pas confondre avec celle
> publiée la même année à Paris, pour le libraire Duchesne,
> dans laquelle l'ouvrage a subi de nombreux retranchements.
>
> Exemplaire avec les 12 fig. de Gravelot, gravées par Choffart,
> Le Mire, de Longueil, etc., et auquel on a joint la partie qui
> a pour titre : *Recueil d'Estampes pour la Nouvelle Héloïse avec
> (l'explication) des sujets des mêmes Estampes, tels qu'ils ont
> été donnés par l'éditeur. Paris*, 1761, 47 *pp.*

595. Les Confessions de J.-J. Rousseau, suivies des
Rêveries du Promeneur solitaire. *A Genève,* 1782. 2
vol. in-8 de 471, 279 et 300 pp., bas, tr. marbr.
(Reliure ancienne.)
> Édition originale.

596. Contes moraux par M. Marmontel, de l'Académie
Françoise. *A Paris, chez J. Merlin*, 1765. 3 vol.
in-8, port., titre gravé et 23 fig. de Gravelot, mar.
vert, dos orné, fil., dent., tr. dor. *(Chambolle-Duru.)*
> Exemplaire en grand papier de hollande et de *premier
> tirage*, avec l'errata à la suite de la table.

597. Bélisaire, par M. Marmontel, de l'Académie Françoise. *A Paris, chez Merlin,* 1767. In-8, 1 frontisp.
et 3 fig. de Gravelot, mar. vert, dos orné, fil., dent. à
l'int., tr. dor. *(Chambolle-Duru.)*
> Exemplaire de *premier tirage* sur grand papier de hol-
> lande.

598. LE DIABLE AMOUREUX, nouvelle espagnole (par Cazotte). *A Naples (Paris),* 1772. In-8, avec 6 figures non signées, broché.

> Ces curieuses figures, gravées selon toute probabilité par Moreau, puisqu'elles figurent dans son œuvre réuni par lui-même, ont été, paraît-il, dessinées par Marillier.

599. TARSIS ET ZÉLIE, nouvelle édition (par Levayer de Boutigny). *A Paris, chez Musier fils,* 1774. 3 vol. gr. in-8, avec 3 frontisp. par Cochin, Moreau et Eisen, 3 fleurons sur les titres et 20 vignettes par Eisen gravées par Gaucher, Ponce, Masquelier, Née, de Longueil, etc., mar. vert, dos orné, fil., dent. à l'int., tr. dor. (*Cuzin.*)

> Exemplaire relié sur brochure.

600. LES INCAS ou destruction de l'empire du Pérou, par M. Marmontel, de l'Académie Françoise. *A Paris, chez Lacombe,* 1777. 2 vol. in-8, avec 10 fig. de Moreau gravées par Duclos, de Ghendt, Delaunay, Née et Simonet, veau fauve, dos orné, fil., dent., tranches rouges. (*Reliure ancienne.*)

> Belles épreuves, avec la figure du Tome II, Chap. xxvIII, p. 39, à l'état d'EAU-FORTE.

601. L'INNOCENCE DU PREMIER AGE en France, ou histoire amoureuse de Pierre Le Long et de Blanche Bazu, suivie de la Rose ou la Fête de Salency (par Billardon de Sauvigny). *A Paris, chez Ruault,* 1778. In-8, 1 figure et 3 vignettes non signées, avec 1 figure de Greuze, gravée par Moreau, veau racine, tranches marbr. (*Reliure ancienne.*)

> Exemplaire de LOUIS-PHILIPPE, avec le cachet de la *Bibliothèque du Palais-Royal.*

602. Extrait du Journal de mes Voyages, ou histoire
d'un jeune homme, pour servir d'école aux pères et
mères, par M. Pahin de la Blancherie. *A Paris, chez
les frères Debure, et à Orléans,* 1775. 2 vol. pet. in-8,
jolie fig. de Marillier, gravée par Romanet, mar. rouge,
dos orné, fil., dent., tr. dor. (*Reliure ancienne.*)

Très bel exemplaire en *grand papier* aux armes de Le Noir,
préfet de police.

603. LE PAYSAN PERVERTI ou les Dangers de la
Ville, histoire récente, mise au jour d'après les véritables lettres des personnages. Par N. E. Rétif de la Bre-
tone. *Imprimé à La Haie, et se trouve à Paris, chés
Esprit,* 1776. 8 parties en 4 vol. in-12, 82 fig. — La
Paysane pervertie, ou les Dangers de la ville : histoire
d'Ursule R***, sœur d'Edmond, le Paysan, mise au
jour d'après les véritables lettres des personnages. Avec
114 estampes : par l'auteur du Paysan Perverti. *Imprimé à La Haie et se trouve à Paris, chés la dame
V^{re} Duchesne, etc.,* 1784. 8 parties en 4 vol. in-12, 38
fig. Ensemble 16 parties en 8 vol. in-12, avec 120
figures, mar. rouge, dos orné, fil., dent., tr. dor.
(*Chambolle-Duru.*)

Bel exemplaire avec les 120 figures de Binet en excellentes
épreuves.

604. La Découverte australe, par un Homme-volant,
ou le Dédale français ; nouvelle très philosophique, suivie de la Lettre d'un Singe, &^a. *Imprimé à Leipsick et
se trouve à Paris, s. d.* 4 vol. in-12 avec 4 frontispices
dont un qui se replie, et 18 figures non signées, mar.
vert, dos orné, fil., dent. à l'int., tr. dor. (*David.*)

Exemplaire de M. Descq.

605. PAUL ET VIRGINIE, par Jacques-Bernardin-Henri de Saint-Pierre, avec figures. Papier vélin d'Essone. *A Paris, de l'imprimerie de Monsieur*, 1789 (*se trouve chez P. Fr. Didot jeune*). In-18, fig., mar. rouge, dos orné, compart. et filets sur les plats, mors en mar., dent. à l'int., tr. dor. (*Reliure ancienne.*)

EXEMPLAIRE SUR PAPIER VÉLIN D'ESSONE dans une reliure genre Bozérian, avec les 4 charmantes figures de Moreau le Jeune et J. Vernet, gravées par Girardet, Halbou et de Longueil, AVANT LA LETTRE.

Ce joli volume, qui est d'une très grande fraîcheur et rempli de témoins en tous sens, est une des raretés les plus enviées des amateurs du XVIIIe siècle. Hr : 131mm.

606. PAUL ET VIRGINIE par Jacques-Bernardin-Henri de Saint-Pierre, avec figures. *A Paris, de l'imprimerie de Monsieur*, 1789, *avec approbation et privilège du Roi*. In-18, figures de Moreau et J. Vernet, mar. vert, dos orné, large dentelle à petits fers genre XVIIIe siècle sur les plats, dent. à l'int., tr. dor. (*Hardy.*)

Autre bel exemplaire, relié sur brochure et tiré aussi sur PAPIER VÉLIN D'ESSONE.

607. SAINT-PIERRE (Bernardin de). Suite complète de 6 figures gr. in-4 de Moreau, Prudhon, Gérard, Girodet, Isabey et Lafitte, gravées par Bourgeois, Bovinet, Pillement, Roger, etc., pour *Paul et Virginie*, 1806. Gr. in-4.

Belles épreuves AVANT LA LETTRE.

608. LA CHAUMIÈRE INDIENNE par Jacques-Bernardin-Henri de Saint-Pierre. *A Paris, chez Didot le jeune (de l'imprimerie de Monsieur)*, 1791. Pet. in-12, mar. rouge, dos orné, dent. et compart. dorés sur les plats, dent. à l'int., tr. dor. (*Reliure ancienne.*)

ÉDITION ORIGINALE.

Exemplaire sur *papier vélin*.

609. Zilia, roman pastoral, par Mad^e la Comtesse de ***
(Beaufort). *A Toulouse*, 1789. In-12, réglé, mar.
vert, dos orné, riche dentelle sur les plats, dent. à l'int.,
doublé de tabis bleu, tr. dor. *(Reliure ancienne)*.

Joli petit volume AUX ARMES DE MARIE ANTOINETTE,
dont chaque page a été soigneusement encadrée d'un double
filet rouge.

La dédicace A LA REINE, signée par la Comtesse Joseph de
Beaufort, se trouve dans cet exemplaire.

610. Galatée, roman pastoral, imité de Cervantès par
M. de Florian. Edition ornée de figures en couleur
d'après les dessins de M. Monsiau. *A Paris, chez Defer
de Maisonneuve*, 1793. Gr. in-4, mar. rouge, dos
orné, large dent. sur les plats et à l'int., tr. dor.
(Reliure ancienne.)

Exemplaire sur PAPIER VÉLIN FORT avec les figures de Monsiau, gravées par Cazeneuve et Colibert AVANT TOUTE
LETTRE.

611. Galatée, pastorale imitée de Cervantès (par M. de
Florian). *A Paris, de l'imprimerie de Guilleminet,
an IX*. In-18, frontisp. et fig. de Lebarbier, mar. rouge,
dos orné, large dent. sur les plats, tr. dor. *(Bozérian.)*

Exemplaire sur papier vélin.

612. Eliézer et Nephtaly, poème traduit de l'hébreu,
suivi d'un dialogue entre deux chiens, nouvelle imitée
de Cervantès ; ouvrages posthumes de M. de Florian,
ornés de six jolies gravures. *A Paris, de l'imprimerie
de Guilleminet, an XI*. In-18, fig., mar. rouge, dos
orné, large dent. sur les plats, tr. dor. *(Bozérian.)*

Exemplaire sur papier vélin.

613. Estelle, pastorale par M. de Florian. *A Paris, de*

l'imprimerie de Guilleminet, an IX. 1 vol. in-18, frontisp. et fig. de Quéverdo, mar. rouge, dos orné, large dent. sur les plats, tr. dor. *(Bozérian.)*

Exemplaire sur papier vélin.

614. GONZALVE DE CORDOUE ou Grenade reconquise, par M. de Florian. *A Paris, de l'imprimerie de Guilleminet, an IX.* 3 vol. in-18, frontisp. de Monsiau et 14 fig. de Quéverdo, gravées par Delignon, Gaucher, etc., mar. rouge, dos orné, large dent. sur les plats, tr. dor. *(Bozérian.)*

Exemplaire sur papier vélin.

615. GUILLAUME TELL ou la Suisse libre par M. de Florian, ouvrage posthume précédé de la vie de l'auteur et orné de cinq jolies gravures de Monnet, gravées par Gaucher. *A Paris, de l'imprimerie de Guilleminet, an IX.* In-18, port. et fig., mar. rouge, dos orné, large dent. sur les plats, tr. dor. *(Bozérian.)*

Exemplaire sur papier vélin.

616. NOUVELLES de Florian. *A Paris, de l'imprimerie de Guilleminet, an IX.* 2 vol. pet. in-12, frontisp. et 13 fig. de Quéverdo, gravées par Dambrun, Delignon, de Longueil, etc., mar. rouge, dos orné, large dent. sur les plats, tr. dor. *(Bozérian.)*

Exemplaire sur papier vélin.

617. NUMA POMPILIUS, second roi de Rome, par M. de Florian. *A Paris, de l'imprimerie de Guilleminet, an IX.* 2 vol. pet. in-12, frontisp. et 12 jolies figures de Quéverdo, gravées par Dambrun, mar. rouge, dos orné, large dent. sur les plats, tr. dor. *(Bozérian.)*

Exemplaire sur papier vélin.

618. Le Comte de Valmont ou les égarements de la raison. Douzième édition revue et corrigée par l'auteur (l'abbé Gérard) et ornée de gravures. *Paris, chez Bossange,* 1807. 6 vol. in-8, papier vélin, fig., dem.-rel. veau fauve, entièrement ébarb. *(Capé.)*

Grand papier vélin avec les 6 figures de Moreau, gravées par Delvaux, de Ghendt, Hulk et Trière AVANT LA LETTRE.

619. Le Neveu de Rameau, dialogue; ouvrage posthume et inédit par Diderot. *Paris, Delaunay,* 1821. In-8, port., mar. rouge, dos orné, fil., dent., tr. dor. *(Chambolle-Duru.)*

Édition originale
Exemplaire relié sur brochure.

620. Voyage autour de ma chambre par M. le C. X***** (le Comte Xavier de Maistre) O. A. S. D. S. M. S. (Officier au service de Sa Majesté Sarde). *A Paris, chez Dufart, an IV* (1796). Pet. in-12, frontisp. gravé, mar. bleu, dos orné, fil., dent. à l'int., tr. dor. *(Chambolle-Duru.)*

Édition originale.
Exemplaire relié sur brochure.

621. ATALA.- RENE, par Fr. Aug. de Chateaubriant. *A Paris, chez Le Normant,* 1805. Gr. in-12, fig., mar. rouge, dos orné, riche dentelle et compart. dor. sur les plats, dent. à l'int., tête dorée, tranches ébarbées. *(Amand.)*

Édition originale.

Grand papier vélin avec les 6 figures de Garnier, gravées par Aug. de Saint-Aubin et Choffard, AVANT LA LETTRE, *noms à la pointe sèche.* Très rare.

Bel exemplaire de *M. Boissonade* avec sa signature.

622. ATALA - RENÉ, par Fr.-Aug. de Chateaubriand. *A
Paris, chez Le Normant*, 1805. In-12, fig., mar.
rouge, dos orné, fil., dent. à l'int., tr. dor. *(Chambolle-Duru.)*

> BEL EXEMPLAIRE avec les 6 fig. de Garnier, gravées par Aug.
> de Saint-Aubin et Choffard en double état : AVEC LA LETTRE
> et AVANT LA LETTRE.
>
> On y a joint : 1º un autographe de l'auteur; 2º un portrait
> colorié à la sépia ; 3º un DESSIN ORIGINAL à la sépia rehaussé
> de blanc de Devéria, signé : *Atala délivrant Chactas* ; 4º un
> autre DESSIN ORIGINAL, non signé, mais dans la manière de
> Desenne : *Chactas et Atala se réfugiant dans une grotte pen-
> dant l'orage*; 5º un DESSIN ORIGINAL signé Gilis : *Atala et
> Chactas égarés dans la forêt* ; 6º enfin un joli DESSIN ORIGINAL
> à la sépia et à la plume de Lemercier : *Mort d'Atala.*

623. ATALA. - RENÉ par Fr.-Aug. de Chateaubriant. *A
Paris, chez Le Normant*, 1805. In-12, fig. de Garnier,
mar. vert, dos orné, fil., dent. à l'int., tr. dor. *(Chambolle-Duru.)*

624. MADEMOISELLE DE CLERMONT, nouvelle historique par
Madame de Genlis. *A Paris, chez Maradan*, 1813.
Pet. in-12, port. et fig. de Desenne, mar. rouge, dos
orné, dent. sur les plats et à l'int., doublé de tabis
vert, tr. dor. *(Reliure ancienne.)*

> Exemplaire sur *papier vélin* avec les figures AVANT LA
> LETTRE.

B. ROMANS EN PROSE POÉTIQUE.

625. LES AMOURS DE PSICHÉ et de Cupidon, par
M. de La Fontaine. *A Paris, chez Claude Barbin, au
Palais, sur le Perron de la Sainte-Chapelle*, 1669, *avec*

privilège du Roy. In-8 réglé, de 12 ff. et 500 pp., mar. bleu, dos orné, fil. et comp. à la Dusseuil, dent. à l'int., tr. dor. (*Lortic.*)

Édition originale, devenue fort rare, des *Amours de Psyché et d'Adonis, poème,* qui occupe les pp. 441 à la fin.

626. Les Amours de Psyché et de Cupidon, par J. de La Fontaine; édition ornée de figures imprimées en couleurs d'après les tableaux de M. Schall. *A Paris, chez Defer de Maisonneuve (de l'imprim. de Didot jeune),* 1791. Gr. in-4, fig., veau racine, dos orné, dent. sur les plats et à l'int., tr. dor. (*Reliure ancienne.*)

Grand papier vélin avec les 4 jolies figures en couleur de Schall AVANT LA LETTRE.

627. LES AMOURS DE PSYCHÉ et de Cupidon, avec le Poème d'Adonis par La Fontaine. Edition ornée de figures dessinées par Moreau le Jeune. *A Paris, de l'imprimerie de Didot le Jeune, l'an troisième* (1795). Gr. in-4, grand papier vélin, port. et figures, cart. à la bradel, entièrement ébarbé. (*Reliure de l'époque.*)

Très bel exemplaire, *entièrement non rogné,* et sur GRAND PAPIER VÉLIN, avec un portrait d'après Rigault, gravé par Audouin, et 8 superbes figures de Moreau, gravées par Dambrun, Dupréel, de Ghendt, Halbou, etc., AVANT LA LETTRE.

628. Les Amours de Psyché et de Cupidon, avec le poème d'Adonis, par La Fontaine; édition ornée de figures dessinées par Moreau le Jeune, et gravées sous sa direction. *A Paris, chez Saugrain et Didot, l'an V* (1797). 2 vol. in-12, papier vélin, fig., mar. bleu, dos orné, fil., dent. à l'int., tr. dor. (*Chambolle-Duru.*)

Charmant exemplaire sur PAPIER VÉLIN et *relié sur brochure* avec 1 port. d'après Rigault et 8 jolies figures de Moreau, gravées par Delvaux, en double état : AVEC LA LETTRE et AVANT LA LETTRE.

On y a joint : 1 port. de Lafontaine, gravé par Bertonnier AVANT LA LETTRE et 1 port. de la Duchesse de Bouillon à qui le livre est dédié. H^r : 157^{mm}.

629. LA FONTAINE (J. de). Suite complète de 1 portrait d'après Rigault, gravé par Audouin, et de 8 figures in-4 (moins une) de Moreau le Jeune, gravées par Dambrun, de Ghendt, Duhamel, Dupréel, Halbou, Petit et Simonet, pour les *Amours de Psyché et de Cupidon. Paris, Didot, an III* (1795). Gr. in-4.

COLLECTION UNIQUE sans doute, tirée à l'état de CONTRE ÉPREUVES, *de format in-4°*, très artistement teintée à la sépia et rehaussée de blanc par le dessinateur.

La pièce qui manque est celle qui a pour légende : « *Eh bien ! dit-elle, je finirai ma vie dans les eaux.* »

630. LA FONTAINE (J. de). Suite complète de 5 gravures in-4 de Gérard gravées par Marais, Mathieu, Blot et Tardieu, pour les *Amours de Psyché et Adonis.* In-4.

AVANT LA LETTRE avec marges in-folio.

631. LES AVANTURES DE TÉLÉMAQUE, fils d'Ulysse, par feu Messire François de Salignac de la Motte Fénelon. Première édition conforme au manuscrit original. *A Paris, chez Florentin Delaulne,* 1717, *avec privilège du Roy.* 2 vol. in-12, port. gravé par Duflos, et fig. de Bonnart, mar. bleu, dos orné, fil., doublé de marocain citron, large dentelle XVIIIe siècle genre Dubuisson, tr. dor. *(Chambolle-Duru.)*

ÉDITION ORIGINALE DÉFINITIVE.

Bel exemplaire de cette édition rare, la meilleure et la plus recherchée des amateurs. Elle a été donnée par le Marquis de Fénelon, petit-neveu de l'auteur, sur un manuscrit original, qui se trouva à la mort de l'Archevêque de Cambrai et qui offrait, avec beaucoup de corrections, des augmentations considérables.

Édition en gros caractères.

632. Les Avantures de Télémaque, fils d'Ulysse, par feu Messire François de Salignac de la Motte Fénelon. Première édition conforme au manuscrit original. *A Paris, chez Florentin Delaulne,* 1717, *avec privilège du Roy.* 2 tomes en 1 vol. in-12, port. gravé par Duflos et 24 fig. de Bonnart, mar. rouge, dos orné, fil., dent. à l'int., tr. dor. *(Smeers.)*

Édition en plus petits caractères publiée en même temps et par les mêmes éditeurs que la précédente.

633. Les Avantures de Télémaque, fils d'Ulysse, par feu Messire François de Salignac de la Motte Fénelon. Nouvelle édition enrichie de figures en taille-douce. *A Paris, chez la veuve Delaulne,* 1730. 2 tomes en 1 vol. in-4, 1 frontisp. de Coypel gravé par Tardieu, et 24 fig. par Cazes, Coypel, de Favanne, Humblot et Souville, avec une carte géograph., mar. bleu, dos orné, fil., dent. à l'int., tr. dor. *(Chambolle-Duru.)*

634. Les Avantures de Télémaque, fils d'Ulysse, par feu Messire François de Salignac, de La Motte Fénelon. Nouvelle édition conforme au manuscrit original et enrichie de figures en taille-douce. *A Amsterdam, chez Wetstein et Smith,* 1734. Gr. in-4, frontisp. par Picart, fleuron par Dubourg, port. de Fénelon, 24 fig., 24 vignettes et 24 culs-de-lampe par Debrie, Dubourg et Picart, mar. rouge, dos orné, fil., dent. à l'int., tr. dor. *(Chambolle-Duru.)*

Bel exemplaire. Superbes illustrations.

635. LES AVENTURES DE TÉLÉMAQUE, fils d'Ulysse par M. de Fénelon. Imprimé par ordre du Roi pour l'éducation de Monseigneur le Dauphin. *A Paris, de l'imprim. de Didot l'aîné,* 1784. 2 vol. in-8, port. et fig., mar. rouge anc., dos orné, fil., dent., tr. dor. *(Capé.)*

> *Exemplaire sur papier vélin* avec la suite complète de 1 port. gravé par Delvaux en double état : AVEC et AVANT LA LETTRE, et des 25 figures de Moreau (dont une pour Aristonoüs) en triple état : *avec la lettre*, AVANT LA LETTRE et EAUX-FORTES. Très rares.

636. LES AVENTURES DE TÉLÉMAQUE par Fénelon. *(Paris, Didot) de l'imprim. de Monsieur,* 1785. 2 tomes en 1 vol. gr. in-4, mar. vert, dos orné, fil., dent., tr. dor. *(Chambolle-Duru.)*

> Exemplaire auquel on a joint un beau portrait de Fénelon, dans un encadrement ovale, rehaussé d'or, et la suite complète des grandes figures gravées d'après les dessins de Monnet, par Tilliard, comprenant 1 titre-frontispice, 72 gravures et 24 planches ornées de culs-de-lampe donnant le texte des sommaires de chaque livre.

637. LES AVENTURES DE TÉLÉMAQUE, fils d'Ulysse, par François Salignac de La Mothe Fénelon. *A Paris, de l'imprimerie de Didot l'aîné, l'an IVe de la République,* 1796. 4 vol in-12, papier vélin, figures, mar. citron, dos orné, large dentelle sur les plats, dent. à l'int., tr. dor. *(Simier.)*

> Superbe exemplaire sur GRAND PAPIER VÉLIN et dans une fraîche reliure ancienne avec le portrait de Fénelon, par Delvau *avec la lettre* et AVANT LA LETTRE et 24 charmantes figures de Lefebvre, gravées par Delvaux, Godefroy, Simonet, Thomas et Trière en double état : AVANT LA LETTRE et EAUX-FORTES. Très rares.

638. LES AVENTURES DE TÉLÉMAQUE, fils d'Ulysse par M. de Fénelon, avec vingt-cinq figures dessinées par

Marillier et gravées sous sa direction. *A Paris, de l'imprimerie de Crapelet, an IV* (1796). 2 vol. in-8, papier vélin, port. et fig., mar. rouge, dos orné, fil., dent. à l'int., tr. dor. *(Allô.)*

EXEMPLAIRE EN GRAND PAPIER VÉLIN et *relié sur brochure,* auquel on ajouté :

1⁰ Vingt-quatre vignettes par Marillier et un portrait d'après Vivien, gravé par Hubert, AVANT LA LETTRE ;

2⁰ Vingt-quatre vignettes par Moreau et 1 portrait réduit et gravé par Delvaux, d'après Vivien, épreuves en double état : *avec la lettre* et AVANT LA LETTRE.

Le portrait est fort rare *avant la lettre ;*

3⁰ Vingt-quatre vignettes par Quéverdo AVANT LA LETTRE et un portrait d'après Vivien, gravé par Gaucher, AVANT LA LETTRE. Cette jolie petite suite a été montée dans un encadrement spécial ;

4⁰ Vingt-quatre vignettes par Lefebvre *avec la lettre* et un portrait dessiné et gravé par Saint-Aubin.

639. **AVENTURES DE TÉLÉMAQUE** par Fénelon, avec des notes géographiques et littéraires. *A Paris, chez Lefèvre (imprim. de Jules Didot aîné),* 1824. 2 vol. — ŒUVRES DIVERSES DE FÉNELON. Dialogues sur l'Éloquence, aventures d'Aristonoüs, etc. *A Paris, chez Lefèvre (imprim. de Jules Didot aîné),* 1824. Ensemble 3 vol. gr. in-8, papier jésus vélin, dem.-rel. mar. rouge, avec coins, tête dor., ébarb. *(Capé.)*

Très bel exemplaire, *un des* 5o *tirés sur* GRAND JÉSUS VÉLIN avec un joli portrait gravé par Roger *sur Chine* AVANT LA LETTRE.

On y a joint : 1⁰ la suite complète de 1 portrait réduit et gravé par Delvaux, d'après Vivien, AVANT LA LETTRE et de 25 figures de Moreau le Jeune (dont 1 pour Aristonoüs qui se trouve dans les Œuvres diverses) en double état : AVANT LA LETTRE et EAUX-FORTES.

Cette précieuse collection offre les particularités suivantes :

1⁰ La figure du chant I est en double état d'AVANT LA LETTRE, c'est-à-dire *avec* et *avant le nom de Renouard au bas de la planche*; la figure du chant XV, gravée par Girardet, est en double état : *avec* et *avant le filet d'encadrement*; la figure du chant XVII, qui a été gravée deux fois, avec des différences, s'y trouve en quadruple état, c'est-à-dire AVANT LA LETTRE et EAU-FORTE, gravée par Girardet (pièce fort rare refusée par Moreau), et AVANT LA LETTRE et EAU-FORTE, gravée par Simonet;

2º La suite de 7 figures de Cochin (dont 1 frontispice et 6 figures pour les livres I à VI) gravées par Le Mire, de Launay, Prévost, Aug. de Saint-Aubin et Simonet (manque le chant IV);

3º Enfin 1 portrait de Louis XV, gravé par Tardieu, et 2 portraits de Fénelon, l'un gravé par Aug. de Saint-Aubin, *avec la lettre grise et la tablette blanche;* l'autre gravé par Lefebvre.

Exemplaire de RENOUARD, relié depuis la vente.

640. FÉNELON. Suite complète de 1 titre gravé avec portrait par De Launay, et de 24 jolies figures in-8, d'après Monnet, gravées à l'eau-forte par Julie De Launay, Duranton et Charon, sous la direction de De Launay, pour les *Aventures de Télémaque*, 1798.

Collection AVANT LA LETTRE.

641. LE TEMPLE DE GNIDE (par Montesquieu). *A Paris, chez Simart*, 1725. In-12, mar. bleu, dos orné, fil., dent., tr. dor. (*Thibaron-Joly.*)

Édition originale.

642. LE TEMPLE DE GNIDE, revu, corrigé et augmenté (par de Montesquieu). *Londres (Paris, Huart,* 1742). In-8, titre gravé, frontispice et 7 vignettes d'Eisen, non signées, mar. rouge, dos orné, fil., dent., tr. dor. (*Brany.*)

643. LE TEMPLE DE GNIDE (par de Montesquieu). Nouvelle édition avec figures gravées par N. Le Mire, d'après les dessins de Ch. Eisen; texte gravé par Droüet. *A Paris, chez Le Mire, graveur, avec pri-*

vilège du Roi, 1772. In-4, titre gravé, frontispice avec
port. de Montesquieu, armes d'Angleterre, et 9 figures,
dont 2 pour Céphise et l'Amour, mar. rouge, dos orné,
plats couverts d'une riche dentelle xviiie siècle à petits
fers avec des oiseaux, des carquois et des cœurs, doublé
de marocain bleu couvert d'un nombre infini de pensées
alternant avec des cœurs enflammés, contre garde en
tabis bleu, doubles gardes en papier, tranches dorées.
(*Lortic.*)

Magnifique exemplaire de ce bel ouvrage, un des chefs-
d'œuvre du XVIIIe siècle, en GRAND PAPIER, tiré de
format in-4°, et dans une reliure de Lortic de la plus grande
richesse.

« On connaît, dit Cohen (page 328), quatre exemplaires du
tirage in-4 avec les figures avant la lettre. Il en existe aussi
AVANT LES NUMÉROS, *qui sont aussi rares qu'avant la
lettre*. » Le nôtre est un de ces derniers.

Ajoutons que le frontispice est absolument *avant toute lettre*,
et que la fameuse planche de Céphise (page 102) est de *premier état*, c'est-à-dire avec la légende primitive : « *Embrassez-
moi, elles croissent* », qu'on trouva par trop légère et qu'on
remplaça par la suivante : « *La chaleur va les faire renaître.* »

Très rare en pareille condition.

644. Le Temple de Gnide, suivi d'Arsace et Isménie, par
Montesquieu. *A Paris, de l'imprimerie de P. Didot
l'aîné, l'an IVe* (1796). In-18, grand raisin vélin, sur
le titre port. de Montesquieu, gravé par Saint-Aubin,
et 12 figures de Regnault et Lebarbier, gravées à l'eau-
forte par Bertaux et terminées par Baquoy, Halbou, de
Ghendt, Ponce, etc., mar. bleu, dos orné, fil., dent. à
l'int., tr. dor. (*Chambolle-Duru.*)

Exemplaire sur GRAND PAPIER VÉLIN et *relié sur brochure*,
avec les figures de Regnault et Lebarbier en double état :
AVEC LA LETTRE et AVANT LA LETTRE.

645. Le Temple de Gnide, **poëme** imité de Montesquieu

par M. Léonard. Nouvelle édition ornée de figures en taille-douce et augmentée de l'Amour vengé. *A Paris, chez Mérigot,* 1776. Gr. in-8, 1 frontisp., et 11 fig. par Desrais, mar. bleu, dos orné, fil., dent., tr. dor. (*Marius Michel.*)

Exemplaire sur papier de hollande et *relié sur brochure* auquel on a joint un joli DESSIN ORIGINAL de Desrais, à la plume et à la sépia, rehaussé de blanc, représentant une Offrande a Vénus.

646. Adonis (poëme en prose de Fréron et Colbert). *A Londres et se trouve à Paris, chez Musier fils,* 1775. In-8, frontispice, figure, vignette et cul-de-lampe d'Eisen gravés par Ponce, cart. à la bradel, tr. dor.

Charmantes illustrations.

647. Joseph, par M. Bitaubé. Quatrième édition. *A Paris, de l'imprimerie de Didot l'aîné,* 1786. In-8, port. et fig. de Marillier, dem.-rel. mar. vert clair, avec coins, tête dor., ébarb. (*Lhuinte.*)

Papier vélin.

648. Joseph, par Bitaubé. Sixième édition revue et corrigée. *A Paris, de l'imprimerie de Didot l'aîné, an V* (1797). 2 vol. pet. in-12, port. et fig., veau fauve, filets noirs, dent. à l'int., tr. dor. (*Simier, relieur du Roi.*)

Exemplaire à toutes marges (nombreux témoins) sur papier vélin avec un portrait de l'auteur d'après Cochin, gravé par Aug. de Saint-Aubin, et les 9 jolies figures de Marillier, gravées par Née, AVANT TOUTE LETTRE.

649. Bitaubé. Suite complète de 9 figures in-4 de Monnet, gravées par De Launay, Le Mire, Thomas et Trière pour *Joseph*.

Belles épreuves, toutes marges, à l'état d'EAUX-FORTES.

On y a joint toutes les épreuves avant la lettre (moins *Joseph et Mme Putiphar* et *Joseph vendu par ses frères*.)

650. OLLIVIER , poëme par Cazotte. *A Paris, de l'imprimerie de Pierre Didot l'aîné, an VI* (1798). 2 tomes en 1 vol. in-12, figures de Lefebvre, mar. bleu clair, dos orné, fil., dent. à l'int., tr. dor. (*Chambolle-Duru.*)

Très bel exemplaire en GRAND PAPIER VÉLIN et *relié sur brochure* avec les 12 charmantes figures de Lefebvre, gravées par Godefroy, en double état : AVANT LA LETTRE *(avant les numéros des pages)*, et EAUX-FORTES. H^r : 162^mm.

651. CAZOTTE. Suite complète de 12 charmantes vignettes dessinées par Lefebvre et gravées par Godefroy pour *Ollivier. Paris, Didot l'aîné,* 1798. In-12.

Rares épreuves AVANT LA LETTRE de format in-12.

652. PRIMEROSE , par M..el de V..dé (Morel de Vindé). *A Paris, de l'imprimerie de P. Didot l'aîné,* 1797. In-12, fig. de Lefebvre, mar. bleu clair, dos orné, filets, fleurs et compart. dorés XVIIIe siècle sur les plats, dent. à l'int., tr. dor. (*Chambolle-Duru.*)

Bel exemplaire sur GRAND PAPIER VÉLIN et *relié sur brochure* avec 1 frontispice et 5 charmantes figures de Lefebvre, gravées par Godefroy, en triple état : *avant la lettre sur blanc*, AVANT LA LETTRE COLORIÉES DU TEMPS et EAUX-FORTES. H^r : 157^mm.

653. ZÉLOMIR par Morel (Vindé). *De l'imprimerie de Didot l'aîné, à Paris, chez Bleuet Jeune,* 1801. In-12, papier vélin, fig., mar. rouge, dos orné, dent. sur les plats et à l'int., tr. dor. (*Reliure ancienne*)

Très bel exemplaire en GRAND PAPIER VÉLIN, avec les 6 charmantes figures de Lefebvre, gravées par Godefroy, en quadruple état : *avec la lettre*, AVANT LA LETTRE, EAUX-FORTES et CONTRE-ÉPREUVES AVANT LA LETTRE.

Ces dernières n'ont pas encore été signalées H^r : 150^mm.

C. Romans historico-satiriques, etc.

654. Histoire amoureuse de France (par Bussy Rabutin). *A la Sphère. S. l.*, 1666. Pet. in-12, frontisp. grav., mar. bleu, dos orné, fil., dent. à l'int., tr. dor. (*Duru.*)

> Cette édition, qui est anonyme, doit être *la plus ancienne édition qui ait paru sous ce titre.*
>
> Elle se compose de 2 ff. prélim. y compris le frontispice et 258 pp. Le fameux cantique libre : *Que Déodatus est heureux...* se trouve à la p. 196; les Maximes d'Amour, p. 239; la Lettre au Duc de Saint-Aignan, p. 247. Hr : 128mm.

655. Histoire amoureuse des Gaules. *A Liège, s. d.* In-12 de 1 f. pour le titre, 190 et 69 pp. et 2 ff. pour la clef, mar. orange, dos orné, fil., milieu à petits fers, dent. à l'int., tr. dor. (*Allô.*)

> Édition originale.
>
> Jolie et rare petite édition, dite *à la Croix de Malte.* Hr : 125mm.

656. Les Amours d'Anne d'Autriche, épouse de Louis XIII, avec **M.** le card. de Richelieu, le véritable père de Louis XIV, roi de France. Où l'on voit au long comment on s'y prit pour donner un héritier à la couronne, les ressors qu'on fit jouer pour cela et enfin tout le dénouement en cette comédie. *A Londres, aux dépens de la Compagnie (Hollande, à la Sphère)*, 1738. Pet. in-12, mar. vert, dos orné, fil., dent., tr. dor. (*Derome.*)

> Curieux roman satirique dont la première édition publiée en

1692, ne portait alors sur le titre que les initiales C. de R., qui, dans les intentions de l'auteur, ne désignaient en aucune manière le Cardinal de Richelieu. Hr. 135mm.

657. LE TOMBEAU DES AMOURS DE LOUIS LE GRAND et ses dernières galanteries. *A la Sphère. A Cologne, chez Pierre Marteau,* 1695. Pet. in-12 de 107 pp., frontispice gravé et portraits ajoutés, mar. bleu, dos orné, dent. sur les plats, mors en mar., doublé de tabis blanc avec dent., tr. dor. (*Bozérian.*)

> Joli petit volume *relié sur brochure* auquel on a ajouté 9 portraits gravés par Aug. de Saint-Aubin.
> *Exemplaire de* RENOUARD avec double garde en vélin blanc.

658. JOURNAL AMOUREUX d'Espagne. *A la Sphère. A Cologne, chez Corneille Egmon,* 1675. 2 parties en 1 vol. pet. in-12, mar. bleu, dos orné, compart. à la Dusseuil, dent. à l'int., tr. dor. *(Chambolle-Duru.)*

D. CONTES ET NOUVELLES.

659. LES CENT NOUVELLES NOUVELLES. Suivent les Cent Nouvelles contenant les Cent Histoires nouveaux qui sont moult plaisans à raconter... avec d'excellentes figures en taille-douce gravées sur les dessins du fameux M. Romain de Hooge. *A Cologne, chez Pierre Gaillard,* 1701. 2 vol. pet. in-8, front. et fig., mar. rouge anc., dos orné, fil., dent., tête dorée, non rognés (*Capé.*)

> ÉPREUVES DE PREMIER TIRAGE, c'est-à-dire placées en tête du texte.
> EXEMPLAIRE NON ROGNÉ, ce qui est fort rare.

660. LES NOUVELLES RÉCRÉATIONS et joyeux
devis de feu Bonavanture Des Périers, valet de chambre
de la Royne de Navarre. *A Lyon, de l'imprimerie de
Robert Granjon, 1558, avec privilège du Roy.* Pet.
in-4 de 1 f. pour le titre, cvii ff. chiffrés, et 1 f. non
chiff. contenant un *Sonnet de l'autheur*, mar. bleu clair,
dos orné, filets, dent. et compart. dorés XVIe siècle sur
les plats, dent. à l'int., tr. dor. (*Chambolle-Duru.*)

Édition originale *imprimée en caractère dits de civilité.*
C'est un livre fort rare et l'un des premiers où l'on ait fait
usage de ces curieux caractères.

Cet exemplaire qui est superbe de condition et bien
conforme à la description du Manuel, ne contient pas les
ff. prélim. où se lit le *Privilège en date du 26 décembre* 1557.

661. L'HEPTAMERON DES NOUVEL ‖ LES de
Tresillustre ‖ et tresexcellente ‖ Princesse Marguerite de
‖ Valois, Royne de ‖ Navarre. ‖ Remis en son vray
ordre, confus au paravant en sa première im ‖ pression :
et dédié à tresillustre et très-vertueuse Princesse ‖
Ieanne, Royne de Navarre, par Claude Gruget Parisien.
*A Paris ‖ par Benoist Prévost, rue Frementel ‖ à
l'Enseigne de l'Estoille d'or ‖ près le clos Bruneau ‖
1560 ‖ avec privilège du Roy.* ‖ In-4 de 4 ff. prélim.,
212 ff. chiff., et 2 ff. pour le privilège et l'achevé d'imprimer, mar. citron, dos orné, compart. de filets dorés
et à froid, coins et milieu dorés, dent. XVIe siècle à
l'int., tr. dor. (*Chambolle-Duru.*)

Édition rare, *la seconde de l'Heptaméron,* qui renferme les
72 nouvelles, divisées par journées et rangées dans l'ordre
définitivement adopté par tous les éditeurs modernes. Elle est
précieuse et fort recherchée parce qu'elle contient, avec de
nombreuses variantes, 5 nouvelles de plus que l'édition originale de 1558.

Exemplaire très grand de marges et irréprochable de condition. Hr : 228mm.

662. CONTES ET NOUVELLES de Marguerite de Valois, reine de Navarre, mis en beau langage accommodé au goût de ce temps, et enrichis de figures en taille-douce. *A Amsterdam, chez George Gallet*, 1698. 2 vol. pet in-8, frontisp. et fig., mar. bleu, dos orné, fil. et compart. à la Dusseuil, dent. à l'int., tr. dor. (*Lortic.*)

PREMIÈRE ÉDITION, avec les figures de *Romain de Hooge* en très belles épreuves.

663. HEPTAMÉRON FRANÇOIS ou les Nouvelles de Marguerite, reine de Navarre. *Berne, chez la nouvelle Société Typographique*, 1780-81. 3 vol. in-8, frontisp. par Dunker, 73 fig. par Freudenberg, gravées par Halbou, de Launay, de Longueil, etc., 72 vignettes et 72 culs-de-lampe de Dunker, gravés par lui-même, mar. bleu, dos orné, riche dentelle XVIIIe siècle à petits fers sur les plats, dent. à l'int., tr. dor. (*Thibaron-Joly.*)

EXEMPLAIRE DE PREMIER TIRAGE et RELIÉ SUR BROCHURE. « Toutes les figures du premier volume, dit Cohen, ne doivent point avoir de numéros d'ordre, celles du second n'en ont que très peu ; quant au troisième, il en a toujours. Toutefois, il faut avoir soin de se procurer des exemplaires très grands de marges, parce que les numéros sont placés si bas que quelquefois par inadvertance, mais souvent par supercherie, on les a fait disparaître en rognant les volumes pour les relier. »
Magnifiques épreuves.

664. HEPTAMÉRON FRANÇOIS ou les Nouvelles de Marguerite, reine de Navarre. *Berne, chez la nouvelle Société Typographique*, 1781. 3 vol. in-8, frontisp. et figures, mar. bleu, dos au chiffre et plats aux armes de la reine de Navarre, dent. à l'int., tr. dor. (*Chambolle-Duru.*)

Cet exemplaire, dont les frontispices, les figures, les vignettes et les culs-de-lampe, sont absolument les mêmes que dans le numéro précédent, présente cette particularité curieuse d'avoir les trois volumes sous la date unique de 1781.

Il n'y a eu du reste qu'un SEUL ET UNIQUE TIRAGE de cet ouvrage, très reconnaissable aux fautes d'impression, qui sont les mêmes avec tous les titres, et surtout à ce qu'au Tome Ier, après la page 166, la pagination reprend à 161 et continue ainsi jusqu'à la fin, dans tous les exemplaires.

665. LES CONTES ET DISCOURS D'EUTRAPEL, par le feu Seigneur de la Herissaye, gentilhomme breton (Noël du Fail). *A Rennes, pour Noël Glamet*, 1597. In-8 de 4 et 224 ff., mar. lav. clair, dos au chiffre et plats aux armes du Prince d'Essling, dent. à l'int., mors en mar., doublé de tabis rouge avec chiffre doré, tr. dor. *(Hardy-Mennil.)*

666. PREMIER (DEUXIÈME ET TROISIÈME) LIVRE DES SÉRÉES de Guillaume Bouchet, sieur de Brocourt. Reveu et augmenté par l'autheur en ceste dernière édition, presque de moitié. *A Paris, chez Iérémie Perier,* 1608, *avec privilège de Sa Majesté.* 3 vol. in-12, mar. rouge ancien, dos orné, fil., dent. à l'int., tr. dor. *(Allô.)*

Excellente édition, *la meilleure et la plus complète de toutes*, dit Brunet.

667. NOUVEAUX CONTES A RIRE et aventures plaisantes de ce temps ou Récréations françoises. Troisième édition enrichie de figures en taille-douce. *A Cologne, chez Roger Bontemps,* 1702. In-12, front. et fig., mar. vert foncé, dos orné, riche dent. genre XVIIIe siècle sur les plats, dent. à l'int., tr. dor. *(Marius Michel.)*

Riche reliure et belles épreuves.

668. NOUVEAUX CONTES A RIRES et avantures plaisantes, ou

Récréations françoises. Vingtième édition enrichie de figures en taille-douce. *A Cologne, chez Roger Bontemps*, 1722. 2 vol. pet. in-8, front. grav. et fig., mar. vert, fil. dans le dos et sur les plats, dent. à l'int., tr. dor. *(Kœlher.)*

> EXCELLENTE ÉDITION, qui se joint à la collection des conteurs illustrés par *Romain de Hooge*
>
> Il y a deux éditions sous la même date. Celle-ci, qui contient un grand nombre de figures, se compose, au Tome I, de 374 pp. et 6 ff de table; au Tome II, de 354 pp. et 6 ff. de table. L'autre qui est en plus petits caractères n'a que quelques figures.

669. CONTES DE GUILLAUME VADÉ (par Voltaire). *S. l. (Genève)*, 1764. In-8, mar. rouge, dos orné, fil , dent., tr. dor. *(Chambolle-Duru)*

> Édition originale.

670. CONTES DES FÉES par Ch. Perrault, de l'Académie Françoise, contenant le Chaperon rouge, les Fées, la Barbe Bleue, la Belle au bois dormant, le Chat botté, Cendrillon, Riquet à la Houpe, le petit Poucet, l'adroite Princesse, Griseldis, Peau d'âne, les Souhaits ridicules. Nouvelle édition dédiée à Son Altesse sérénissime Mgr le Duc de Montpensier. *A Paris, chez Lamy*, 1781, *avec approbation et privilège du Roi*. In-12 de 32 ff. prélim. et 424 pp., frontisp. non signé et 13 vignettes de Martinet dont 2 sont répétées, mar. bleu, dos orné, plats à compartiments dorés dans le genre du XVIIIᵉ siècle, dent. à l'int., tr. dor. *(Thibaron-Joly.)*

> La plus belle et de la plus complète des anciennes éditions des Contes de Perrault.
>
> TRÈS RARE.

671. LE DÉCAMÉRON FRANÇAIS par M. d'Ussieux. *A Paris,*

chez Brunet, 1775. 2 vol. in-8, titres gravés, fleurons, figures, vignettes et culs-de-lampe, par Caresme, Desrais, Eisen et Martini, gravés par Baquoy, Fessard, Gaucher, Ponce, etc., veau fauve, dos orné, tranches rouges. *(Reliure ancienne.)*

672. LES NOUVELLES FRANÇOISES par M. d'Ussieux. *A Paris, chez Nyon et Belin,* 1783. 3 vol. in-8, fleuron, 15 figures, 15 vignettes et 15 culs-de-lampe par Binet, Desrais et Martini, gravés par Gaucher, Leroy, Ponce, etc., veau écaille, dos orné, fil., dent., tr. dor *(Reliure ancienne.)*

E. ROMANS LÉGERS.

673. TANSAÏ ET NÉADARNÉ, histoire japonoise, avec figures (par Crébillon fils). *A Pékin (Paris),* 1743. 2 vol. pet. in-12, fig., mar. bleu, dos orné, fil., dent., tr. dor. *(Chambolle-Duru.)*

Joli exemplaire avec un titre gravé, qui est le même pour les deux volumes, et 4 figures non signées.

674 LES BIJOUX INDISCRETS (par Diderot). *Au Monomotapa (Paris, 1748).* 2 vol. in-12, frontisp., 2 fleurons et 6 figures, veau écaille, dos orné, fil., dent., tr. dor. *(Reliure moderne.)*

Exemplaire de la bonne date.
Il faut 6 figures et non pas 5 comme le dit Cohen.

675. LE SOPHA, conte moral (par Crébillon fils). *A Gaznah, de l'impr. du Très-Pieux, Très-Clément et*

*Très-Auguste Sultan des Indes, l'an de l'Hégire
M.C.XX (vers* 1740*).* 2 tomes en 1 vol. in-12, dem.-
mar. citron, tranches entièrement ébarbées.

Édition originale.

676. Le Sopha, conte moral. Nouvelle édition (par Crébillon fils). *A Pékin, chez l'imprimeur de l'Empereur,*
1749. 2 vol. in-12, frontisp., fig. et vignettes de Cla-
vareau, mar. vert, dos orné, dent. sur les plats et à
l'int., tr. dor. *(Rel. genre Bozérian.)*

Aux armes du *Comte de Lagondie.*

677. Le Hazard du coin du feu. Dialogue moral (par
Crébillon fils). *A La Haye (Paris),* 1764. In-12,
mar. rouge, dos orné, fil., dent , tr. dor. *(Chambolle-
Duru.)*

Édition originale.

678. LES LIAISONS DANGEREUSES, ou lettres
recueillies dans une société, et publiées pour l'instruction de quelques autres, par C... de L... (Choderlos
de Laclos). *A Paris, chez Maradan, l'an second de la
République* (1794). 4 vol. in-18, pap. vélin, fig., mar.
rouge, dos orné, dent. sur les plats et à l'int , tr. dor.
(Reliure ancienne.)

Charmant exemplaire sur papier vélin et dans une fraîche
reliure ancienne avec les 8 jolies figures de Le Barbier, gravées
par Dambrun, Delignon, Halbou, Simonet et Thomas, en
double état : avant la lettre et EAUX-FORTES.

Ces dernières qui sont fort rares, sont artistement coloriées.

679. LES LIAISONS DANGEREUSES, lettres recueillies dans une société et publiées pour l'instruction
de quelques autres par C*** de L*** (Choderlos de Laclos). *Londres (Paris),* 1796. 2 vol. in-8, 2 frontisp.

et 13 fig. par Monnet et Mlle Gérard, gravées par Baquoy, Dupréel, Lemire, Masquelier, etc., mar. citron, dos orné, dent. sur les plats, mors en marocain, doublé de tabis rose avec dent., tr. dor. *(Boẑérian.)*

Superbe exemplaire sur PAPIER VÉLIN avec les figures AVANT LA LETTRE, *toutes accompagnées du papier de soie*, sur lequel se trouve, avec la tomaison et l'indication de la page, la légende imprimée de chaque estampe.
Très rare en condition ancienne.

680. LE COMPÈRE MATHIEU, ou les Bigarrures de l'esprit humain (par Du Laurens). *Paris, de l'imprimerie de Patris,* 1796. 3 vol. in-8, avec 9 figures dont la 1re seule est signée D., mar. bleu, dos orné, large dentelle sur les plats et à l'int., tr. dor. *(Boẑérian.)*

Très bel exemplaire sur GRAND PAPIER VÉLIN, de format in-8, avec les figures AVANT LA LETTRE.
Rare en pareille condition.

681. LES AMOURS DU CHEVALIER DE FAUBLAS, par J.-B. Louvet (de Couvray). Troisième édition revue par l'auteur. *Se vend à Paris, chez l'auteur, an VI de la République* (1798). 4 vol. in-8, papier vélin, fig., mar. rouge, dos orné, large dentelle et compartiments dorés sur les plats, doublé de tabis bleu, dent. à l'int., tr. dor. *(Lefebvre.)*

Superbe exemplaire en GRAND PAPIER VÉLIN (témoins), avec les 27 jolies figures de Marillier, Demarne, Dutertre, Monsiau, Monnet et Mlle Gérard AVANT LA LETTRE, *avec les noms des artistes à la pointe sèche.*
On y a ajouté en double état les trois figures remaniées des pages 23 (1er vol.), 117 (2e vol.) et 203 (3e vol.), ainsi que les EAUX-FORTES des figures de la page 186 (2e vol.) et de la page 130 (4e vol.).
Très rare.

682. LES AMOURS DU CHEVALIER DE FAUBLAS, par Louvet de Couvray. Nouvelle édition. *A Paris, chez Ambroise Tardieu*, 1825. 4 vol. gr. in-8, papier vélin, figures, cartonnage à la bradel, dos en mar. du lev. r., coins, tranches entièrement ébarbées. *(Pagnant.)*

Bel exemplaire en GRAND PAPIER VÉLIN avec les 8 jolies figures de Colin en triple état : 1º *avant la lettre sur blanc*; 2º AVANT LA LETTRE ET AVANT LES CADRES SUR CHINE, *avec les noms des artistes à la pointe sèche*, très difficiles à trouver, dit Sieurin ; 3º EAUX-FORTES.

On y a joint : 1º les 6 charmantes figures de Marckl, publiées par Lavigne, *sur Chine* AVANT LA LETTRE; 2º une jolie petite gravure d'après Devéria, tirée des Liaisons dangereuses, *sur Chine* AVANT LA LETTRE.

683. LA RELIGIEUSE par Diderot, nouvelle édition ornée de figures et où l'on trouve une conclusion. *Paris, chez Deroy, Moller et Mongie, an VII* (1799). 2 tomes en 1 vol. in-8, veau écaille, dent. sur les plats et à l'int., tr. dor. *(Reliure ancienne.)*

Bel exemplaire sur PAPIER VÉLIN avec ı portrait par Aubry, gravé par Dupréel, et 4 fig. par Le Barbier, gravées par Dupréel et Giraud AVANT LA LETTRE.

3. ROMANS ET CONTES ITALIENS, ESPAGNOLS, ANGLAIS, ALLEMANDS ET ARABES.

684. CONTES ET NOUVELLES de Bocace Florentin ; traduction libre, accommodée au goût de ce temps, et enrichie de figures en taille-douce, gravées par M. Romain de Hooge. *A Amsterdam, chez George Gallet*, 1697. 2 vol. pet. in-8, mar. rouge, dos orné, fil., dent., tr. dor. *(Duru.)*

PREMIER TIRAGE des figures de *Romain de Hooge*.

685. LE DÉCAMÉRON DE JEAN BOCCACE (traduit par Antoine Le Maçon). *Londres (Paris)*, 1757-61. 5 vol. in-8, 5 frontisp., 1 port., 110 fig., et 97 culs-de-lampe de Gravelot, Boucher, Eisen et Cochin, mar. bleu, dos orné, fil., dent. à l'int., tr. dor. *(Chambolle-Duru.)*

« Il a été fait, dit Cohen, plusieurs tirages de cette belle édition. Le premier, dont les épreuves sont les meilleures, est celui dont les planches sont marquées au dos avec un paraphe imprimé. »

Le nôtre est un de ces derniers.

686. Contes de Boccace. Traduction nouvelle enrichie de belles gravures. *A Londres (Paris)*, 1779. 10 vol. in-8, fig., mar. vert, dos orné, filets, dent., tr. dor. *(Reliure ancienne.)*

Bel exemplaire avec 1 frontispice et 110 figures de Gravelot, Boucher et Eisen, légèrement réduites et parfaitement gravées par Vidal.

687. La Plaisante histoire des amours de Florisée et Claréo et de la peu fortunée Yséa, traducte nouvellement de Castillan en Françoys par feu M. Iaques Vincent de Crest Arnault, en Dauphiné. *A Paris, chez Iaques Kerver*, 1554, *avec privilège du Roy*. In-8 de 108 ff. chiffrés, mar. citron, dos orné, fil., dent. à l'int., tr. dor. *(Duru.)*

Livre rare et recherché. Au commencement de l'ouvrage se trouve un certain nombre de poésies de P. Tredehan, d'Angers.

Bel exemplaire de la vente Behague.

688. Histoire amoureuse de Flores et Blanchefleur s'amye, avec la complainte que fait un amant contre amour et sa dame. Le tout mis d'Espagnol en François, par maître Iaques Vincent, aumonier de M. le Comte d'Anguien. *A Anvers, chez Iean Waefberghe,* 1561, *avec privilège du Roi.* Pet. in-4, titre encadré, de 24 ff. chiff., et 19 ff. non chiffrés, mar. vert clair, fil. au dos et sur les plats, dent. à l'int., tr. dor. (*Kœlher.*)

Dauphinois rare et recherché.
Exemplaire de la vente BEHAGUE.

689. NOUVELLES AVANTURES de l'admirable Don Quichotte de la Manche, composées par le Licencié Alonso Fernandez de Avellaneda et traduites de l'Espagnol en François pour la première fois (par Le Sage). *A Paris, chez la veuve de Claude Barbin,* 1704. 2 vol. in-12, frontispice et 16 fig. de Clouzier, mar. rouge, dos orné, fil., dent. à l'int. , tr. dor. (*Cuzin.*)

ÉDITION ORIGINALE rare et fort recherchée. Hr : 163mm.

690. HISTOIRE DE L'ADMIRABLE Don Quichotte de la Manche, traduite de l'Espagnol de Michel de Cervantès. Enrichie des belles figures dessinées par Coypel et gravées par Folkéma et Fokke. *A Amsterdam et à Leipzig, chez Arkstée et Merkus,* 1768. 6 vol. in-12, fig.— NOUVELLES de Michel de Cervantès Saavedra ; nouvelle édition augmentée de trois nouvelles et de la vie de l'auteur, enrichie de figures en taille-douce. *A Amsterdam et à Leipzig, chez Arkstée et Merkus,* 1768. 2 vol. in-12, port. et fig. Ensemble 8 vol. in-12, mar. r., dos orné, fil. à froid, dent. à l'int., tr. dor. (*Chiffre sur les plats.*)

691. LES PRINCIPALES AVENTURES de l'admirable Don Quichotte, représentées en figures par Coypel, Picart le Romain et autres habiles maîtres (Boucher, Cochin, Lebas et Trémolières) ; avec les explications des XXXI planches de cette magnifique collection, tirée de l'ori-

ginal espagnol de Miguel de Cervantès. *A Liège, chez Bassompierre*, 1776. In-4, mar. rouge, dos orné, fil. et compart. à la Dusseuil, dent à l'int., tr. dor. (*Smeers.*)

Épreuves de PREMIER TIRAGE, c'est-à-dire AVANT LES NUMÉROS *en chiffres romains* placés au bas de la légende dans les tirages postérieurs.

692. DON QUICHOTTE DE LA MANCHE, traduit de l'Espagnol de Michel de Cervantès par Florian ; ouvrage posthume orné de 24 figures. *De l'imprimerie de Didot l'aîné. A Paris, chez Deterville, an VII* (1799). 6 vol. in-18, papier vélin, fig , dem.-rel. mar. vert, avec coins, tête dor., ébarb. (*Capé.*)

Très bel exemplaire, sur GRAND PAPIER VÉLIN, avec les charmantes figures de Lefebvre et Le Barbier en triple état : *avec la lettre*, AVANT LA LETTRE et EAUX-FORTES.
Ces dernières sont fort rares

693. DON QUICHOTTE DE LA MANCHE, traduit de l'espagnol de Michel de Cervantès, par Florian. Ouvrage posthume orné de 24 figures. *A Paris, de l'imprimerie de P. Didot l'aîné, chez Deterville, an VII* (1799). 6 vol. in-18, avec 24 figures de Lefebvre, gravées par Coiny, Dambrun, Gaucher et Masquelier, mar. rouge, dos orné, large dent. sur les plats, tr. dor. (*Bozérian.*)

Joli exemplaire sur GRAND PAPIER VÉLIN avec les charmantes figures de Lefebvre en double état : AVEC LA LETTRE et AVANT LA LETTRE.

694. LE DON QUICHOTTE, traduit de l'espagnol par Bouchon Dubournial. Nouvelle édition revue, corrigée, ornée de douze gravures et de la carte du voyage. *Paris, Méquignon-Marvis*, 1822. 4 vol. in-8. — PERSILÈS ET SIGISMONDE ou les pèlerins du Nord, du

même. *A Paris, chez Méquignon-Marvis*, 1822. 2
vol. in-8. Ensemble 6 vol. in-8 , fig., cuir de Russie,
dos orné, filets sur les plats et à l'int., tr. dor. (*Purgold.*)

> Superbe exemplaire sur GRAND PAPIER VÉLIN, avec les 18
> belles figures d'Horace Vernet, Eugène Lami et Desenne
> (12 pour Don Quichotte et 6 pour les Pèlerins du Nord) en
> double état : AVANT LA LETTRE SUR CHINE et EAUX-FORTES.
> Très rares.

695. CERVANTÈS. Suite complète de 24 figures in-18 de
Lefebvre et Lebarbier, gravées par Coiny, Dambrun,
Gaucher, Halbou, Godefroy et Masquelier pour les
Aventures de Don Quichotte. Paris, Didot, an VII
(1799). 6 vol. in-18.

> Rares épreuves de graveur, AVANT LA LETTRE *tirées in-8*, à
> deux sur la même feuille et non encore coupées.
> Il manque la figure de « *Don Quichotte se battant contre des
> outres* » qui a été remplacée par une *fausse avant la lettre*, et
> deux autres sont remargées.

696. AVENTURES ET ESPIÈGLERIES de Lazarille de Tormes,
écrites par lui-même (par Hurtado de Mendoza). Nouvelle édition, ornée de quarante figures dessinées et
gravées par Ransonnette. *A Paris, de l'imprimerie de
Didot jeune, an IX*-1801. 2 tomes en 1 vol. in-8,
port. et fig., veau racine. dos orné, dent. sur les plats
et à l'int., tr. dor. (*Reliure ancienne.*)

> *Exemplaire sur papier vélin* avec les figures AVANT LA
> LETTRE.

697. LA VIE ET LES AVENTURES surprenantes de Robinson
Crusoé, contenant entre autres évènements , le séjour
qu'il a fait pendant vingt et huit ans dans une isle
déserte…, etc. (par Daniel de Foë). Traduit de l'anglois
(par Th. de Saint-Hyacinthe et Van Effen). *A Amster-*

dam, chez L'Honoré et Chatelain, 1720-21. 3 vol.
in-12, fig. de B. Picart et cartes, mar. rouge, dos
orné, compart. à la Dusseuil, fil., dent., tr. dor.
(*Brany.*)

Édition originale avec les figures en premier tirage.
Hr : 162mm.

698. La Vie et les Aventures de Robinson Crusoë par
Daniel de Foë, traduction revue sur la belle édition
donnée par Stockdale en 1790, augmentée de la vie
de l'auteur. Édition ornée de 19 gravures par Delignon
d'après Stothart. *A Paris, chez Verdière* (*de l'imprim.
de la vve Panckoucke, an VIII*). 3 vol. in-8, titres,
port. et fig., dem.-rel. mar. rouge, tête dor., ébarb.
(*David.*)

On y a joint la suite complète des 6 jolies figures in-8 de
Devéria (dont 2 fleurons de titres), gravées par Fauchery,
Lefebvre, Lecomte et Sixdeniers, en double état : *avant la
lettre sur blanc* et AVANT LA LETTRE SUR CHINE.

699. Voyages de Gulliver (trad. de l'angl. de Swift, par
l'abbé Desfontaines). *A Paris, dans la boutique de la
V: Coustelier, chés Jacques Guerin*, 1727. 2 vol.
in-12. — Le Nouveau Gulliver, ou Voyage de Jean
Gulliver, fils du capitaine Gulliver, trad. d'un manuscrit anglois par M. L. D. F. (l'abbé Des Fontaines). *A
Paris, chez la veuve Clouzier*, 1730, *avec privilège
du Roy*. Ensemble 4 vol. in-12, fig., mar. bleu jans.,
dent. à l'int., tr. dor. (*Allô.*)

Édition originale. Hr : 158mm.

700. Voyages de Gulliver (trad. de l'angl. de Swift par
l'abbé Desfontaines). *A Paris, de l'imprimerie de
Pierre Didot l'aîné, an V* (1797). 4 vol. in-18, fig.,
mar. vert clair, dos orné, riches ornements dorés à

petits fers et en mosaïque de mar. rouge dans le genre
du xviiie siècle, dent. à l'int., tr. dor. (*Capé.*)

Charmant exemplaire sur *petit papier vélin* avec le frontispice
et les 9 jolies figures de Lefebvre, gravées par Masquelier, en
double état : *avec la lettre* et AVANT LA LETTRE.
Témoins en tous sens. H⊤ : 131ᵐᵐ.

701. VOYAGES DE GULLIVER (trad. de l'angl. de Swift par
l'abbé Desfontaines). *A Paris, de l'imprimerie de
Pierre Didot l'aîné, an V* (1797). 4 vol. in-18, fig,,
veau écaille, dos orné, dent. sur les plats et à l'int., tr.
dor. (*Courteval.*)

Exemplaire sur *petit papier vélin* avec le frontispice et
les 9 figures de Lefebvre, gravées par Masquelier AVANT LA
LETTRE.

702. VOYAGES DE GULLIVER (trad. de l'anglais de Swift,
par l'abbé Desfontaines). *A Paris* (*Leclère*), 1860. 4
parties en 2 vol. in-12, fig. de Lefebvre, dem.-rel.
mar. rouge jans., avec coins, tête dor., tranches ébarb.
(*Gruel.*)

Exemplaire sur papier vélin avec le frontispice et les 9 figures
de Lefebvre AVANT LA LETTRE.
Manque la figure de la page 111 du Tome II.

703. CLARISSE HARLOWE, traduction nouvelle et seule
complète par M. Le Tourneur, faite sur l'édition originale revue par Richardson, ornée de figures du célèbre Chodowiecki, de Berlin. *A Genève, chez Paul
Barde et se trouve à Paris,* 1785-1786. 10 vol. in-8,
port. par Pujos et 21 figures, veau fauve, dos orné,
large dent. sur les plats, dent. à l'int., tr. dor. (*Bradel.*)

Exemplaire sur papier de Hollande avec les figures AVANT
LA LETTRE.
De la bibliothèque du *Comte de Chaponays*.

704. VOYAGE SENTIMENTAL, suivi des lettres d'Yorick à

Eliza, par Laurent Sterne ; en anglais et en français. Nouvelle édition..... ornée de six figures dessinées par Monsiau et gravées par les plus habiles artistes. *A Paris et à Amsterdam, chez Gabriel Dufour (de l'imprimerie de Didot le Jeune, an VII).* 2 vol in-4, dem.-mar. rouge, avec coins, entièrement ébarbés. *(Cartonnage de l'époque.)*

Exemplaire sur GRAND PAPIER VÉLIN de cette belle édition tirée seulement à 3oo, dit la préface, avec les 6 figures de Monsiau, gravées par Patas, Dambrun, Miger et Pauquet, AVANT LA LETTRE.

705. TOM JONES ou histoire d'un enfant trouvé par Fielding ; traduction nouvelle et complète ornée de douze gravures en taille-douce. *Paris, imprimerie de Firmin Didot frères,* 1833. 4 vol. gr. in-8, fig. de Moreau et autres, mar. rouge, dos orné, fil., dent. à l'int., tr. dor. *(R. Petit.)*

Très bel exemplaire sur GRAND PAPIER VÉLIN, avec les 12 figures de Moreau, gravées par de Villiers, Mariage et Simonet, en quadruple état : *avec la lettre, avant la lettre sur blanc,* AVANT LA LETTRE SUR CHINE et EAUX-FORTES. Ces dernières sont fort rares complètes.

On y a joint en outre :

1º L'EAU-FORTE retournée de la figure (Tome Iᵉʳ, p. 11) qui a pour légende : « *A la vue de son maître en chemise* » ;

2º Une EAU-FORTE, plus avancée, de la figure (Tome Iᵉʳ, p. 3o6) : « *La couverture tomba... »* ;

3º Deux EAUX-FORTES, plus ou moins avancées, gravées par Mariage, et abandonnées pour celle de Simonet, pour la figure (Tome IV, p. 298) : « *Sophie tirant son mouchoir de sa poche* » ;

4º La suite complète de 16 jolies gravurés in-18 de Gravelot, remontées comme chine. Épreuves de premier tirage ;

5º La presque totalité des belles et rares figures in-8 de Borel AVANT LA LETTRE et quelques EAUX-FORTES.

6º La suite complète des 9 gravures in-18 de Borel, réduction des précédentes, AVANT LA LETTRE, *tirées de format in-8*;

7 Enfin la suite complète de 2 fleurons de titres d'après

Rouargue *sur Chine avant la lettre* (ce qui est rare), et de 4 gravures in-8 de Tony Johannot (publiées par Furne) sur PAPIER DE CHINE Elles n'existent pas avant la lettre.

706. THE CABINET OF GENIUS, containing frontispièces and characters adapted to the most Popular Poems, etc., with the Poems, etc., at large. *London, printed for Taylor*, 1787. 2 tomes en 1 vol. in-4, mar. rouge, dos orné, fil., dent., tr. dor. (*R. Petit.*)

> Recueil d'une centaine de jolies figures anglaises, parfaitement gravées par Shelley, d'après Taylor.
> *Épreuves tirées en bistre.*

707. CONTES MORAUX et nouvelles idylles de D.... et Salomon Gessner. *A Zuric, chez l'auteur*, 1773. In-4, titre gravé, figures, vignettes et culs-de-lampe, dessinés et gravés à l'eau-forte par Gessner, mar. vert, dos orné, fil., dent., tr. dor. (*Lhuinte.*)

708. ŒUVRES DE SALOMON GESSNER, traduites de l'allemand. *A Zuric, chez l'auteur*, 1777. 2 tomes en 1 vol. in-4, avec 2 titres gravés, 20 figures, 6 vignettes et 33 culs-de-lampe, dessinés et gravés à l'eau-forte par Gessner, mar. bleu, dos orné, large dentelle sur les plats, mors en marocain, doublé de tabis rose avec dentelle, tr. dor. (*Reliure ancienne.*)

> Lorsque le second volume parut, l'auteur ne fit pas, comme le dit Cohen, faire un second tirage du premier avec la date de 1777, que porte le Tome II ; il fit simplement substituer un titre nouveau portant la date nouvelle aux exemplaires qui lui restaient du premier volume.

709. ŒUVRES COMPLETTES de Gessner. *S. l. n. d. (Paris, Cazin*, 1779). 3 vol. pet. in-18, port., titres gravés et 14 fig. de Marillier, gravées par Delvaux, mar. vert, dos orné, fil., dent. à l'int., tr. dor. (*Reliure ancienne.*)

710. ŒUVRES DE SALOMON GESSNER. *A Paris, chez Ant.-Aug. Renouard,* 1795. 4 vol. in-8, avec 3 port. et 48 fig. par Moreau, gravées par Baquoy, Dambrun, Delvaux, de Ghendt, Lemire, etc., mar. vert, dos orné, large dent. sur les plats et à l'int., tr. dor. (*Bozérian*).

Charmant exemplaire SUR PAPIER FIN, de la jolie édition imprimée à Dijon par Causse, en l'an III, avec les figures AVANT LA LETTRE.

711. ŒUVRES DE SALOMON GESSNER. *A Paris, chés l'auteur des estampes, veuve Hérissant et Barrois l'aîné, s. d.* 3 vol. gr. in-4, 3 titres gravés différents, 1 frontisp. avec portrait, 2 autres frontisp., 72 figures, 4 vignettes et 67 culs-de-lampe par Le Barbier, gravés par Baquoy, Dambrun, Gaucher, Halbou, de Longueil, etc., mar. rouge, dos orné, fil., dent. à l'int., tr. dor. (*Chambolle-Duru.*)

Très bel exemplaire avec les figures de Le Barbier en double état : AVEC LES NUMÉROS et AVANT LES NUMÉROS. Elles n'existent pas AVANT LA LETTRE

712. ŒUVRES DE GESNER (*sic*). *A Paris, chez Dufart, s. d. (fin du* XVIIIe *siècle).* 2 vol. gr. in-8, 2 titres frontispices par Marillier, gravés par Ponce, 1 port. gravé par Delvaux, et 24 figures de Monnet gravées par Dupréel, Giraud jeune, Macret, etc., mar. vert, dos orné, fil., dent. à l'int., tr. dor. (*Chambolle-Duru.*)

Exemplaire *relié sur brochure*, avec les figures de Monnet AVANT LA LETTRE.

713. LES SOUFFRANCES DU JEUNE WERTHER par Gœthe, traduction nouvelle (par H. de La Bédoyère) ornée de trois gravures en taille-douce. *A Paris, de l'imprimerie de P. Didot l'aîné,* 1809. In-8, fig.,

dem.-rel. mar. viol., dos et coins, entièrement ébarbé.
(*Thouvenin.*)

> Papier vélin avec les 3 figures de Moreau en double état :
> avant la lettre et EAUX-FORTES
>
> Ces eaux-fortes qui sont fort rares manquent à presque tous
> les collectionneurs de l'œuvre du grand artiste et M. Mahérault
> n'en fait même pas mention dans son *Œuvre de Moreau le Jeune.*
>
> Bel exemplaire, avec un envoi autographe du Cte de
> La Bédoyère à Monsieur Basti, en date du 23 janvier 1823 :
> « *Je voudrais, Monsieur, que l'ouvrage que j'ai l'honneur de
> vous envoyer fut aussi précieux que le joli volume que vous
> m'avez cherché et procuré avec autant d'obligeance ; tel qu'il
> est, il a du moins le mérite de la rareté, car vous ne le trou-
> veriez chez aucun libraire, etc....* Comte de La Bédoyère.

714. Les Souffrances du jeune Werther par Gœthe,
traduction nouvelle ornée de trois gravures en taille-
douce (par le Cte de La Bédoyère). *A Paris, de l'imprimerie de P. Didot l'aîné,* 1809. In-8, papier vélin,
fig., mar. brun, dos orné, dent. à froid sur les plats,
tr. dor. (*Thouvenin.*)

> *Exemplaire sur papier vélin* avec les 3 figures de Moreau
> avant la lettre.

715. Werther (de Gœthe) traduit de l'allemand par
M. de Sevelinges. Nouvelle édition ornée de gravures.
Paris, Dentu, 1825. In-12, papier vélin, veau fauve,
dos orné, fil., dent. à l'int., tr. dor. (*Thouvenin.*)

> Exemplaire sur papier vélin, avec les 4 figures de Berthon,
> gravées par Duplessis-Bertaux, avant la lettre *et avant les
> numéros.*

716. Les Mille et une nuits, contes arabes, traduits
en français par Galland. Nouvelle édition, augmentée de plusieurs contes, ornée de 21 gravures et
publiée par Ed. Gauttier. *Paris, Collin de Plancy (de
l'imprim. de Firmin Didot),* 1822-24. 7 vol. in-8,

fig., dem.-mar. vert, coins, tête dor., tranches ébarbées. (*Thouvenin.*)

Exemplaire sur GRAND PAPIER VÉLIN avec les 21 figures de Chasselat en triple état : *avec la lettre*, AVANT LA LETTRE SUR BLANC et AVANT LA LETTRE SUR CHINE.

717. LES MILLE ET UN JOURS, contes orientaux, traduits du du grec, du persan et de l'arabe, par Petis-de-la-Croix, Galland, Cazotte, etc., avec une notice par M. Collin de Plancy, et ornés de dix belles gravures. *Paris, Rapilly*, 1826. 5 vol. in-8, dem.-mar. rouge avec coins, dos orné, entièrement ébarbés. (*Thouvenin.*)

Exemplaire sur GRAND PAPIER VÉLIN, avec les 10 gravures de Devéria, en quadruple état : 1º avec la lettre sur blanc ; 2º *avant la lettre sur blanc* ; 3º AVANT LA LETTRE SUR CHINE ; 4º EAUX-FORTES.

V. FACÉTIES.

ÉCRITS FACÉTIEUX DE DIVERS GENRES.

718. RECUEIL DE PIÈCES RARES et facétieuses, anciennes et modernes, en vers et en prose, remises en lumière pour l'esbattement des Pantagruélistes avec le concours d'un bibliophile. *Paris, Barraud*, 1872. 2 vol. in-8, papier vélin, mar. rouge ancien, dos orné, fil., dent., tête dor., tranches ébarbées. (*Allô.*)

Grand papier vélin, tiré à 150 exemplaires de format in-8, avec les eaux fortes AVANT LA LETTRE.

719. PHILOSOPHIE D'AMOUR de M. Léon Hébreu, traduicte

d'Italien en Francoys, par le Seigneur du Parc Champenois. *A Lyon, chez Guil. Rouille, 1551, avec privilège du Roy.* In-8 de 675 pp. et 21 ff pour la table, les notes et le privilège, caract. ital., mar. rouge, dos orné, dentelle sur les plats, gardes en papier doré, tr. dor. (*Reliure ancienne.*)

Livre rare dans une reliure ancienne, genre Pasdeloup, d'une très grande fraîcheur.

720. LES FACÉCIEUSES NUITS du Seigneur Straparole (avec une préface de B. de La Monnoye et des notes du poëte Lainez). *S. l. (Paris, Guérin),* 1726. 2 vol. in-12, mar. bleu, dos orné, dent. sur les plats et à l'int., tr. dor. (*Simier.*)

721. LES ŒUVRES DE BRUSCAMBILLE, contenans ses fantaisies, imaginations et paradoxes. Le tout nouvellement tiré de l'Escarcelle de ses Imaginations *A Rouen, chez Martin de la Motte,* 1635. Pet. in-12, mar. vert, compart. dorés et à froid sur les plats, fil. à l'int., mors en marocain, tr. dor. et ciselées. (*Bradel-Derome.*)

722 LES BIGARRURES ET TOUCHES du Seigneur des Accords, avec les apophtegmes du sieur Gaulard et les Escraignes dijonnoises. Dernière édition augmentée de plusieurs Epitaphes, Dialogues et ingénieuses Equivoques (par Estienne Tabourot). *A Paris, chez Estienne Maucroy,* 1662. In-12, fig., mar. brun janséniste, dent. à l'int., tr. dor. (*Trautz-Bauzonnet.*)

723 RECUEIL GÉNÉRAL des œuvres et fantasies (*sic*) de Tabarin, contenant ses Rencontres, Questions et Demandes facécieuses avec leurs Responses... avec les Rencontres et Fantasies du Baron de Gratelard. *A Rouen, chez Loüys du Mesnil,* 1664. Pet. in-12 de

288 pp., mar. vert, dos orné, fil. et compart. à la Dusseuil, dent. à l'int., tr. dor. *(Chambolle-Duru)*

> La meilleure édition de Tabarin et celle que les amateurs placent dans la collection Elzevirienne.
>
> Bien qu'annoncées sur le titre, les *Rencontres du Baron de Gratelard* n'en font point partie ; mais on y trouve à la place les *Aventures du capitaine Rodomont*.
>
> Joli exemplaire grand de marges. Hʳ : 128ᵐᵐ.

724. Le Réveille matin des Dames par le sieur de La Serre. *A Bruxelles, chez Philippe Vleugart*, 1671. Pet. in-12, mar. citron, dos orné, fil., dent. à l'int., tr. dor. *(Niédrée.)*

725. Le Tableau des piperies des femmes mondaines, ou par plusieurs histoires se voyent les ruses et artifices dont elles se servent. *A la Sphère. A Cologne (Hollande), chez Pierre du Marteau*, 1685. Pet. in-12 de 284 pp. y compris le titre, la préface et la table, mar. vert, dos orné, filets et compart. à la Dusseuil, dent. à l'int. tr. dor. *(Chambolle-Duru.)*

> *Édition la plus recherchée* de ce curieux ouvrage.
> Exemplaire grand de marges. Hʳ: 130ᵐᵐ.

726. Les Chats (par de Moncrif). *A Paris, chez Quillau*, 1727. In-8, mar. lavallière, dos orné, fil., dent., tr. dor., fig. *(Chambolle-Duru.)*

> *Édition originale* avec 8 fig. de Coypel, gravées à l'eau-forte par Caylus, et 1 vignette représentant le Dieu Pet.

727. Les Yeux, le nez et les tetons, ouvrage curieux et galant, composé pour le divertissement d'une certaine dame de qualité, par J. P. N. du C. dit V. On a ajouté à ce traité les Poésies diverses du sieur Du Commun. *A Amsterdam, chez Jean Paul*, 1735. 3 parties (avec une pagination distincte) en 1 vol. in-12, mar. rouge, dos

orné, compart. dorés sur les plats, dent. à l'int., tr.
dor. (*Frontisp. gravés.*)

728. Le 101ᵉ Régiment, par Jules Noriac, illustré
par Armand-Dumarescq, Janet, Pelcoq, Morin et
Deuxétoiles. *Paris, Librairie Nouvelle, A. Bourdil-
lat et Cⁱᵉ, éditeurs,* 1860. In-8, fig., mar. rouge, dos
orné. fil., dent., tr. dor. (*David.*)

Papier de chine, tiré à 18 exemplaires. Nᵒ 12.

729. L'Enfer du bibliophile, vu et décrit par Charles
Asselineau. *Paris, Jules Tardieu,* 1860. In-12, papier
vélin, mar. bleu, dos orné, fil., dent. à l'int., tr. dor.
(*Chambolle-Duru.*)

VI. PHILOLOGIE.

CRITIQUES, SATIRES, EMBLÈMES, DEVISES ET PROVERBES.

730. Traité du choix et de la méthode des études par
Mᵉ Claude Fleury, prêtre. *A Paris, chez Pierre Aubouin,* 1687. In-12 de 8 ff. prélim., 365 pp. et 1 f.
blanc., mar. brun, dent. à l'int., tr. dor. (*Hardy-
Mennil.*)

Édition originale.

731. Description de l'isle des Hermaphrodites, nouvellement descouverte, contenant les mœurs, les coutumes
et les ordonnances des habitants de cette Isle..., etc.,
pour servir de supplément au Journal d'Henri III. *A
Cologne, chez les héritiers d'Herman Demen,* 1724.

In-8, fig., mar. rouge, dos orné, fil. dent. à l'int., tr.
dor. *(Chambolle-Duru.)*

Satire contre les désordres de la Cour, attribuée à *Thomas
Artus, sieur d'Embry*.

Cette édition, la seule complète, est ornée d'un frontispice
gravé où Henri III est représenté avec une fraise et une coiffure
de femme.

732. L'Eloge de la Folie, composé en forme de déclamation par Erasme de Rotterdam, avec quelques notes
de Listrius et les belles figures de Holbenius. Trad.
nouv. en françois par M. Gueudeville. *A Leide, chez
Pierre vander Aa*, 1713. In-12, frontisp., port. et
75 fig. dans le texte avec 6 grandes planches pliées, vél.
bl. tr. marb. *(Reliure ancienne.)*

Première édition qui contienne les figures gravées d'après
les dessins d'Holbein.

733. L'Eloge de la Folie, traduit du latin d'Erasme par
M. Gueudeville; nouvelle édition revüe et corrigée sur
le texte de l'édition de Basle, ornée de nouvelles figures,
avec des notes (par Meunier de Querlon). *S. l.
(Paris)*, 1751. In-4, frontisp., fleuron, estampes,
vignette et cul-de-lampe d'Eisen, mar. bleu, dos orné,
fil., dent. à l'int., tr. dor. *(Chambolle-Duru.)*

Exemplaire en GRAND PAPIER *de format in-4*, avec le frontispice d'Eisen entouré d'un encadrement spécial, gravé sous
la direction de Le Bas par Martinasie.

734. Lettres Persanes (par Montesquieu). *A Cologne,
chez Pierre Marteau*, 1721. 2 tomes en 1 vol. in-12,
de 172 et 187 pp., mar. rouge jans., dent. à l'int., tr.
dor. *(Cuzin.)*

Edition originale.

735. Emblèmes d'Alciat, de nouveau translatez en

François vers pour vers iouxte les Latins; ordonnez en lieux communs, avec briefves expositions et figures nouvelles appropriées aux derniers emblèmes (par Barth. Aneau). *A Lyon, chez Gvill. Roville,* 1549, *avec privilège. Imprimez à Lyon par Macé Bonhomme.* In-8 de 267 pp. plus 5 pp. de table, encadrements et figures sur bois, mar. rouge, dos orné, plats ornés de filets dorés et de dentelle à froid dans le genre du XVI^c siècle, milieu, dent. à l'int., tr. dor. *(Lortic.)*

> ÉDITION ORIGINALE FRANÇAISE de ce curieux ouvrage que recommandent les nombreuses planches sur bois dont il est orné et qui sont attribuées au *Petit Bernard.*
>
> « *Il n'est pas facile, dit Brunet, d'en trouver des exemplaires bien conservés.* » Le nôtre est magnifique.

736. HADRIANI IUNII medici ænigmatum libellus. *Antverpiæ, ex officinâ Christophori Plantini,* 1565. Pet. in-8, fig. sur bois, 8 ff prélim. non chiff., 149 pages encadrées et 3 pp de table et d'achevé d'imprimer, mar. rouge jans., dent à l'int., tr. dor. *(Capé)*

> Bel exemplaire avec texte encadré et 57 figures en bois, très finement gravées dans le genre du *Petit Bernard.*
>
> Cette édition est demeurée inconnue à Brunet qui donne comme étant la première celle de 1569.

737. ICONOLOGIE ou la science des Emblèmes, devises, etc., qui apprend à les expliquer, dessiner et inventer; ouvrage très utile aux orateurs, poëtes, peintres, graveurs, etc., augm. d'un grand nombre de fig. tirées de César Ripa, par J. B. *A Amsterdam, chez Adrian Braakman,* 1698. 2 vol. pet. in-8, front. et fig., mar. vert, dos orné, fil., dent., tr. dor. *(Derome.)*

738. ICONOLOGIE PAR FIGURES ou traité complet des allégories, emblèmes, &c. Ouvrage utile aux artistes, aux

amateurs et pouvant servir à l'éducation des jeunes personnes par M. M. Gravelot et Cochin. *A Paris, chez Le Pan, s. d.* 4 vol. gr. in-8, titres gravés et 204 fig., mar. rouge, dos orné, fil., dent. à l'int., tr. dor. *(Chambolle-Duru.)*

Exemplaire tiré sur papier in-8.

739. DEVISES HÉROÏQUES par M. Claude Paradin, chanoine de Beaujeu. *A Lion, par Ian de Tournes et Guil. Gazeau,* 1557. In-8 de 261 pp. avec 180 grav. sur bois, mar. rouge, dos orné, plats à la Dusseuil, dent. à l'int., tr. dor. *(Bound by Bedford.)*

Édition rare.

740. LES APOPHTHEGMES, ce est à dire, promptz, subtilz et sententieux dictz de plusieurs Roys, chefz d'armées, Philosophes et autres grands personnaiges, tant Grecz que Latins, translatez de latin en Francoys, par l'esleu Macault, notaire. *A Paris, par Iehanne de Marnef, vefve de Denys Ianot,* 1545. In-16, mar. brun, dos orné, compart. à froid, coins et milieu doré, dent. à l'int., tr. dor. *(Chambolle-Duru.)*

PREMIÈRE TRADUCTION FRANÇAISE connue de cet ouvrage célèbre.

741. THRÉSOR DE SENTENCES DORÉES, proverbes et dicts communs, réduits selon l'ordre alphabétique, avec le Bouquet de Philosophie morale... par Gabriel Meurier. *A Rouen, chez Nicolas Lescuyer,* 1578. Pet. in-16, mar. lav. clair, dos orné, filets à la Dusseuil, dent. à l'int., tr. dor. *(Chambolle-Duru.)*

VII. ÉPISTOLAIRES.

742. LES EPISTRES DE SENÈQUE, traduites par Mre François de Malherbe, gentil-homme ordinaire de la Chambre du Roy. *A Paris, chez Anthoine de Sommaville, 1639, avec privilège du Roy.* In-12 de 12 ff. prélim. y compris le portrait et 647 pp., mar. rouge, dos au pointillé, plats ornés d'une large dentelle au pointillé, et d'un milieu à feuillage avec têtes, dent. à l'int., tr. dor. *(Reliure ancienne.)*

> *Édition originale rare et recherchée,* dans une jolie reliure de LE GASCON.

743. LETTRES CHOISIES du Sr de Balzac. *A Amsterdam, chez Elséviers, 1656.* Pet. in-12, titre gravé, mar. bleu, dos orné, filets et compart. à la Dusseuil, dent. à l'int., tr. dor. *(Chambolle-Duru.)*

744. LETTRES DE MARIE RABUTIN-CHANTAL, marquise de Sévigné, à Madame la Comtesse de Grignan, sa fille. *S. l.,* 1726. 2 vol. in-12, de 1 f. pour le titre, 381 pp. et 1 f. d'errata pour le Tome I, et de 1 f. pour le titre, 324 pp., plus 1 f. d'errata pour le Tome II, mar. rouge, dos orné, compart. de filets et milieu doré, dent. à l'int., tr. dor. *(Raparlier.)*

> ÉDITION ORIGINALE.
> *Exemplaire de la bonne date* qu'il ne faut pas confondre avec la contrefaçon publiée la même année en plus petits caractères et sur mauvais papier. H^r : 157^mm.

745. LETTRES D'HÉLOÏSE ET D'ABAILARD ;
édition ornée de huit figures gravées par les meilleurs
artistes de Paris, d'après les dessins et sous la direction de Moreau le Jeune. *A Paris, chez Fournier, de
l'imprim. de Didot le Jeune, an IV* (1796). 3 vol. gr.
in-4, fig., dem.-rel. mar. vert ancien, tranches ébarb.
(Reliure ancienne.)

> *Exemplaire en grand papier vélin* avec les belles figures de
> Moreau le Jeune AVANT LA LETTRE et EAUX-FORTES.
> Papiers de soie avec la légende imprimée.

746. LETTRES D'YORICK à Eliza et d'Eliza à Yorick, traduites de l'anglois de M. Sterne. Nouvelle édition augmentée de l'éloge d'Eliza par M. l'abbé Raynal, avec
figures. *A Lausanne, chez Mourer*, 1786. In-12, port.
de Sterne par A. de Molière, et fig. gravée par Topffer,
mar. vert, dos orné, dent. sur les plats et à l'int., tr.
dor. *(Reliure ancienne.)*

VIII. POLYGRAPHES.

POLYGRAPHES ANCIENS ET MODERNES.

747. ŒUVRES DE MONSIEUR SCARRON, nou-
velle édition revue, corrigée et augmentée de l'Histoire
de sa vie et de ses ouvrages, d'un Discours sur le style
burlesque et de quantité de Pièces omises dans les éditions précédentes. *A Amsterdam, chez J. Wetstein*,
1752. 7 vol. in-12, port. et fig., mar. vert, dos au

chiffre et plats aux armes, dent. à l'int., tr. dor.
(Duru, 1846.)

La meilleure et la plus recherchée de toutes les éditions de
Scarron.

Très bel exemplaire, *relié sur brochure*, aux armes du
Marquis de Coislin, et provenant de la bibliothèque du *Duc
d'Aumale.*

748. Les Œuvres diverses du sieur de Balzac, augmentées en cette édition de plusieurs pièces nouvelles. *A
Paris, chez Iean Guignard,* 1658. Pet. in-12, mar.
bleu, dos orné, fil. et compart. à la Dusseuil, dent. à
l'int., tr. dor. *(Chambolle-Duru.)*

749. Les Œuvres diverses de M. de Cyrano Bergerac.
A Paris, chez Charles de Sercy, 1654, *avec privilège du Roy.* 2 parties en 1 vol. in-4 de 4 ff. prélim.,
294 pp. et 2 ff. pour le privilège ; 2 ff. prélim. et
167 pp., mar. rouge ancien, dos orné, fil., dent., tr.
dor. *(Hardy.)*

Édition originale.

750. Les Œuvres de Monsieur de Cyrano Bergerac. *A
Paris, chez Charles de Sercy,* 1676. 2 vol. in-12,
port. gravé par Le Doyen, mar. rouge, dos orné, comp.
à la Dusseuil, dent. à l'int., tr. dor. *(Chambolle-
Duru.)*

Édition originale collective.

751. Œuvres meslées, contenant : considérations sur
Annibal ; jugement sur Tacite et Saluste ; l'idée de la
femme qui ne se trouve point, etc., etc., par M. de
S. E. (de Saint-Evremont). *A Paris, chez Claude
Barbin,* 1668. Pet. in-12, mar. rouge ancien, dos
orné, fil., dent. à l'int., **tr. dor.** *(Belz-Niédrée.)*

Édition originale.

Exemplaire auquel on a joint : *Œuvres meslées, deuxième
partie,* 1669, 46 pp. et 1 f. pour le privilège.

752. Œuvres diverses de M. de Fontenelle, de l'académie françoise. Nouvelle édition augmentée et enrichie
de figures gravées par Bernard Picart le Romain *A
La Haye, chez Gosse et Néaulme,* 1728-29. 3 vol. gr.
in-4, texte encadré, 6 front. ou fig. dont 1 avec le port.
de l'auteur, 2 fleurons et 174 vignettes ou culs-de-
lampe de B. Picart, veau écaille, dos orné, tr. marbr.
(Reliure ancienne.)

> Bel exemplaire au chiffre dans le dos et aux armes sur les
> plats de la Comtesse de Verrue.

753. Œuvres de M. l'abbé de Saint-Réal. Nouvelle
édition augmentée d'un volume et enrichie de figures en
taille-douce et de vignettes. *Amsterdam, Fr. L'Honoré,* 1740. 6 vol. in-12, mar. citron, dos orné, filets,
dent., tr. dor. *(Reliure ancienne.)*

> Jolie édition fort recherchée en condition ancienne.

754. Œuvres mêlées, tant en prose qu'en vers, par M. de
Moncrif, de l'Académie Françoise. *A Paris, chez Bernard Brunet,* 1743. In-12 de 16 ff. prélim. et 380 pp.,
mar. rouge, dos orné, fil., dent., tr. dor. *(Chambolle-
Duru.)*

> Edition originale.

755. ŒUVRES COMPLETTES *(sic)* DE J. LA
FONTAINE, précédées d'une nouvelle notice sur sa
vie (par L. S. Auger). *De l'imprimerie de Crapelet.
A Paris, chez Lefèvre,* 1814. 6 vol. in-8, 1 port.
d'après Rigault admirablement gravé par Ribault, et
25 figures par Moreau, gravées par Bosq, Delignon,
Delvaux, de Ghendt, Mariage, etc., dem.-rel. mar.
citron, tranches entièrement non rognées. *(Thouvenin.)*

> Très bel exemplaire sur *grand papier vélin*, tiré à 30 exem-

plaires seulement (nᵒ 15) avec la suite complète des belles
figures de Moreau AVANT LA LETTRE.

La pièce connue sous le nom de « *Passage du torrent* » gravée
par Heina, d'après Leguay, s'y trouve aussi AVANT LA LETTRE.

On y a joint, sur le même papier, et dans la même reliure :
1ᵒ *Histoire de la vie et des ouvrages de J. de La Fontaine par
Walckenaer. Paris, Nepveu, 1824, in-8 (Port., vue et fac-simile);
2ᵒ Nouvelles œuvres diverses de J. Lafontaine et poésies de
Fr. de Maucroix. Paris, Nepveu, 1820, in-8. (Fig.).*

756. ŒUVRES DE LA FONTAINE, nouvelle édition, revue, mise en ordre et accompagnée de notes par
Walckenaer, membre de l'Institut. *A Paris, chez Lefèvre (imprim. de Jules Didot aîné),* 1827. 6 vol. gr.
in-8, papier jésus vélin, port. et figures, dem.-rel. mar.
rouge, dos orné, coins, tête dor., ébarb. *(Capé.)*

Bel exemplaire, *un des 50 tirés sur grand jésus vélin,* avec le
portrait gravé par Roger SUR CHINE AVANT LA LETTRE.

On y a joint :

1ᵒ La suite complète de 1 portrait d'après Rigault, gravé par
Dequevauviller et des 25 figures de Moreau le Jeune, gravées
par Bosq, Devilliers, Dupréel, Heina, Leroux, Pigeot,
Schroeder, Simonet, Villerey, etc., en double état : AVANT LA
LETTRE SUR CHINE et EAUX-FORTES ;

2ᵒ La suite complète des 12 figures de Bergeret, gravées par
Pigeot, Dupréel, Courbe, Malbeste, Pauquet, etc., AVANT LA
LETTRE ;

3ᵒ La jolie figure de Leguay (le Passage du Torrent)
AVANT LA LETTRE *sur Chine* ;

4ᵒ Deux figures pour les Amours de Psyché d'après Moreau
AVANT LA LETTRE et 2 figures pour Adonis, du même, AVANT
LA LETTRE et EAUX-FORTES. Ces 4 pièces, qui sont à toutes
marges, sont tirées des *Lettres à Émilie,* 1809;

5ᵒ Enfin un certain nombre de figures *avant* et *avec la lettre,*
extraites de divers ouvrages, et une assez grande quantité de
portraits dont plusieurs *avant la lettre.*

EXEMPLAIRE RENOUARD, relié depuis la vente.

757. ŒUVRES DE LA FONTAINE, nouvelle édition revue, mise en ordre et accompagnée de notes par
Walckenaer, membre de l'Institut. *A Paris, chez*

Lefèvre (imprim. de Jules Didot aîné), 1827. 6 vol. gr. in-8, papier jésus vélin, portraits et figures, dem.-mar. rouge, avec coins, dos orné, entièrement non rogn. *(Niédrée.)*

Bel exemplaire *non rogné*, un des 50 tirés sur GRAND JÉSUS VÉLIN, avec le beau port. gravé par Roger, *sur Chine* AVANT LA LETTRE et son EAU-FORTE.

On y a joint :

1º La suite complète des 12 jolies figures de Bergeret, gravées par Pigeot, Dupréel, Courbe, Malbeste, Pauquet, etc., AVANT LA LETTRE ;

2º Les 2 rares fig. in-8, dessinées et gravées par Girardet, pour *l'Ours et les deux compagnons* et *la Besace*, en double état : *avant la lettre sur blanc* et AVANT LA LETTRE SUR CHINE ;

3º La jolie fig. de Desenne gravée par Blanchard, pour les Œuvres de Boufflers (placée ici en regard de la fable de *Perrette et le pot au lait*) en double état : *avant la lettre sur blanc* et AVANT LA LETTRE SUR CHINE ;

4º Enfin la suite complète de 1 port. gravé sur acier par Hopwood, sur Chine *avant la lettre*, et des 12 charmantes figures de Tony Johannot en double état : AVANT LA LETTRE SUR CHINE et EAUX-FORTES.

Ces dernières sont fort rares complètes.

758. ŒUVRES DE MONTESQUIEU, avec les notes de tous les commentateurs, édition publiée par L. Parrelle. *A Paris, chez Lefèvre (imprim. de Jules Didot aîné)*, 1826. 8 vol. gr. in-8, papier jésus vélin, port., dem.-rel. mar. rouge, avec coins, dos orné, tête dor., ébarb. *(Capé.)*

Un des 50 *exemplaires tirés sur* GRAND JÉSUS VÉLIN, avec le joli portrait gravé par Roger *sur Chine* AVANT LA LETTRE, et 7 autres portraits de Montesquieu ajoutés.

759. ŒUVRES DE MONTESQUIEU, avec les notes de tous les commentateurs ; édition publiée par L. Parrelle. *A Paris, chez Lefèvre (imprim. de Jules Didot aîné)*,

1826. 8 vol. in-8, port. et fig., dem.-rel. cuir de Russie, avec coins, ébarbé partout. *(Vogel.)*

Exemplaire sur *papier cavalier vélin* auquel on a ajouté la suite des 14 figures in-8 de Moreau et Peyron SUR CHINE AVANT LA LETTRE, 2 figures de Lebarbier pour Arsace et Isménie, et divers portraits.

760. ŒUVRES DE MONSIEUR DE SAINT-MARC. *A Genève et se trouve à Paris, chez Monory*, 1775. In-8, port., titre par Eisen, fig. par Moreau et 2 vignettes d'Eisen et Marillier, gravées par Gaucher, mar. rouge, dos orné, filets et fleurs dans les angles, dent. à l'int., tr. dor. *(Capé.)*

761. ŒUVRES COMPLETTES D'ALEXIS PIRON, publiées par M. Rigoley de Juvigny. *A Paris, de l'imprimerie de M. Lambert*, 1776-1779. 8 vol. in-8, port. de Saint-Aubin, dem.-rel. mar. bleu, avec coins, dos orné, fil., tête dor., ébarb. *(Chambolle-Duru.)*

LA MEILLEURE ET LA PLUS COMPLÈTE des éditions de cet auteur.

On y a joint : *Poésies diverses, pour servir de suite à toutes les éditions dont on a supprimé les ouvrages libres.* **Londres,** *Jackson*, 1779, *in-8.*

Ce dernier volume, *également non rogné,* est relié en marocain plein, dos orné, fil., dent. à l'int., tr. dor. *(Chambolle).*

762. ŒUVRES DE COLARDEAU, de l'Académie françoise. *A Paris, chez Ballard et Le Jay*, 1779. 2 vol. in-8, port. et 12 figures de Monnet, gravées par Legrand, Baquoy, Ponce, De Launay, Masquelier, Née, etc., mar. rouge anc., dos orné, fil., dent., tr. dor. *(Chambolle-Duru.)*

Papier de Hollande. Belles épreuves.

763. ŒUVRES BADINES et morales, historiques et philoso-

phiques de Jacques Cazotte. Première édition complète. *A Paris, chez Bastien,* 1816. 3 vol. in-8, cart. à la bradel, entièrement non rognés. (*Fig.*)

> *Édition originale complète* avec 2 portraits de Cazotte, 2 figures allégoriques du poème d'Ollivier et 6 figures originales, pour le Diable amoureux, attribuées à Moreau le Jeune.

764. ŒUVRES DU COMTE DE TRESSAN, précédées d'une notice sur sa vie et ses ouvrages par M. Campenon. Edition revue, corrigée et ornée de gravures d'après les dessins de M. Colin. *Paris, Nepveu et Aimé-André (de l'imprim. de Firmin Didot),* 1823. 10 vol. gr. in-8, fig., dem.-rel. mar. bleu, dos orné, coins, tête dor., ébarb. (*Brany.*)

> Exemplaire sur *grand papier vélin* avec la suite complète de 1 port. et 12 belles figures de Colin en triple état : *avant la lettre sur blanc*, AVANT LA LETTRE SUR CHINE et EAUX-FORTES.
>
> On y a joint les 20 figures de Marillier (remargées de format gr. in-8) publiées en 1787-89, et un fac-simile.

765. ŒUVRES COMPLÈTES DE VOLTAIRE (avec des notes de M. M. Renouard, Clogenson et autres). *A Paris, chez Ant.-Aug. Renouard,* 1819-25. 66 vol. in-8, papier vélin, port. et fig., dem.-rel. mar. br., entièrement non rognés. (*Simier.*)

> Très bel exemplaire en GRAND PAPIER VÉLIN avec la suite complète des 113 vignettes de Moreau AVANT LA LETTRE, dont 44 pour le *Théâtre*, 10 pour la *Henriade*, 21 pour la *Pucelle*, 33 pour les *Contes et Romans*, et 5 pour *Louis XIV, Charles XII*, etc.
>
> Les portraits de Saint-Aubin sont au nombre de 44 dont 32 AVANT LA LETTRE, c'est-à-dire *avec la lettre grise dans la tablette blanche.*

766. VOLTAIRE. Suite complète de 10 portraits en pied et de 70 vignettes d'après Desenne, gravées par Bosq,

Burdet, Coupé, Devilliers, Frilley, Johannot, Larcher, Leroux, Muller, Prudhomme, Sisco, Sixdeniers, Touzé, etc., pour les *Œuvres complètes. Paris, F. Didot,* 1829-34. 70 vol. in-8.

Belles épreuves AVANT LA LETTRE SUR PAPIER DE CHINE, *tirées de format in-4* et encore dans leurs couvertures de publication.

Cette collection, a été publiée en seize livraisons, qui coûtaient 30 francs chacune, soit en tout 480 francs.

767. VOLTAIRE. Suite complète de 10 portraits en pied et de 70 vignettes d'après Desenne (la même que la précédente), pour les *Œuvres complètes. Paris, F. Didot,* 1829-34. 70 vol. in-8.

Rares épreuves à l'état d'EAUX-FORTES, tirées de format in-4, et encore dans la couverture de publication avec ces mots : « *A M. Mahérault.* ALEX. DESENNE. »

768. VOLTAIRE. Suite complète de 47 figures, dont 9 portraits (Voltaire, Henri IV, Frédéric II, Louis XIV, Louis XV, Catherine II, Charles XII, Pierre le Grand et d'Alembert) d'après Moreau, Marckl et Lefevre, gravées par Hopwood, Geoffroy, Nargeot, Blanchard et Lefèvre, pour les *Œuvres complètes.* In-8.

Jolie suite publiée par Furne, *en premier tirage* et de format in-4, AVANT LA LETTRE SUR CHINE.

On y a joint le classement des 47 planches et un fac-simile de l'écriture de Voltaire.

769. ŒUVRES DE J. J. ROUSSEAU. *A Paris, de l'Imprimerie de P. Didot l'aîné, an IX* (1801). 20 vol. pet. in-8, port. et fig., mar. rouge, dos orné, dent. sur les plats et à l'int., tr. dor. *(Bozérian.)*

Bel exemplaire sur GRAND PAPIER VÉLIN, auquel on a joint avec un fac-simile et des planches de musique gravée, 35 des figures de la Collection Dupréel.

Rare en condition ancienne.

770. ŒUVRES DE J.-J. ROUSSEAU, avec des notes historiques (par Petitain). *A Paris, chez Lefèvre (de l'imprimerie de Crapelet)*, 1819-20. 22 vol. gr. in-8, port. et fig., mar. bleu, dos orné, dentelles dorées et à froid sur les plats, dent. à l'int., tr. dor. (*Simier.*)

> *Grand papier jésus vélin*, tiré à 60 exemplaires.
>
> Très bel exemplaire *aux armes de la* DUCHESSE DE BERRY, avec la suite complète de 19 figures (dont un portrait) d'après Desenne en triple état : *avant la lettre sur blanc*, AVANT LA LETTRE SUR CHINE et EAUX-FORTES:
>
> Le portrait *à l'état d'*EAU-FORTE que Sieurin n'a pas connu (voir son catalogue, p. 69) existe dans notre exemplaire ; quant aux figures *avant la lettre* SUR CHINE, elles sont. fort rares, n'ayant été tirées qu'à dix exemplaires.

771. ROUSSEAU (J.-J.). Suite complète de 1 portrait de Jean-Jacques Rousseau, d'après La Tour, gravé par A. de Saint-Aubin, et de 37 gravures in-4 de Moreau le Jeune et de Le Barbier, gravées par Le Mire, Duclos, De Launay, Choffard, Simonet, Halbou, Martini, Duflos, Le Veau, Ingouf, Trière et Romanet, pour les *Œuvres complètes. Londres,* 1774-83. 12 vol. in-4.

> Épreuves de premier tirage, sur PAPIER FORT.

772. ROUSSEAU (J. J.). Suite de 2 portraits, 14 titres et 49 figures d'après Moreau, Lebarbier, Monsiau, etc., gravées par Baquoy, Borgnet, De Ghendt, Delvaux, Dupréel, Hubert, Ponce, etc., pour les *Œuvres complètes. Paris, Poinçot,* 1788-93.

> En tout 65 pièces, à toutes marges, dont 36 AVANT LA LETTRE et parmi elles 33 *avant les numéros.*

773. ROUSSEAU (J.-J.). Suite complète de 1 portrait par de Gault, gravé par Langlois, 5 frontispices par Cochin et Monsiau et 29 figures (en tout 35 pièces) par

Cochin, Monsiau, de Ghendt, Renaud, Pauquet et Vincent, gravées par Choffard, Dambrun, De Launay, Delvaux, Dupréel, Lemire, Ponce, Thomas, Trière, etc., pour les *Œuvres complètes.!Paris, Defer de Maisonneuve,* 1793. 18 vol. in-4.

Belle collection, avec de grandes marges, et de toute fraîcheur.

Rares épreuves AVANT LA LETTRE.

774. Rousseau (J.-J.). Suite complète de 64 figures in-8 de Moreau le Jeune (q.q. unes de Lebarbier, Cloquet et Chasselat) gravées par Dupréel, Delignon, Adam, Malbeste, Pauquet, Pigeot, Lamarre, Thomas, Aveline et Le Cerf, pour les *Œuvres complètes. Paris, Didot,* 1796-1801. 25 vol. gr. in-18.

Très rare collection de PREMIER ÉTAT, *c'est-à-dire* AVANT LE CADRE et à toutes marges. « Il n'existe pas, dit Sieurin, de suite complète AVANT LA LETTRE. »

775. Rousseau (J.-J.). Suite complète de 42 figures in-8 (dont 2 portraits : J. J. Rousseau et Mme de Warens) d'après Devéria, gravées par Adam, Blanchard, Chollet, Lecomte, Lefèvre, Pelée, Prévost, Touzé, etc., pour les *Œuvres complètes. Paris, Dalibon,* 1824-28. 27 vol. in-8.

Épreuves, de format in-folio, AVANT LA LETTRE SUR CHINE.

776. Rousseau (J.-J.). Suite complète de 42 figures in 8 (dont 2 portraits : J.-J. et Mme de Warens) d'après Devéria, gravées par les mêmes que ci-dessus, pour les *Œuvres complètes. Paris, Dalibon,* 1824-28. 27 vol. in-8.

Rares épreuves à l'état d'EAUX-FORTES, tirées de format in-4, SUR PAPIER DE CHINE.

777. Œuvres complettes (*sic*) DE M. DE Florian, nou-

velle édition augmentée de la vie de l'auteur et ornée de figures dessinées par les meilleurs artistes de Paris. *A Paris, chez Dufart*, 1803. 8 vol. in-8, port. et fig. de Quéverdo, Lebarbier, Monnet et Marillier, dem.-rel. mar. rouge, dos orné, coins, tête dor., ébarb. (*Smeers.*)

Exemplaire auquel on a joint les figures de Moreau et Desenne, de l'édition de Renouard AVANT LA LETTRE.

778. ŒUVRES COMPLÈTES DE FLORIAN. *Paris, chez Ant.-Aug. Renouard (Adrien Egron, impri-meur)*, 1820. 16 vol. in-18, papier vélin, fig., dem.-rel mar. vert, dos orné, entièrement non rognés. (*Thouvenin.*)

GRAND PAPIER VÉLIN, *non rogné*, avec les 80 jolies figures de Moreau et Desenne en double état : AVANT LA LETTRE SUR CHINE et EAUX-FORTES.

Les eaux-fortes de Don Quichotte ont été remplacées par une suite de figures *avant la lettre*, TIRÉES SUR PAPIER BLEU, dont quelques unes en double état, c'est à-dire à claire-voie et avec un double filet d'encadrement.

Le volume des FABLES qui est illustré par Moreau le Jeune est très rare avec les figures AVANT LA LETTRE SUR CHINE et les EAUX-FORTES.

779. ŒUVRES COMPLÈTES DE FLORIAN ; nouvelle édition, ornée de quatre-vingt gravures d'après Desenne. *Paris, Ladrange et Furne*, 1829. 16 vol. in-12, papier vélin, fig., cart. à la bradel, dos en marocain, coins, entière-ment non rognés. (*Pagnant.*)

PAPIER VÉLIN, *non rogné*, avec les couvertures conservées et les 80 figures de Moreau et Desenne AVANT LA LETTRE.

780. FLORIAN. Suite de 54 figures in-18 à claire-voie d'après Moreau et Desenne, gravées par Bosq, Coupé,

Devilliers, Girardet, Leroux, Roger, etc., pour les
Œuvres complètes. Paris, Renouard, 1820.

> Épreuves, à toutes marges, AVANT LA LETTRE SUR CHINE.
> Il manque pour que la suite soit complète : 1º 10 figures
> pour Estelle et Galatée ; 2º 16 fig. pour Don Quichotte.

781. ŒUVRES COMPLÈTES DE BERQUIN, nou-
velle édition rangée dans un meilleur ordre. *A Paris,
chez Ant.-Aug. Renouard, an XI-1803.* 17 volumes
in-12, avec 205 frontispices ou figures de Borel, Lebarbier, Marillier, Monsiau et Moreau, mar. rouge jans.,
dent. à l'int., tr. dor. (*Cuzin, relieur ; Maillard,
doreur.*)

> Joli exemplaire sur PAPIER VÉLIN et *relié sur brochure*, avec
> la suite bien complète des 205 figures en très belles
> épreuves.

782. ŒUVRES COMPLÈTES DE BERNARDIN DE
SAINT-PIERRE, mises en ordre et précédées de la
vie de l'auteur par Aimé-Martin. *A Paris, chez Méquignon-Marvis,* 1818. 12 vol. in-8, port. et fig., dem.
mar. brun, dos orné, coins, entièrement non rognés.
(*Purgold.*)

> Exemplaire sur GRAND RAISIN VÉLIN, *non rogné*, avec la suite
> complète de 1 port. gravé par Lignon, d'après Girodet, 8
> figures d'après Lafitte, Moreau, Girodet, Vernet, Prudhon et
> Isabey, pour Paul et Virginie ; 2 gravures de Desenne pour la
> Chaumière indienne et 5 vignettes du même pour les autres
> ouvrages, en triple état : *avec la lettre, coloriées du temps ;*
> AVANT LA LETTRE et EAUX-FORTES.
> Manquent les trois eaux-fortes de Moreau et celle de
> J. Vernet pour Paul et Virginie.
> Les figures de botanique sont en double état : *noires et
> coloriées.*

783. SAINT-PIERRE (Bernardin de). Suite complète de 4
vignettes in-18 d'après Moreau et Desenne, gravées par

De Villiers, pour l'édition de *Déterville*, 1816. In-18.

> Collection AVANT LA LETTRE, remontée comme chine de format gr. in-4.
>
> On y a joint deux épreuves doubles *avant la lettre* et les deux figures de Moreau à l'état d'EAUX-FORTES, toutes marges.

784. SAINT-PIERRE (Bernardin de). Suite complète de 16 figures in-8 (dont 1 portrait) d'après Moreau, Lafitte, Prudhon, Girodet, Vernet, Isabey et Desenne, gravées par Lignon, Blanchard, Dambrun, De Longueil, Pigeot, Roger, etc., pour les *Œuvres complètes. Paris, Méquignon-Marvis,* 1818. 12 vol. in-8.

> Belles épreuves AVANT LA LETTRE de format in-fol. et in-4, *sur Chine et sur blanc.*

785. ŒUVRES COMPLÈTES D'ETIENNE JOUY, de l'Académie Française, avec des éclaircissements et des notes. *Paris, imprimerie de Jules Didot aîné,* 1823-28. 27 vol. in-8, port. et vign., dem.-veau bleu, avec coins, entièrement ébarb. *(Thouvenin.)*

> *Grand papier vélin,* tiré à quelques exemplaires seulement.

HISTOIRE.

I. VOYAGES.

VOYAGES EN AMÉRIQUE.

786. COLLECTIONES PEREGRINATIONUM in
Indiam orientalem et Indiam occidentalem, XXV parti-
bus comprehensæ a Theodoro, Joan.-Theodoro de Bry
et a Matheo Merian publicatæ. EDITIO LATINA. *Franco-
furti ad Mœnum*, 1590-1634. 21 parties en 6 vol.
in-fol., cuir de Russie, dent. dorées et ornements à
froid pour les GRANDS VOYAGES, et veau brun, dos re-
fait, tr. jasp. pour les PETITS VOYAGES. *(Reliure ancienne.)*

CETTE COLLECTION, CONNUE SOUS LE NOM DE GRANDS ET
PETITS VOYAGES DE THÉODORE DE BRY, EST DE
LA PLUS GRANDE RARETÉ.

IL FAUT 25 PARTIES. Notre exemplaire n'en contient que
vingt-et-une. (ONZE pour les *Grands Voyages* et DIX pour les
Petits.) En voici la description :

GRANDS VOYAGES (Hr : 347mm.—Largr : 235mm).—Pars I (1590),
2e édition. — Pars II (1591), 2e édition. — Pars III (1592),
2e édition. — Pars IV (1594), 2e édition. — Pars V (1595),
2e édition. — Pars VI (1596), 1re édition. — Pars VII (1599),
1re édition. — Pars VIII (1599), 1re édition. — Pars IX (1602),
1re édition. — Pars X (1619), 1re édition. — Pars XI (1619) et
Appendix (1620), 1res éditions. *Manquent les 12e et 13e parties.*

PETITS VOYAGES. (Hr : 306mm.—Largr : 200mm).—Pars I (1598),

1re édition. — Pars II (1599), 1re édition. — Pars III (1601), 1re édition. — Pars IV (1601), 1re édition. — Pars V (1601), 1re édition. — Pars VI (1604), 1re édition. — Pars VII (1606), 1re édition. — Pars VIII (1607), 1re édition. — Pars IX (1612) et Supplementum (1613), 1res éditions, avec les 5 planches refaites. — Pars X (1613), 1re édition. *Manquent les 11e et 12e parties.*

On y a joint : Mémoire sur la collection des grands et petits voyages et sur la collection des voyages de Melchisédech Thevenot, par Camus *Paris, Baudouin*, 1802, in-4, bas., tr. jasp.

787. DESCRIPTION DES INDES OCCIDENTALES, qu'on appelle aujourd'huy le Nouveau Monde : par Antoine de Herrera, grand chroniqueur des Indes et chroniqueur de Castille ; translatée d'Espagnol en François. A laquelle sont adjoustées quelques autres descriptions des mesmes pays, avec la Navigation du vaillant capitaine de mer Jaques le Maire et de plusieurs autres. *A Amsterdam, chez Michel Colin, libraire, M.D.C.XXII* (1622). In-fol. de 4 ff. prélim. dont 1 titre gravé, et 254 pp. avec 17 cartes, mar. rouge, dos orné, fil., tr. jasp. (*Reliure ancienne.*)

ÉDITION ORIGINALE DE LA TRADUCTION FRANÇAISE de cet ouvrage recherché.

Brunet qui en donne la description a oublié de signaler : 1° un charmant portrait de Le Maire, très bien gravé sur cuivre ; 2° et 2 ff. non chiffrés, signés (·), relatifs au Journal de ce célèbre voyageur.

788. TYRANNIES ET CRUAUTEZ DES ESPAGNOLS, perpétrées es Indes Occidentales, qu'on dit le Nouveau Monde : brievement descrites en langue castillane par l'Evesque Don Frère Barthelemy de Las Casas ou Casaus, Espagnol de l'ordre de sainct Dominique, fidelement traduites par Iaques de Miggrode. *A Paris, par Guillaume Iulien*, 1582, *avec privilège du Roy.* In-8 de 8 ff.

prélim., et 184 pp., mar. brun, dos orné, compart. à
la Dusseuil, dent. à l'int., tr. dor. *(Chambolle-Duru.)*

Livre rare et recherché.

789. HISTOIRE DE LA NOUVELLE-FRANCE,
contenant les navigations, découvertes et habitations
faites par les François ès Indes occidentales et Nouvelle-
France..... depuis cent ans jusques à hui par Marc
Lescarbot. Troisième édition. *A Paris, chez Adrian
Périer*, 1618. Pet. in-8, avec cartes, mar. vert jans.,
dent. à l'int., tr. dor. *(Chambolle-Duru.)*

VOLUME DE LA PLUS GRANDE RARETÉ, surtout avec les cartes
qui manquent presque toujours.

C'est la meilleure édition et la plus complète de cet ouvrage
estimé. Elle contient : *Les Muses de la Nouvelle-France. A
Paris, chez Adrian Périer, 1618, pet. in-8 de 76 ff. chiffrés*,
poésies que Lescarbot a composées dans cette partie de l'Amérique Septentrionale.

790. LE GRAND VOYAGE DU PAYS DES HURONS, situé en
l'Amérique vers la mer douce ès derniers confins du
Canada....., par F. Gabriel Sagard Théodat. *A Paris,
chez Denys Moreau*, 1632. In-8, mar. rouge jans.,
dent. à l'int., tr. dor. *(Chambolle-Duru.)*

Curieux voyage dont les exemplaires sont extrêmement recherchés. Le dictionnaire de la langue huronne ne s'y trouve pas.

791. LES VOYAGES DE LA NOUVELLE-FRANCE
OCCIDENTALE, dicte Canada, faits par le sieur de
Champlain, et toutes les découvertes qu'il a faites en ce
païs depuis l'an 1603, iusques en l'an 1629 ; ensemble
la relation de tout ce qui s'est passé à la Nouvelle-
France en 1631, etc. *A Paris, chez Pierre Le Mur*,
1632. In-4, carte et figures, mar. vert jans., dent. à
l'int., tr. dor. *(Chambolle-Duru.)*

ÉDITION TRÈS RECHERCHÉE où se trouve la Doctrine Chrétienne du P. Ladesme en français avec la traduction canadoise du P. Brebœuf, ainsi que l'Oraison dominicale et autres pièces en langue du pays, par le P. Massé.

Bel exemplaire auquel on a joint la reproduction en fac-simile (tirée à 36 exemplaires seulement) de la grande carte, qui est fort rare.

792. Historiæ Canadensis, seu Novæ-Franciæ, libri decem, ad annum usque Christi M.DC.LXIV, auctore P. Francisco Creuxio, é soc. Jesu. *Parisiis, apud Sebastianum Cramoisy*, 1664, *cum privilegio Regis*. In-4, carte et figures, mar. vert. jans., dent. à l'int., tr. dor. (*Chambolle-Duru.*)

LIVRE FORT RARE et très recherché, dit Brunet, dans les États-Unis d'Amérique.

Exemplaire avec toutes les figures, dont une très grande qui se replie, et qui manque presque toujours, représente les supplices qu'ont fait subir les sauvages à quelques missionnaires jésuites.

793. Estat présent de l'Eglise et de la colonie française dans la Nouvelle-France, par M. l'Evêque de Québec. *A Paris, chez Robert Pepie,* 1688. In-8, mar. rouge, dos orné, fil., tr. marb. (*Reliure ancienne.*)

L'auteur de cette lettre est Mgr J.-B. La Croix-Chevrières, de Saint-Vallier, en Dauphiné.

Exemplaire AUX ARMES DE FRANCE. Double de la Bibliothèque Royale.

794. Præclara Fernandi ‖ Cortesii de Nova maris Oceani Hy ‖ spania narratio..... Carolo anno domini M.D.XX. transmissa ‖..... et per doct. Saguorgnanum..... in lati ‖ num versa ‖ . *Impressa in civitate Norimberga, per Fridericum Peypus, anno Dni. M.D.XXIIII : Quar. No. Mar.* In-fol., titre gothique et lettres rondes, de 4 ff. prélim., titre encadré, avec armes

au verso et port. de Clément VII, XLIX ff. chiffrés (et non 53 comme dit Brunet), errata au verso du dernier et 1 f. blanc, veau fauve, tr. rouges. *(Reliure moderne.)*

Bel exemplaire de cette PIÈCE RARE. H^r : 295^{mm}.

On a relié dans le même volume : *De rebus et Insulis noviter Repertis ǁ a Sereniss. Carolo Imperatore ǁ Et Variis earum genti ǁ um moribus (R. Petro. Martyri Anglerio authore). S. l. n. d. in-fol. de XII ff. chiff., caract. ronds avec notes gothiques en manchettes.*

795. 𝕮𝖊𝖗𝖙𝖎𝖆 𝕱𝖊𝖗𝖉𝖎𝖓𝖆𝖓𝖉𝖎 𝕮𝖔𝖗 ǁ 𝖙𝖊𝖘𝖎𝖎.... ǁ 𝖎𝖚 𝖓𝖔𝖛𝖆 𝖒𝖆𝖗𝖎𝖘 𝕺𝖈𝖊𝖆𝖓𝖎 𝕳𝖞𝖘𝖕𝖆𝖓𝖎𝖆 𝖌𝖊𝖓𝖊 ǁ 𝖗𝖆𝖑𝖎𝖘 𝖕𝖗𝖆𝖋𝖊𝖈𝖙𝖎 𝖕𝖗𝖊𝖈𝖑𝖆𝖗𝖆 𝖓𝖆𝖗𝖗𝖆𝖙𝖎𝖔. ǁ .....per doctorem Petrum Savorgnanum domini de Revelles, episcopi Viennensis ǁ secretarium. Ex Hyspano ydiomate in latinum versa. *Impressum in imperiali ǁ civitate Norimberga ǁ per..... Fœdericum ǁ Arthemesium..... anno Vir ǁ ginei partus mil ǁ lesimo quingente ǁ simo vigesimo ǁ quarto* (1524). In-fol., titre goth. avec port. et encadr. sur bois, lettres rondes, de 4 ff. prélim., LI ff. chiff., et 1 f. pour l'errata, veau fauve, tr. rouges. *(Reliure moderne.)*

Bel exemplaire. H^r : 315^{mm}.

II. HISTOIRE UNIVERSELLE, ET DES RELIGIONS.

A. ORDRES RELIGIEUX, HAGIOGRAPHES, MARTYRS, ETC. — *B.* MYTHOLOGIE.

796. HISTOIRE DE L'ORIGINE DE TOUTES LES RELIGIONS qui iusques à présent ont esté au monde, avec les auteurs

d'icelles, en quelle province, sous quels Empereurs et Papes et en quel temps elles ont été instituées..... Recueillie par R. P. Frère Paul Morise, milanois. *A Paris, chez Robert Coulombel,* 1578. Pet. in-8 de 8 ff. prélim., 451 pp., et 12 ff. de table avec l'ancre aldine au verso du dern. f., mar. brun, dos orné, filets et compart. aldins, dent. à l'int., tr. dor. *(Chambolle-Duru.)*

Livre curieux et rare dont le Chap. XXVII est consacré à Sainct Bruno, chef et fondateur de la congrégation des Chartreux.

797. DISCOURS SUR L'HISTOIRE UNIVERSELLE, à Monseigneur le Dauphin : pour expliquer la suite des religions et les changemens des Empires, par Messire Jacques Benigne Bossuet, évesque de Meaux. *Suivant la copie imprimée, à Paris, chez Sébastien Mabre Cramoisy,* 1681. In-12, mar. rouge jans., dent. à l'int., tr. dor. *(Capé.)*

ÉDITION ORIGINALE IN-12, parue en même temps que l'édition de Paris, de format in-4.

798. DISCOURS SUR L'HISTOIRE UNIVERSELLE, par Bossuet. Edition augmentée des nouvelles additions et des variantes de texte. *A Paris, chez Lefèvre (imprim. de Jules Didot aîné),* 1825. 2 vol. gr. in-8, papier jésus vélin, port., dem.-rel. mar. rouge avec coins, dos orné, tête dor., ébarb. *(Capé.)*

Un des 50 exemplaires tirés sur GRAND JÉSUS VÉLIN, avec deux portraits différents de Bossuet, in-8 et in-18 (toutes marges), gravés par Aug. de Saint-Aubin, *avec la lettre au trait dans la* TABLETTE BLANCHE.

799. **Regula beatissimi patris Benedicti,** e latino in gallicum sermonem. Cy finist la reigle de Monseigneur Sainct

Benoist, nouvellement translatée de latin en francoys par scientifique homme dam Guy Juvénal. *Imprimée à Paris, par Geoffroy de Marnef, le 28e jour de mars mil cinq cens et ung* (1501). Très petit in-8 carré, gothique de 100 ff. chiffrés, mar. brun jans., dent. à l'int., tr. dor. *(Chambolle-Duru.)*

800. La Morale pratique des Jésuites, représentée en plusieurs histoires arrivées dans toutes les parties du monde, etc. *A Cologne, chez Gervinus Quentel (Amst., Daniel Elzevier)*, 1669. Pet. in-12, mar. olive, dos orné, fil., dent., tr. dor. *(Chambolle-Duru.)*

Véritable Elzévier. Hr : 132mm.

801. Hanc legendam beatissi ‖ me virginis Katherine noviter ex quam ‖ pluribus recollectam fideliter cum uno parvo ‖ sermone de eadem fecit..... Basilee reve ‖ rendissimus..... pater..... Rai ‖ mundus de Aquitania. *Impressa per Jacobum de Pfortzen, anno millesimo quingentesimo quarto* (1504). Pet. in-4, gothique de 28 ff. non chiffrés (dont le dernier est blanc) de 46 lignes à la page, dem.-rel. vélin blanc.

Curieuse et rare légende.

802. Triumphus Iesu Christi crucifixi per R. P. Bartholomæum Riccium, à Castro-Fidardo, societatis Iesu. Antverpiæ, Adrianus Collaert figuras sculpsit. *Narrationem historicam, quâ Triumphus illustratur, typis Plantinianis excudit Ioannes Moretur*, 1608. In-8, fig., mar. rouge, filets à froid, dent. à l'int., tr. dor. *(Hardy.)*

Les figures, qui sont très belles et supérieurement gravées, sont au nombre de 71, y compris le titre ; elles sont imprimées au recto de chaque feuillet et représentent les supplices de tous ceux qui ont été crucifiés comme Jésus-Christ.

803. Institution de la religion chrestienne. Nouvellement mise en quatre Livres : et distinguée par chapitres, en ordre et méthode bien propre : augmentée aussi d'un tel accroissement, qu'on la peut presque estimer un livre nouveau, par Iean Calvin. *A Genève, chez Jean Crespin,* 1560. Pet. in-fol., réglé du temps, mar. brun jans., dent. à l'int., tr. dor. *(Chambolle-Duru.)*

Édition rare avec l'épitre dédicatoire *au Roy de France, très chrestien, François Ier.*

804. La Honte de Babilon, comprise en deux parties par D. C. *Imprimé à Seden,* 1612. In-8, mar. brun foncé, dos orné, plats à la Dusseuil, dent. à l'int., tr. dor. *(Chambolle-Duru.)*

Satire protestante contre l'Église catholique, le Baptême, la Messe, la Confession auriculaire, les Moines, etc.

805. Histoire générale des églises évangéliques des Vallées de Piémont ou Vaudoises ; divisée en deux livres, dont le premier fait voir tant leur Discipline que leur Doctrine..... et le second traite de leurs Persécutions..... par Jean Léger. Le tout enrichi de taillesdouces. *A Leyde, chez Jean Le Carpentier,* 1669. 2 parties en 1 vol. in-fol., titre-frontispice gravé, portrait, carte et figures, mar. brun, dos orné, fil., dent. à l'int., tr. dor. *(Chambolle-Duru.)*

Exemplaire relié sur brochure d'un ouvrage curieux et devenu rare.

806. Histoire de la glorieuse rentrée des Vaudois dans leurs vallées, où l'on voit une troupe de ces gens, qui n'a jamais été jusqu'à mille personnes, soutenir la

guerre contre le Roi de France, et contre S. A. R. le duc de Savoye : faire tête à leur armée de vingt deux mille hommes : s'ouvrir le passage par la Savoye et par le haut Dauphiné : batre plusieurs fois les enemis, et enfin miraculeusement rentrer dans ses héritages, s'y maintenir les armes à la mains et y rétablir le culte de Dieu, qui en avait été interdit depuis trois ans et demi. Le tout recueilli des mémoires, qui ont été fidèlement faits de tout ce qui s'est passé dans cette guerre des Vaudois et mis au jour par les soins et aux dépens de Henri Arnaud, Pasteur et Colonel des Vaudois. *S. l.*, 1710. Pet. in-8 de 20 ff. prélim. et 407 pp., mar. bleu, dos orné, fil. et compart. dor., dent. à l'int., tr. dor. *(Lortic.)*

Un des ouvrages les plus rares sur les Vaudois et qui manque à la plupart des collections tant protestantes que Dauphinoises.

D'après un article fort curieux de la *Revue des Deux-Mondes*, du 1er janvier 1869, les véritables auteurs de ce livre seraient le vaudois Renaudin et le cévenol Hugues. Henry Arnaud en aurait seulement retouché le manuscrit, en s'attribuant tout l'honneur de l'expédition, au détriment du réfugié Turrel, qui avait le commandement militaire de cette poignée d'hommes. *(Note du catalogue Potier, 1872.)*

Il existe deux sortes d'exemplaires. Les uns ont 32 ff. prélim., avec une dédicace à la Reine Anne ; les autres, comme celui-ci, n'en ont que 20 et sont dédiés au Prince Eberhard Louis, duc de Wirtemberget.

Exemplaire de la vente de Robert S. Turner.

807. Histoire des variations des églises protestantes, par Messire Jacques Benigne Bossuet. *A Paris, chez la veuve de Sébastien Mabre-Cramoisy*, 1688, *avec privilège de Sa Majesté.* 2 vol. in-4, mar. vert foncé jans., large dent. à l'int., tr. dor. *(Cuzin.)*

Édition originale.

808. Abrahami Ortelii cosmographi et geographi regii,
deorum dearumque capita, ex antiquis numismatibus
collecta : historica narratione illustrata a Franc. Swer-
tio. *Extant Bruxellis apud Franciscum Foppens,*
1683. In-4 de 8 ff. prélim., 170 pp. et 1 f. pour l'approbation avec 59 figures, mar. vert jans., milieu doré,
dent. à l'int., tr. dor. *(Capé.)*

> Ce volume renferme 59 portraits des Dieux et Déesses
> de l'antiquité entourés d'encadrements variés d'une très belle
> exécution.

809. Dictionnaire de mythologie, pour l'intelligence des
poètes, de l'histoire fabuleuse, des monumens historiques, etc. (par l'abbé Declaustre). *Paris, Briasson,*
1745. 3 vol. in-12, mar. vert, dos orné, fil., dent., tr.
dor. *(Reliure ancienne.)*

> Exemplaire aux armes de la famille Foucquet.

810. LETTRES A EMILIE SUR LA MYTHOLO-
GIE par C. A. Demoustier. *A Paris, chez Ant.-Aug.
Renouard,* 1809. 6 parties en 3 vol. in-8, port. et fig.,
mar. rouge, dos orné, large dent. sur les plats, mors
en maroc., doublé de tabis vert avec dentelle dorée, tr.
dor. *(Lefebvre.)*

> Très bel exemplaire sur papier vélin avec les 36 charmantes
> figures de Moreau, gravées par Delvaux, de Ghendt, Roger,
> Simonet, Thomas et Trière, en double état : avant la lettre
> et EAUX-FORTES.
>
> De toute rareté en pareille condition.

811. Lettres a Emilie sur la Mythologie par C. A.
Demoustier. *A Paris, chez Ant.-Aug. Renouard,* 1809.
6 parties en 2 vol. in-8, port. et fig., mar. rouge
ancien, dos orné, fil., dent. à l'int., tr. dor. *(Chambolle-Duru.)*

> Papier vélin, *relié sur brochure*, avec la suite complète
> des 36 figures de Moreau AVANT LA LETTRE.

On y a joint un joli portrait de Demoustier gravé par Gaucher et celui de Madame Benoit, à qui l'ouvrage est dédié, SUR CHINE AVANT LA LETTRE.

812. LETTRES A EMILIE SUR LA MYTHOLOGIE, par Demoustier. *Paris, Renouard*, 1809. 6 parties en 2 vol. in-8, mar. rouge, dos orné, fil., dent., tr. dor. *(Chambolle-Duru.)*

EXEMPLAIRE UNIQUE, SUR PAPIER VÉLIN, dans lequel les figures de Moreau ont été remplacées par les 8 figures de Martinet, gravées par Delvaux, AVANT LA LETTRE, auxquelles on a joint leurs 8 DESSINS ORIGINAUX.

Ces dessins, parfaitement exécutés à la sépia, sont de beaucoup supérieurs aux figures gravées.

EXEMPLAIRE DE LOUIS-PHILIPPE, avec les timbres de la Bibliothèque du Château-d'Eu sur les titres.

813. DEMOUSTIER. Suite complète de 18 gravures in-12 de Desenne, gravées par Courbe, Johannot, Leroux, Muller, Simonet, Villerey, etc., pour les *Lettres à Emilie* publiées dans la *Bibliothèque Française.*

Belles épreuves en double état : AVANT LA LETTRE SUR BLANC et EAUX-FORTES.

Quelques-unes de ces dernières sont tirées sur chine, et un certain nombre ont été très habilement remargées.

814. DEMOUSTIER. Suite complète des 18 DESSINS ORIGINAUX à la sépia, de format in-12, de Desenne, pour les *Lettres à Emilie*, publiées dans la *Bibliothèque Française.*

SUPERBE SUITE *de la plus complète fraîcheur*, dont chaque pièce a été soigneusement montée de format in-8 et encadrée d'un léger filet doré.

On y a joint 3 dessins originaux de la même suite qui n'ont jamais été gravés : *Jupiter* (dans un médaillon) et 2 charmantes sépias (absolument semblables à celles dont se compose la collection) représentant *Junon*, sous deux aspects différents.

En tout 21 dessins, d'une exécution parfaite et qui tous ont un charme que la gravure est bien loin d'avoir rendu.

III. HISTOIRE ANCIENNE.

815. Voyage du Jeune Anacharsis en Grèce par l'abbé
Barthélemy. Nouvelle édition avec figures. *A Paris,
chez Ledoux,* 1824. 7 vol. in-8, papier cavalier vélin,
port. et fig. de Colin, brochés.

> Exemplaire sur *papier cavalier vélin.*

816. Barthélemy (l'abbé). Suite complète de 1 portrait
d'après Chazal et de 6 gravures in-8 de Colin, gravées
par Adam, Blanchard, Lefèvre et Pourvoyeur, pour le
Voyage du Jeune Anacharsis. Paris, Ledoux, 1821.

> Belles épreuves, tirées de format in-4, en deux états : avant
> la lettre et EAUX-FORTES.
>
> Ces dernières, qui sont rares, n'ont pas encore le filet d'en-
> cadrement et les noms des artistes sont à la pointe sèche.

817. Titi Livii historiarum quod extat, ex recensione
I. F. Gronovii. *Amstelodami, apud Danielem Elzevirium,* 1678. In-12 à 2 colonnes, caractères microscop.,
frontisp. grav., mar. brun, dos et plats couverts de
riches compartiments dorés avec mosaïque de marocain rouge, dent. à l'int., tr. dor. *(Capé.)*

> Charmante édition elzévirienne dans une délicieuse reliure
> de Capé. Hr : 141ᵐᵐ.

818. Considérations sur les causes de la grandeur des
Romains et de leur décadence (par de Montesquieu). *A
Amsterdam, chez Jaques Desbordes,* 1734. In-12 de
2 ff. prélim. et 277 pp. de texte, mar. bleu, dos orné,
fil., dent., tr. dor. *(Chambolle-Duru.)*

> Édition originale.

819. LES MŒURS DES ISRAÉLITES, par M. Fleury, prestre. *A Paris, chez la veuve Gervais Clouzier*, 1681. In-12, mar. brun, dos orné, fil., dent. à l'int., tr. dor. *(Chambolle-Duru.)*

Édition originale.

820. HISTOIRE DES JUIFS écrite par Flavius Joseph, sous le titre de Antiquitez Judaïques, traduite sur l'original grec, reveu sur divers manuscrits par Monsieur Arnaud d'Andilly. *Suivant la copie imprimée à Paris, à Bruxelles, chez Henry Fricx,* 1676. 5 vol. in-12, fig., mar. viol., filets à froid., dent. à l'int., tr. dor. *(Duru.)*

Jolie édition qui s'annexe à la collection elzévirienne. Hr : 152mm.

821. HISTOIRE DES JUIFS, écrite par Flavius Joseph sous le titre de Antiquitez Judaïques et histoire de la guerre des Juifs contre les Romains, par le même, trad. sur l'original grec par M. Arnauld d'Andilly. *A Bruxelles, chez Fricx,* 1701-3. 5 vol. pet. in-8, mar. rouge, dos orné, fil., dent., tr. dor., fig. *(Chambolle-Duru.)*

Exemplaire sur papier fort de cette excellente édition, très recherchée pour les nombreuses figures (2 en-tête et 230 vignettes) dont elle est ornée.

IV. HISTOIRE MODERNE.

1. HISTOIRE DE FRANCE.

A. GÉNÉRALITÉS.

822. L'HISTOIRE DE GEOFFROY DE VILLEHARDOUYN, mareschal de Champagne et de Roménie ; de la conqueste

de Constantinople par les Barons François associez aux Vénitiens, l'an 1204, d'un côté en son vieil langage et de l'autre en un plus moderne et intelligible, par Blaise de Vigenère. *A Paris, chez Abel l'Angelier, 1585, avec privilège du Roy.* In-4, mar. vert olive jans., large dent. à l'int., tr. dor (*Chambolle-Duru.*)

PREMIÈRE ÉDITION d'un ouvrage précieux, sous le double rapport historique et grammatical.

823. **Les Grandes croniques : excellens || faitz, et vertueux gestes : Des tresillustres, treschrestiens, magnanimes || et victorieux Roys de France.** Et tant en la saincte terre de Hierusalem || côme en pays de Syrie, Sicile, Italie, Espaigne..... Composées en latin par || reverend père en Dieu et religieuse personne Maistre Robert Gaguin..... Et depuys en lan christifère mil cinq cens et quatorze songneusement || reduictes et translatées à la lettre de latin en nostre vulgaire francoys. Imprimé a Paris pour poncet le preux, marchant libraire. In fine : *De nouveau impressées a Paris pour Poncet le preux || et Galliot du pré, marchans libraires..... Faict en. l'an mil || cinq cens et xiiii* (1514) *au moys de Avril après les pasques.* In-fol. gothique, fig. en bois, de 12 ff. prélim., et 253 ff. de texte, avec la marque de Poncet le Preux au verso du dernier f., mar. rouge, fil. à froid, dent. à l'int., tr. dor. (*Duru,* 1851.)

ÉDITION ORIGINALE de la traduction de ces Chroniques célèbres ; elle est attribuée à Pierre Desrey, de Trois en Champaigne (*sic*) auteur du prologue et de la continuation de ce livre.

824. LES TROYS [LIVRES DES ILLUSTRATIONS DE GAULE : & singularitez de Troye, nouuellement reueues & corrigées oultre les précédentes Impressions (par Le Maire de Belge). *On les vend à Paris par Galliot du pré,*

*à la grant salle du Palais, au premier pillier,
M.D.XXXI.* (1531). Pet. in-8, lettres rondes, fig., de
16 ff. prélim. et 184 ff.; 123 et 4 ff.; 114 et 6 ff.,
mar. rouge, dos orné, filets à froid et coins dorés, dent.
int., tr. dor. *(Tripon.)*

Édition recherchée. H^r : 138.^mm.

825. **Les Anciennes et modernes gé ‖ néalogies** des Roys
de Fran ‖ ce et mesmement du Roy Pha ‖ ramond,
avec leurs Epitaphes ‖ et Effigies. (par Jehan Bouchet).
(‖ Et sont à vendre a Paris en la rue Sainct Jacques
et a Poictiers, au Pellican. In fine : *Imprimez ‖ nouvellement à Poictiers par Jacques ‖ Bouchet, imprimeur
le vingt septies ‖ me iour de Novembre Lan mil cinq
‖ cens trente ung* (1531). Pet. in-4 gothique de 14 ff.
prélim., et 130 ff. chiffrés avec fig. et port. gravés sur
bois, mar. rouge, dos orné, filets à froid, coins et milieu
dorés à petits fers, dent. à l'int., tr. dor. *(Capé.)*

Ouvrage en prose et en vers, dont l'auteur est nommé
dans une pièce de vers de Nicolas Parvus, imprimée en lettres
rondes, au commencement du volume.

826. **La Grand Monarchie de France,** composée par
Messire Claude de Seyssel, lors évesque de Marseille...,
la loy Salicque, première loy des Francoys. *(Paris)
par Denys Ianot, libraire et imprimeur,* 1541. Pet.
in-8, titre encadré et fig., mar. bleu, fleurs de lys dans
le dos et aux coins du vol., fil. à froid., dent. à l'int.,
tr. dor. *(Niédrée.)*

827. **Epitome de l'antiquité des Gaules** et de France,
par feu Messire Guillaume du Bellay, seigneur de Lan-
gey. Avec ce, un prologue ou préface et le catalogue des
livres alleguez..... plus sont adioustées une oraison et

deux épistres. *A Paris, pour Vincent Sertenas*, 1556. In-4 de 4 ff. prélim. et 107 ff., vélin blanc, fil. or, tr. jasp. *(Reliure de l'époque.)*

Aux armes de François Grolier, arrière-neveu du célèbre bibliophile.

828. Abrégé chronologique de l'Histoire de France par le Sr de Mézeray. *A Amsterdam, chez Abraham Wolfgang*, 1673-74. 6 vol. in-12, frontisp. grav., portraits. — Histoire de France avant Clovis, l'origine des François, et leur établissement dans les Gaules, etc., par le même. *A Amsterdam, chez Abraham Wolfgang*, 1688. In-12, frontisp. gravé. Ensemble 7 vol. in-12, port., mar. rouge jans., dent. à l'int., tr. dor. *(Hardy-Mennil.)*

Jolie édition.

829. NOUVEL ABRÉGÉ CHRONOLOGIQUE de l'Histoire de France, contenant les évènements de notre histoire depuis Clovis jusqu'à la mort de Louis XIV, etc. (par le président Hénault). Nouvelle édition augmentée et ornée de vignettes, et fleurons en taille-douce. *A Paris, de l'imprimerie de Prault*, 1768. 2 vol. gr. in-4, réglés, frontisp., vignettes et fleurons, mar. bleu, dos et coins ornés, fil., dent. à l'int., tr. dor. *(Hardy.)*

Exemplaire sur PAPIER DE HOLLANDE de cette belle édition qui contient : 1 frontispice, 1 fleuron sur le titre, un très beau portrait de la Reine Marie Leczinska, par Nattier, gravé par Gaucher, 3 vignettes par Cochin, gravées par Moreau, 3 lettres ornées par Chédel, 30 culs-de-lampe par Moreau et 35 superbes estampes allégoriques par Cochin, gravées par Aliamet, De Launay, Martini et Rousseau.

On y a ajouté un beau portrait du Président Hénault, dessiné par Cochin et gravé par Gaucher.

Ce bel exemplaire provient de la vente *Lebeuf de Montgermont.*

830. Collection de vignettes, fleurons et culs-de-lampe ou suite chronologique de faits relatifs à l'Histoire de France, composés par M. Cochin et gravés en partie par lui-même. En 40 Planches. *A Paris, chés Prévost, graveur,* 1767. In-4 de 1 f. gravé pour le titre, et 32 ff. contenant 40 figures, quelques-unes tirées à deux sur la même f., dem.-rel. mar. rouge, coins, tête dorée, ébarb. *(Fig.)*

Tirages a part du texte, *sur papier fort,* avec un titre spécial, de ces 40 pièces que Cohen déclare « *de la plus grande beauté.* »

Exemplaire à toutes marges.

B. De l'origine a François Ier.

831. **Le Premier (le second, le tiers et le quart) volume ‖ de Froissart ‖** Des croniques de France, dangleterre, descoce, despai ‖ gne, de bretaigne, de gascongne, de flandres Et lieux cir ‖ convoisins. Marque de Guillaume Eustace sur les titres. In fine : *Imprimé à Paris Lan de grâce ‖ mil cinq cens et quatorze. Pour Guil- ‖ laume eustace libraire juré de luniver ‖ sité de ladicte ville,* etc... 4 tomes en 3 vol. in-fol., gothique à 2 colonnes, mar. rouge jans., dent. à l'int., tr. dor. *(Chambolle-Duru.)*

Exemplaire à toutes marges et avec de nombreux témoins de cette belle édition, qui ne le cède pas en rareté à celle donnée par Vérard.

En voici la description exacte : Tome I : 7 ff. prélim , 271 ff. de texte et 1 f. blanc. — Tome II : 6 ff. prélim., 279 ff. de texte et 1 f. pour la grande marque d'Eustache. — Tome III : 6 ff. prélim., 231 ff. de texte et 1 f. blanc. — Tome IV : 2 ff. prélim. et 111 ff. de texte avec la grande marque au verso.

De la vente L. Potier.

832. **Le Premier (le second et le tiers) volume de ‖ Enguerran de Monstrellet ‖** Ensuyvant Froissard, des croniques de France, Dangleterre, Descoce ‖ Despaigne.... etc. Avecques plusieurs autres nouvelles choses advenues en Lombar ‖ die es ytalles, en Allemaigne etc..... Le tout fait et adiousté avecques la cronique Dudit de ‖ Monstrellet. Imprimé à Paris Lan de grace Mil. V. cens et .XVIII. le ‖ XVIe. iour de mars. Marque de Francoys Regnault. Ilz se vendent à Paris en la grant rue ‖ Sainct Jaque à l'enseigne Sainct Claude. In fine : *Imprimé à Paris Lan de gra ‖ ce mil cinq cens et XVIII. le XXIIIe iour da ‖ vril Pour Francoys regnault, libraire.* 3 tomes en 2 vol. infol. gothique à 2 colonnes, mar. rouge jans., dent. à l'int., tr. dor. *[Chambolle-Duru.]*

Exemplaire à toutes marges de cette édition rare dont voici la collation exacte : Tome I : 8 ff. prélim. avec une grande fig. en bois coloriée du temps, au verso du 8e f. et 236 ff. — Tome II : 6 ff. prélim. avec une figure en bois donnant le port. de l'auteur, 143 ff. de texte et 1 f. blanc. — Tome III : 8 ff. prélim. et 182 ff. de texte avec la marque au verso.

Même reliure et même provenance que le précédent.

833. **Les Croniques du feu ‖ roy Charles septiesme** de ce nom que Dieu absoulle, contenans les faitz ‖ et gestes dudit seigneur, lequel trouva le royaulme en grant déso ‖ lation et néanmoins le laissa paisible. Ladvenement de la ‖ pucelle, faitz et gestes d'icelle et autres choses singulie ‖ res advenues de son temps. Redigées par escript ‖ par feu Maistre Alain Chartier, hôme bien ‖ estimé en son temps, secrétaire dudit ‖ feu roy Charles VII. ‖ ([Avec privilège. ‖ ([On les vend a Paris en la maison de Jehan Longis..... In fine : *Et fu ‖ rent achevées d'imprimer le iii ‖ iour de Dé-*

cembre Mil || *cinq cens. XXViii.* || In-fol. gothique,
de 80 ff. chiffrés, figures en bois, mar. rouge jans.,
dent. à l'int., tr. dor. *(Trautz-Bauzonnet.)*

ÉDITION ORIGINALE de cette chronique rare que le
titre attribue à Alain Chartier, mais dont la paternité re-
vient à Gilles Le Bouvier, dit Berry.

Superbe exemplaire, irréprochable de condition.

834. **Les croniqs du tréschrestien et très victo** || **rieux Loys de Valois** feu roi de Frace q dieu absolve,
unziesme de ce || no, avecqs plusieurs aultres advetures
advenues tant en ce royaul || me de france come es
pays voisins depuis lan Mil quatre cens. lx. || iusques
en lan mil quatre ces quatre vingtz et trois Inclusive-
met. || *S. l., n. d. (Lyon, vers* 1488.) Petit in-fol.
gothique à deux colonnes, de 73 ff. non chiffrés avec 44
lignes à la page, plus 1 f. blanc, sign. A à E par 8 ff., F
à I par 6 et K par 10, mar. bleu, dos orné, fil., dent.
à l'int., tr. dor. *(Chambolle-Duru.)*

Exemplaire, à toutes marges et réglé, de ces chroniques
anonymes, bien connues sous le nom de CHRONIQUES
SCANDALEUSES, et imprimées à Lyon avec les caractères que Michel Topie et Jacques Heremberg ont em-
ployés en 1488 dans le *Voyage de Breydenbach*, et en 1490
dans les *Cent Histoires de Troyes* : elles sont par conséquent
antérieures d'environ douze années à la publication qui a été
faite de ce même ouvrage à la fin de la seconde partie de la
Chronique Martinienne, imprimée à Paris en 1503 au plus tôt.

Dans une étude récemment publiée sur cette édition,
M. Vitu paraît établir que son véritable auteur est Denis
Hesselin, chevalier, maître d'hôtel du roi Louis XI, et non,
comme on l'a prétendu, Jean Castel, chroniqueur du roi, mort
vers 1480.

835. **Cronique et hystoire** || **faicte et composée par feu messire Phelippe de Commines** || Chevalier, Seigneur
Dargenton, contenant les choses ad || venues durant 1

17

règne du roy Loys unziesme, tant en Fran ‖ ce, Bourgogne, Flandres, Arthois, Angleterre que Espai ‖ gne et
lieux circonvoisins. (‖ Il se vend en la grant salle du
Palais au pre ‖ mier pillier en la boutique de Galiot du
pré Li ‖ braire..... Cum privilegio. In fine : *Et fut
achevée d'imprimer le septième iour* ‖ *du moys de
septembre Lan mil cinq cens. XXIIII. par Anthoine
cou* ‖ *teau pour Galliot du pré*. In-fol. gothique, de 4
ff. prélim. pour le titre ci-dessus avec encadrement en
bois, l'extrait des Registres du Parlement et la Table,
cxij ff. de 43 lignes à la page, mar. rouge, dos orné,
riches compartiments à la Grolier sur les plats, dent. à
l'int., tr. dor. *(Lortic.)*

> Bel exemplaire dans une très riche reliure de Lortic, de la
> SECONDE ÉDITION ORIGINALE de Commines, publiée la même
> année, 4 mois seulement après la première et aussi rare
> qu'elle.
>
> Le Privilège qui est daté du 3 février 1523 a fait croire à
> une édition parue cette même année, mais qui n'a jamais été
> retrouvée et que Brunet déclare « très problématique. »

836. HISTOIRE DE LOUYS XI, roy de France, et des choses
mémorables advenuës en l'Europe durant vingt et deux
années de son Règne, enrichie de plusieurs observations
et divisée en unze livres (par de Matthieu). *A Paris,
chez P. Mettayer*, 1610. In fol., frontisp. gravé par De
Fornazeris, veau fauve, dos orné, compart. sur les
plats, dent. à l'int., tr. dor. *(Reliure moderne.)*

837. LES MÉMOIRES DE MESSIRE PHILIPPE DE COMMINES,
sieur d'Argenton. Dernière édition. *A Leide, chez les
Elzeviers*, 1648. Pet. in-12, titre gravé, mar. bleu,
dos et coins ornés à la fleur de lys, fil., dent., tr. dor.
(Hardy-Mennil.)

> Édition rare. Hr : 130mm.

C. De François Ier a Louis XIV.

838. Histoire de François Premier, roi de France, dit le Grand Roi et le père des Lettres, par M. Gaillard. *A Paris, chez Saillant et Nyon*, 1769. 8 vol. in-12, mar. rouge, dos orné, fil., dent., tr. dor. *(Reliure ancienne.)*

Exemplaire aux armes des Grammont-Choiseul, avec l'ex-libris du *Marquis de Monteynard*.

839. **Les Gestes ensemble la vie du ‖ preulx Chevalier Bayard** : avec la généalo ‖ gie : camparaisons aulx anciens preulx cheva ‖ liers : gentilx : Israelitiques : et chrestiens. En ‖ semble oraisons : lamentations : Epitaphes du ‖ dit Chevalier Bayard. Contenant plusieurs ‖ victoyres des roys de France. Charles. viij. ‖ Loys. xij. et Francoys premier de ce nom. (Fig. en bois représentant le Chevalier Bayard à cheval.) Champier. ‖ *Ont vend lesditz livres à Lyon en rue mercière à l'ensei ‖ gne sainct Jehan baptiste en la maison de Gilbert de Villiers. Cum privilegio. A la fin : Imprimé à ‖ Lyon sur le Rhosne par Gilbert de Viliers. Lan de ‖ grace. M.CCCCC.XXV. le XXiiij. de novembre.* Pet. in-4, goth., de 78 ff. chiff. pour le texte, 2 ff. non chiff. pour la table des matières et 4 ff. non chiffrés pour la pièce suivante : *Compendiosa illustrissimi ‖ Bayardi vita : una cum pane ‖ gyricis etc.* Marocain rouge ancien, filets et milieu à petits fers, dos orné, doublé de marocain bleu foncé avec compart. et large dentelle, tr. dor. *(Allô.)*

RARISSIME ÉDITION ORIGINALE de cet excellen

livre qui manque à presque toutes les collections Dauphinoises et Lyonnaises.

Les figures en bois qui sont nombreuses et fort originales représentent, avec le portrait du Chevalier sans peur et sans reproche, son entrée à Gènes, la bataille de Ravenne, la journée des Esperons, etc., ainsi que les principales merveilles du Dauphiné.

840. HISTOIRE DU CHEVALIER BAYARD, lieutenant général pour le Roy au gouvernement de Daulphiné et de plusieurs choses mémorables advenues en France, Italie, Espagne et és Pays bas, du Règne des Roys Charles VIII, Louys XI, & François I depuis l'an 1489, iusques à 1524. *A Paris, chez Abraham Pacard,* 1616. Pet. in-4, port., veau fauve, dos orné, riches dentelles et compart. dorés sur les plats, dent. à l'int., tr. dor. *(Lebrun.)*

C'est la première réimpression du LOYAL SERVITEUR. Elle a été donnée par Théodore Godefroy et dédiée à Louis XIII.

841. LE RÉVEILLE-MATIN DES FRANÇOIS et de leurs voisins, composé par Eusèbe Philadelphe Cosmopolite, en forme de dialogues. *A Edimbourg (Genève), de l'imprimerie de Iaques Iames,* 1574. 2 parties en 1 vol. in-8, mar. rouge, dos orné, fil., dent. à l'int., tr. dor. *(Lortic.)*

L'auteur de ce livre rare est Nicolas Barnaud, de Crest en Dauphiné qui se réfugia à Genève, à la suite de la Saint-Barthélemy.

842. LE CABINET DU ROY DE FRANCE, dans lequel il y a trois Perles précieuses d'inestimable valeur : par le moyen desquelles Sa Majesté s'en va le premier monarque du monde et ses sujets du tout soulagez. (par Nicolas Barnaud de Crest en Dauphiné.) *S. l. (Genève),* 1581. In-8 de 8 ff. prélim., 647 pp., et 5 ff. de table,

mar. bleu, dos orné, fil., dent. à l’int., tr. dor. *(Chambolle-Duru.)*

> Livre rare et recherché.
>
> Les trois perles précieuses, dont il est ici question, sont : la Parole de Dieu, la Noblesse et le Tiers-État.

843. COMMENTAIRES DE MESSIRE BLAISE DE MONLUC, mareschal de France. *A Bourdeaus, par S. Millanges, Imprimeur ordinaire du Roy,* 1592. In-fol., mar. rouge jans., dent. à l’int., tr. dor. *(Chambolle-Duru.)*

> ÉDITION ORIGINALE de ces curieux mémoires.
>
> Elle se compose de 2 ff. prél. pour le titre (sur lequel se trouve une grande épée avec une banderole portant ces mots : *Deo duce · Ferro comite*) et l’adresse *à la Noblesse de Gascougne;* 276 ff. chiffrés de texte et 8 ff. non chiffrés avec ce titre : *Blasi Monluci Franciæ Mareschalli tumulus.*
>
> Le verso du dernier f. du Tombeau contient un avis de l’imprimeur au lecteur et l’errata.

844. IOURNAL || DES CHOSES || MÉMORABLES || advenuës durant tout le Règne || de Henry III, Roy de France || & de Pologne (par P. de l’Estoile). *S. l., M.DCXXI.* 2 parties en 1 vol. in-8 de 296 et 92 pp., mar. bleu, dos orné, fil., dent. à l’int., tr. dor. *(Chambolle-Duru.)*

> ÉDITION ORIGINALE parue d’abord sans lieu d’impression, ni nom d’auteur et publiée la même année de format in-4, sous le nom d’un *Audiencier de la Chancellerie de Paris.*
>
> La deuxième partie renferme : *le Procez-verbal d’un nommé Nicolas Poulain, lieutenant de la Prévosté de l’Isle de France, qui contient l’histoire de la Ligue, depuis le second Janvier* 1585, *iusques au iour des Barricades, escheuës le* 12 *may* 1588.

845. STATUTS DE L’ORDRE DU SAINT-ESPRIT, estably par Henry III, roy de France, en décembre 1578. *S. l. (Paris), de l’imprimerie royale,* 1788. In-4, titre gravé, lettres ornées et vign. de Sébast. Le Clerc, mar.

rouge, dos et plats couverts de fleurs de lys et des emblèmes du Saint-Esprit, avec les armes royales, dent. à
l'int., tr. dor. *(Reliure ancienne.)*

846. RECUEIL DE DIVERSES PIÈCES CURIEUSES pour servir à
l'histoire. *A Cologne, chez Jean du Castel (Hollande,
F. Foppens),* 1664. Pet. in-12 de 297 pp., mar. rouge,
dos orné, fil., dent., tr. dor. *(Chambolle-Duru.)*

Exemplaire sur papier fort. Hr : 132mm.

847. MÉMOIRES DE MESSIRE GASPAR DE COLLIGNY, seigneur
de Chastillon, admiral de France. *A Grenoble, chez
Iean Nicolas, marchand libraire, rüe du Palais,*
1670. Pet. in-12 de 156 pp. tout compris, mar. bleu
jans., dent. à l'int., tr. dor. *(Chambolle-Duru.)*

848. TABULÆ HISTORICÆ (triumphales et funerales)
Henrici IV, cognomento magni, Galliarum et Navarræ
regis, authore Petro Cornuto, in supremâ curiâ Delphinatus regio senatore. *Lugduni, sumptibus Horatii
Cardon,* 1615, 3 parties en 1 vol. in-fol., de 1 f. pour
le titre, 2 ff. prélim. et 88 pp., avec 3 beaux titres
gravés par de Fornazeris, carton. à la bradel, dos en
toile, tranches jaspées.

849. HISTOIRE DU ROY HENRY LE GRAND, composée par
Messire Hardouin de Perefixe. Reveuë et augmentée par
l'auteur. *A Amsterdam, chez Daniel Elzévier,* 1664.
Pet. in-12, frontisp. gravé, mar. brun, dos orné, fil.,
dent., tr. dor. *(Gruel.)*

850. LES AVANTURES DU BARON DE FÆNESTE, comprinses
en quatre parties, les trois premières reveues, augmentées et distinguées par chapitres. Ensemble la quatriesme partie nouvellement mise en lumière, le tout

par le mesme autheur (Théod.-Agrippa d'Aubigné). *Au Dézert, imprimé aux despens de l'autheur,* 1630. In-8, de 6 ff. prélim. et 308 pp., mar. bleu, dos orné, filets et compart. à la Dusseuil, dent. à l'int., tr. dor. *(Thibaron.)*

ÉDITION ORIGINALE des quatre livres réunis, et la seule complète qui ait paru du vivant de l'auteur.

851. SATYRE MENIPPÉE de la vertu du Catholicon d'Espagne et de la tenue des Estats de Paris. *A Ratisbonne, chez Mathias Kerner,* 1664. Pet. in-12, mar. viol., dent. et comp. sur les plats, tr. dor. *(Thouvenin.)*

Exemplaire sur papier fort et de la bonne date, avec l'errata de 8 lignes au verso du 4e f. des pièces prélim. et la figure de la Procession de la Ligue. Hr : 128mm.

852. LES MÉMOIRES DE LA ROYNE MARGUERITE (de Valois.) *A Paris, par Charles Chappellain,* 1628. Pet. in-8 de 4 ff. prélim. pour le titre, l'avis au lecteur, l'errata et le privilège, 363 pp. et 1 f. blanc, mar. bleu, dos orné, fil., dent. à l'int., tr. dor. *(Chambolle-Duru.)*

ÉDITION ORIGINALE publiée par Auger de Moléon, seigneur de Granier. Hr : 169mm.

853. MÉMOIRES DE M. D. L. R. (M. de La Rochefoucauld) sur les brigues à la mort de Louis XIII, les guerres de Paris, etc. Mémoires de Monsieur de la Chastre. *A Cologne, chez Pierre Van Dyck,* 1662. Pet. in-12 de 2 ff. prélim. et 312 pp., mar. rouge jans., dent. à l'int., tr. dor. *(Hardy.)*

854. MÉMOIRES DE MONSIEUR DE MONTRÉSOR. Diverses pièces durant le ministère du cardinal de Richelieu, etc. *A la Sphère. A Cologne, chez Jean Sambix (Bruxel-*

les, *Foppens)*, 1663. 2 vol. pet. in-12, mar. rouge, dos orné, fil., dent., tr. dor. *(Chambolle-Duru.)*

Exemplaire sur papier fort.

D. DE LOUIS XIV A LA RÉVOLUTION.

855. LES MÉMOIRES DE MESSIRE ROGER DE RABUTIN, comte de Bussy, lieutenant général des armées du Roy (de 1634 à 1666). *A Paris, chez Jean Anisson,* 1696. 2 vol. in-4°, mar. rouge, dos orné, compart. à la Dusseuil, fil., dent., tr. dor. *(Chambolle-Duru.)*

Édition originale.

856. HISTOIRE DE MADAME HENRIETTE D'ANGLETERRE, première femme de Philippe de France, duc d'Orléans, par Dame Marie de La Vergne, comtesse de Lafayette. *A Amsterdam (France), chez Michel-Charles Le Cène,* 1720. In-12, mar. bleu, dos orné, fil., dent., tr. dor. *(Chambolle-Duru.)*

Édition originale.

857. MÉMOIRES DU CARDINAL DE RETZ, contenant ce qui s'est passé de remarquable en France pendant les premières années du Règne de Louis XIV. Nouvelle édition, revue exactement, augmentée.... etc. *A Amsterdam, chez J.-Frédéric Bernard,* 1731. 4 vol. in-12, port. gravé par Thomassin. — MÉMOIRES DE GUI JOLY, conseiller au Châtelet, etc., contenant l'histoire de la Régence d'Anne d'Autriche et des premières années de la majorité de Louis XIV jusqu'en 1666...., etc. Nouvelle édition. *A Amsterdam, chez*

Jean Frédéric Bernard, 1738. 2 vol. in-12. — Mémoires de Madame la duchesse de Nemours, contenant ce qui s'est passé de plus particulier en France, pendant la guerre de Paris, jusqu'à la prison du cardinal de Rets, en 1652. *Amsterdam, chez Jean-Frédéric Bernard*, 1738. In-12. Ensemble 7 vol. in-12, mar. bleu janséniste, large dent. à l'int., tr. dor. *(Trautz-Bauzonnet.)*

Superbe et précieux exemplaire relié sur brochure de la meilleure édition de cet excellent livre.

De la bibliothèque du Comte H. de La Bédoyère et depuis de M. Lebeuf de Montgermont.

858. Le Siècle de Louis XIV, publié par M. de Francheville (Voltaire). *A Berlin, chez C.-F. Henning*, 1751. 2 vol. pet. in-12, mar. rouge, dos orné, fil., dent. à l'int., tr. dor. *(Chambolle-Duru.)*

Véritable édition originale. Elle est fort rare et très recherchée. Hr : 143mm.

Quérard qui ne l'a pas connue, donne comme étant la première celle en 2 vol. in-12 sous la date de 1752.

859. Médailles du règne de Louis XV, par Godonnesche. *S. l. n. d. (Paris, vers 1755).* In-4, avec frontispice, dédicace et 33 figures. — Les Glorieuses campagnes de Louis XV, représentées par des figures allégoriques avec une explication, par M. Gosmond. *Paris, chez l'auteur, s. d.* In-4, avec 31 superbes planches gravées par Fessard, mar. vert, dos orné, fil., dent , tr. dor. *(Reliure ancienne.)*

A la fin du volume un certain nombre de figures allégoriques du même genre ajoutées.

860. Médailles du règne de Louis XV. *Paris, s. d.* In-fol., beau frontispice de Le Moine, gravé par Cars,

titre gravé, dédicace au roi et 52 planches de médailles avec encadrements variés et texte gravé, dem. mar. brun, avec coins, tête dor., ébarb. *(Fig.)*

861. HISTOIRE DU PARLEMENT DE PARIS, par l'abbé Big.... (Voltaire). *A Amsterdam*, 1769. 2 tomes en 1 vol. in-8, mar. rouge, dos orné, fil., dent., tr. dor. *(Chambolle-Duru.)*

> ÉDITION ORIGINALE.
>
> Rare et curieux ouvrage qui faillit faire mettre son auteur à la Bastille, et dont Voltaire fut à plusieurs reprises obligé de désavouer la paternité. L'édition fut saisie, détruite et les quelques exemplaires, échappés par miracle aux recherches de la police, se vendaient alors sous le manteau jusqu'à six louis. (*Voir Quérard.*)

862. ALMANACH HISTORIQUE DE LA RÉVOLUTION FRANÇOISE pour l'année 1792, rédigé par M. J.-P. Rabaut. Ouvrage orné de gravures d'après les dessins de Moreau. *A Paris, chez Onfroy et à Strasbourg, chez Treuttel (de l'impr. de Didot l'aîné), s. d.* Pet. in-12, 6 fig. de Moreau gravées par Simonet, Hubert, Langlois, Coiny, de Longueil, etc., mar. rouge, dos orné, fil., dent. à l'int., tr. dor. *(Reliure ancienne.)*

> Figures AVANT LA LETTRE.

863. PRÉCIS HISTORIQUE DE LA RÉVOLUTION FRANÇOISE, par Rabaut, suivi de l'acte constitutionnel des François : ouvrage orné de gravures d'après les dessins de Moreau. *A Paris, de l'imprimerie de P. Didot l'aîné,* 1792. Pet. in-12, papier vélin, fig., mar. rouge, dos orné, fil., dent. à l'int., tr. dor. *(Chambolle-Duru.)*

> Exemplaire sur PAPIER VÉLIN et à toutes marges, avec les 6 jolies figures de Moreau, gravées par Coiny, Halbou, Hubert, Langlois, de Longueil et Simonet AVANT LA LETTRE.

2. HISTOIRE DES PROVINCES.

DAUPHINÉ, SAVOIE, FOREZ, ETC.

864. **Libertates per illustrissimos princi ‖ pes Delphinos viennenses** delphinalibus subdi ‖ tis concesse statutaque et decreta ab iisdem princi ‖ pibus, necnon magnificis delphinatus presidibus quos ‖ gubernatores dicunt et excelsum delphinalem senatum edi ‖ ta...... Impensa Francisci ‖ Pichati et Bartholomei Bertoleti Grationopolitanorum ‖ civium. Armes du Dauphin. ([*Venales habentur huiusmodi libelli Grationopoli in ‖ Platea mali consitii apud Franciscum pichatum : et in vico ‖ parlamenti apud Bartholomeum Bertoletum. (Absque anno).* Gr. in-4 gothique à 2 colonnes de 45 lignes, veau fauve, dos orné, filets à la Dusseuil, dent. à l'int., tr. dor. *(Levasseur.)*

Rare et précieux volume qui contient 4 ff. préliminaires pour le titre et la table et 87 ff. chiffrés plus 1 f. blanc pour la première partie ; 37 ff. chiffrés pour la deuxième ; et 2 ff. non chiffrés, signés A, qui donnent la lettre de Louis XII sur l'adjonction du Comté d'Asti à la juridiction du parlement de Grenoble, pour la troisième.

Brunet (II, 1812) croit que ce livre a paru dans le courant de l'année 1508 ; l'éminent conservateur de la Bibliothèque de Grenoble, M. H. GARIEL, dans une notice intéressante et sagace relative aux origines de la typographie de cette ville, croit pouvoir assigner aux trois parties dont il se compose les dates respectives de 1489, 1501 et 1508 *(Dictionnaire de géographie à l'usage du libraire, col. 585 et 586.)*

Il serait donc antérieur (pour la première partie du moins) aux fameuses DECISIONES GUIDONIS PAPÆ de 1490 par conséquent LE PREMIER LIVRE CONNU IMPRIMÉ A GRENOBLE..

865. HISTOIRE GÉNÉRALE DE DAUPHINÉ par
Nicolas Chorier. *A Grenoble, chez Philippes Charvys,
libraire,* 1661. In-fol. — Histoire générale de Dauphiné, depuis l'an M. de N. S. jusques à nos jours par
Nicolas Chorier. *A Lyon, chez Iean Thioly, rue
Mercière,* 1672. Ensemble 2 vol. in-fol., mar. rouge,
dos orné, fil., dent. à l'int., tr. dor. *(Chambolle-Duru.)*

> Bel exemplaire auquel on a joint : *Histoire généalogique de
> la Maison de Sassenage, branche des anciens Comtes de Lyon
> et de Forests, par Nicolas Chorier. A Lyon, chez Iean Thiolly,
> 1672, in-fol. de 85 ff.* Cette partie manque souvent.

866. Histoire de Dauphiné, abrégée pour Monseigneur
le Dauphin (par Nicolas Chorier.) *A Grenoble, chez
Philippes Charvys,* 1674. 2 vol. pet. in-12, mar.
bleu, dos orné, fil., dent. à l'int., tr. dor. *(Chambolle-
Duru.)*

867. Nobiliaire de Dauphiné ou discours historique des
familles nobles qui sont en cette province, avec le bla-
son de leurs armoiries par Guy Allard. *A Grenoble,
chez Robert Philippes,* 1671. Pet. in-12, mar. bleu,
dos orné, fil., dent., tr. dor. *(Chambolle-Duru.)*

> Petit volume rare.

868. Histoire de Humbert II, dauphin de Viennois, par
M. Guy Allard. *A Grenoble, chez Verdier, s. d.* Pet.
in-12 de 110 pp., mar. vert jans., dent. à l'int., tr. dor.
(Galette.)

869. Les Vies de François de Beaumont, baron des
Adrets ; de Charles Dupuy, seigneur de Montbrun, et
de Soffrey de Calignon, chancelier de Navarre, par
M. Guy Allard. *A Grenoble, chez Iean Nicolas,* 1675.
Pet. in-12, mar. bleu, dos orné, fil., dent., tr. dor.
(Chambolle-Duru.)

870. Le Renouvellement des anciennes alliances &
confédérations des maisons et couronnes de France et
de Savoye en la pacification des troubles d'Italie, et au
mariage du S. V. Amédée, Prince de Piémont avec
Madame Chrestienne sœur de S. M., par Scipion Guil-
liet, advocat au Parlement de Dauphiné. *A Paris, chez
la Vefve Iacques du Clou et Denis Moreau,* 1619.
In-4, titre gravé par Matheus, mar. rouge, dos orné,
fil., dent. à l'int., tr. dor. *(R. Petit.)*

> *Livre rare et recherché* dont le titre gravé représente les por-
> traits des principaux personnages de la Maison de France et
> de Savoie.

871. La Conjuration du comte Jean-Louis de Fiesque
(par le cardinal de Retz). *A Paris, chez Claude Barbin,*
1665. In-12, mar. bleu, dos orné, fil., dent., tr. dor.
(Chambolle-Duru.)

> Édition originale.

872. Journal d'un voyage en Savoie et dans le Midi de
la France en 1804 et 1805, par le C. Henri de La
Bédoyère. *Paris, de l'imprimerie de Crapelet,* 1849.
In-8, papier vergé, broché. *(Fig.)*

> Exemplaire sur papier vergé avec la jolie figure de Moreau,
> gravé par De Villiers en triple état : *avec la lettre,* avant la
> lettre et EAU-FORTE.

873. Histoire universelle, civile et ecclésiastique du pays
de Forez, dressée sur des autoritez et des preuves au-
thentiques, par Noble Messire Iean Marie de La Mure.
A Lyon, chez Iean Poysvel, ruë Mercière, 1674.
In-4 de 10 ff. prélim. et 483 pp., mar. rouge, dos
orné, fil., dent. à l'int., tr. dor. *(Chambolle-Duru.)*

> « *Ouvrage recherché mais peu commun* », dit Brunet.
> Exemplaire, très grand de marges. Hr : 220mm.

874. TABLEAU DE PARIS ou explication de différentes figures gravées à l'eau-forte, pour servir aux différentes éditions du Tableau de Paris, par M. Mercier. *Yverdon,* 1787. In-4, frontisp. et figures, mar. orange, dos orné, fil., dent. à l'int., tr. dor. *(Cuʒin.)*

> EXEMPLAIRE EN GRAND PAPIER, *tiré de format in-4* et relié sur brochure.
>
> Curieux ouvrage qui renferme 1 frontispice et 96 figures à l'eau-forte, très spirituellement exécutées. Un certain nombre porte soit la signature de Dunker, soit simplement son initiale, les autres passent pour être l'œuvre de Mercier lui-même.
>
> Condition exceptionnelle.

3. HISTOIRE DE QUELQUES PAYS ÉTRANGERS.

875. ANNALES DU RÈGNE DE MARIE-THÉRÈZE, impératrice douairière, Reine de Hongrie et de Bohème, archiduchesse d'Autriche, etc., etc., par M. Fromageot, prieur commandataire. *A Paris, de l'imprimerie de Prault,* 1775. In-4, 1 port. par Ducreux, gravé par Cathelin, 2 ravissants portraits en médaillon gravés par Gaucher, (Marie-Antoinette et Joseph II), et 4 figures par Moreau, gravées par Duclos, De Launay, Prévost et Simonet, mar. rouge, dos orné, fil., dent. à l'int., tr. dor. *(Cuʒin.)*

> Exemplaire en GRAND PAPIER, *de format in-4* d'un des chefs-d'œuvre de Moreau.

876. VOYAGE D'ESPAGNE, contenant entre plusieurs particularitez de ce Royaume, trois discours politiques sur les affaires du Protecteur d'Angleterre, la Reine de Suède, etc. *A Cologne, chez Pierre Marteau (Ams-*

terdam , Daniel Elzévier), 1666. Pet. in-12, mar. bleu, dos orné, fil., dent., tr. dor. *(David.)*

> La meilleure édition avec la *Relation de l'estat et gouvernement d'Espagne,* 120 pp. et la *Relation de Madrid,* 24 pp.

877. CONJURATION DES ESPAGNOLS contre la République de Venise en l'année M.DC.XVIII. (par l'abbé de Saint-Réal.) *A Paris, chez Claude Barbin,* 1674, mar. bleu, dos orné, fil., dent. à l'int., tr. dor. *(Chambolle-Duru.)*

> Édition originale.

878. HISTOIRE DE L'ÉTABLISSEMENT de la République de Hollande, par M. Le Noble. *A Paris, chez Gabriel Quinet,* 1692. 2 vol. in-12, v. fauve, dos orné, fil., dent., tr. r. *(Boyet.)*.

> Aux armes du COMTE D'HOYM.

879. HISTOIRE DE L'EMPIRE DE RUSSIE sous Pierre-le-Grand, par l'auteur de l'Histoire de Charles XII (Voltaire.) *S. l.* 1759. 2 tomes en 1 vol. in-8, àvec port., cartes et figures, mar. vert, dos orné, fil., dent. à l'int., tr. dor. *(Chambolle-Duru.)*

> Édition originale.

880. HISTOIRE DE LA VIE DE LA REYNE CHRISTINE DE SUÈDE, avec un véritable récit du séjour de la Reyne à Rome, et la défense du Marquis de Monaldeschi. *A la Sphère. A Stocholm, chez Jean Plein de Courage,* 1682. Pet. in-12, port., mar. bleu, dos orné, fil. et comp. à la Dusseuil, dent. à l'int., tr. dor. *(Chambolle-Duru.)*

V. ARCHÉOLOGIE.

881. Veneres uti observantur in gemmis antiquis.
Lugd. Batavorum, s. d., (1780). 2 parties en 1 vol. in-8,
mar. rouge, dos orné, filets et fleur aux coins, dent. à
l'int. tr. dor. *(Reliure ancienne.)*

> Texte gravé en noir et 68 figures libres COLORIÉES AU PIN-
> CEAU.

882. Monumens de la vie privée des douze Césars,
d'après une suite de pierres gravées sous leur règne
(par Hugues d'Hancarville.) *A Caprées, chez Sabellus,*
1780. In-4, — Monumens du culte secret des Dames
Romaines, pour servir de suite aux monumens de la
vie privée des XII Césars. *A Caprée, chez Sabellus,*
1784. In-4. Ensemble 2 vol. in-4, avec 2 frontisp., et
100 figures du genre spinthrien, mar. vert, dos orné,
fil., dent., tr. dor. *(Gruel.)*

> Bel exemplaire de *la meilleure édition.*

883. Monumens du culte secret des Dames Romaines,
d'après une suite de pierres gravées sous leur règne,
pour servir de suite à la Vie des Douze Césars. *A
Rome, de l'imprimerie du Vatican,* 1787. 2 vol. gr.
in-8, texte encadré, frontisp. et 50 figures libres, veau
écaille, dos orné, dent. sur les plats, tr. dor. *(Reliure
ancienne.)*

> Cette dition, plus rare encore que la précédente, ne lui res-
> semble en rien comme texte. Quant aux figures elles ont été
> gravées à nouveau avec encadrements et légendes.

884. Histoire de l'Académie Royale des Inscriptions et Belles-Lettres, depuis son établissement, avec les éloges, etc. (par Gros de Boze). *A Paris, chez Guerin,* 1740. 3 vol. in-12, frontisp. d'après Coypel, gravé par Daullé, mar. rouge, fil., dent., tr. dor. (*Reliure ancienne.*)

Exemplaire aux armes du *Chancelier* d'Aguesseau.

885. Le Livre et la petite bibliothèque d'amateur; essai de critique, d'histoire et de philosophie morale sur l'amour des Livres par M. Gustave Mouravit. *Paris, chez Auguste Aubry, s. d.* In-8, papier vélin, mar. bleu clair, dos orné, fil., dent., tr. dor. (*Chambolle-Duru*).

VI. BIOGRAPHIE.

886. Portraits de personnages célèbres gravés d'après les dessins et sous la direction d'Alexandre Desenne. *Paris, Desenne, s. d.* In-4, dem.-rel., mar. vert, dos orné, fil., tête dor. ébarb. (*Fig.*)

Collection complète de 100 portraits gravés en taille-douce par les meilleurs artistes, en épreuves avant la lettre sur chine, avec les noms au trait dans la tablette blanche.

Elle a été publiée à 300 fr.

887. La Gallerie des femmes fortes, par le P. Pierre le Moyne. *A Leiden, chez Iean Elsevier et à Paris, chez Charles Angot,* 1660. Pet. in-12, front. grav. et fig., mar. rouge, dos orné, fil., dent., tr. dor. (*Belz-Niédrée.*)

Elzevier rare et recherché. H^r : 133mm.

888. ŒUVRES DU SEIGNEUR DE BRANTOME. Nouvelle édition
considérablement augmentée et accompagnée de remarques historiques et critiques. *A La Haye, aux dépens
du libraire*, 1740. 15 vol. pet. in-12, frontisp. grav.,
mar. rouge, dos orné, fil., dent. à l'int., tr. dor. (*Ber-
trand.*)

889. FRANÇOISE D'AUBIGNÉ, marquise de Maintenon, née le
28 novembre 1636, décédée le 15 avril 1719. Portrait
peint par P. Mignard en 1694, gravé par E. Ficquet
en 1759, marges gr. in-8.

  Belle épreuve sur PAPIER DOUBLE.

890. SÉVIGNÉ (Mme DE). Suite complète de 25 portraits
in-8, dessinés par Devéria et gravés par Caron, Larcher,
Delaistre, Bertonnier, Müller, Petit, Lefèvre, Burdet,
Johannot, Prudhomme, etc., pour les *Lettres*. In-8.

  Collection à toutes marges en double état : AVANT LA LETTRE
SUR CHINE et EAUX-FORTES SUR CHINE.

891. LA VIE DE MESSIRE CLAUDE EXPILLY, chevalier,
conseiller du Roy en son conseil d'Estat et Président au
Parlement de Grenoble, par Me Antoine Boniel de
Catilhon. *A Grenoble, chez Philippe Charvys*, 1660.
Pet. in-4, port., mar. bleu, dos orné, fil., dent., tr. dor.
(*Chambolle-Duru.*)

892. HISTOIRE DE LA TRÈS-ANCIENNE ET ILLUSTRE MAISON
DE SAINT FRANÇOIS DE SALES, evesque et prince de
Genève, etc., par Nic. de Hauteville. *A Clermont, et se
vend à Paris, chez Georges Iosse*, 1669. In-4, mar.
brun jans., dent. à l'int., tr. dor. (*Chambolle-Duru.*)

893. HISTOIRE DE CHARLES XII, roi de Suède, par M. de
V.... (Voltaire). *A Basle, chez Christophe Revis,*

1731. 2 vol. in-12, mar. vert, dos orné, fil., dent., tr. dor. (*Chambolle-Duru.*)

Édition originale.

894. LES HOMMES ILLUSTRES qui ont paru en France pendant ce siècle : avec leurs portraits au naturel, par M. Perrault, de l'Académie Françoise. *A Paris, chez Antoine Dezallier, 1696, avec privilège du Roy.* 2 tomes en 1 vol. in-fol., frontisp. et port., mar. rouge, dos orné, comp. à la Dusseuil, dent. à l'int., tr. dor. (*David.*)

> *Exemplaire en grand papier fort,* contenant à la fois les portraits de Thomassin et de Du Cange et ceux d'Antoine Arnauld et Pascal, avec leurs notices qui sont fort rares.
>
> Ce bel ouvrage se compose d'un frontispice gravé par Edelinck, d'un beau portrait de Charles Perrault, du même, de 102 notices imprimées et d'autant de superbes portraits, dont 47 dus au burin de Gérard Edelinck, les autres par Jacques Lubin, Van Schuppen, Duflos et Nanteuil.

895. LA VIE DES PEINTRES FLAMANDS, allemands et hollandois, avec des portraits gravés en taille-douce, une indication de leurs principaux ouvrages et des réflexions sur leurs différentes manières, par M. J.-B. Descamps. *A Paris, chez Jombert,* 1753-63, 4 vol. — VOYAGE PITTORESQUE de la Flandre et du Brabant, avec des réflexions et quelques gravures, par le même. *A Paris, chez Desaint, etc.,* 1769. In-8. Ensemble 5 vol. in-8, avec 1 frontisp., 2 vignettes et 171 portraits par Descamps et Eisen, gravés par Ficquet, Gaillard, Legrand, etc., dem.-rel. mar. bleu, avec coins, dos orné, tête dor., entièrement ébarb. (*Bauzonnet.*)

> Exemplaire *absolument non rogné.*

896. DUCLOS. Suite complète de 7 gravures gr. in-8,

d'après Desrais, gravées par Voysard, Trière, Deny, Ponce, de Launay et Lingée pour les *Confessions du Comte****. *Paris, Costard,* 1776. Gr. in-8.

Épreuves à toutes marges, et avec les numéros. C'est le chef-d'œuvre de Desrais

897. **Biographie des dames** de la Cour et du faubourg Saint-Germain, par un valet de chambre congédié. *Paris, chez les marchands de nouveautés,* 1826. In-32, mar. vert, dos orné, fil., dent., tr. dor. (*Thomas.*)

Curieux petit volume auquel on a ajouté 16 jolies figures dans le genre de Borel, la plupart avant la lettre.

TABLE DES DIVISIONS.

THÉOLOGIE.

SCIENCES ET ARTS.

BELLES-LETTRES.

HISTOIRE.

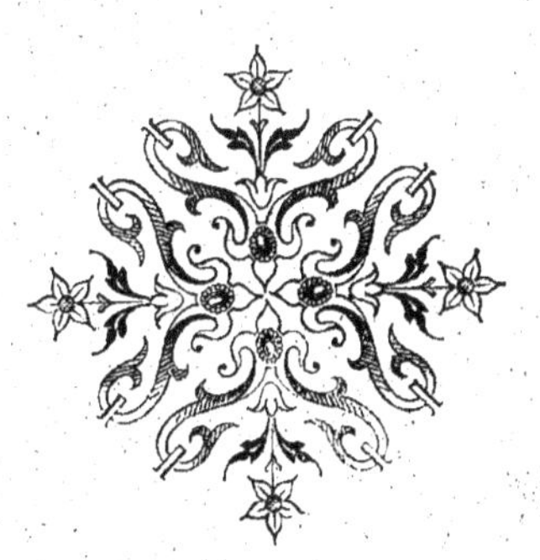

www.ingramcontent.com/pod-product-compliance
Lightning Source LLC
Chambersburg PA
CBHW051734250726
48659CB00001B/63